U0115690

国家出版基金项目
NATIONAL PUBLICATION FOUNDATION

"一带一路"沿线国家教育研究书系

王英杰 刘宝存 主编

"十四五"时期国家重点出版物出版专项规划项目

Egypt

王婷钰 赵悦清 著

埃及教育研究

广西教育出版社 南宁

图书在版编目（CIP）数据

埃及教育研究 / 王婷钰，赵悦清著 . -- 南宁：广西教育出版社，2023.3

（"一带一路"沿线国家教育研究书系 / 王英杰，刘宝存主编）

ISBN 978-7-5435-9269-8

Ⅰ . ①埃… Ⅱ . ①王… ②赵… Ⅲ . ①教育研究－埃及 Ⅳ . ① G541.1

中国国家版本馆 CIP 数据核字（2023）第 046351 号

埃及教育研究

AIJI JIAOYU YANJIU

策　　划：廖民锂
责任编辑：陈亚菲　潘　安
责任校对：谢桂清　袁妙玲
装帧设计：李浩丽
责任技编：蒋　媛

出 版 人：石立民
出版发行：广西教育出版社
地　　址：广西南宁市鲤湾路 8 号　邮政编码：530022
电　　话：0771-5865797
本社网址：http://www.gxeph.com
电子信箱：gxeph@vip.163.com
印　　刷：广西民族印刷包装集团有限公司
开　　本：787mm×1092mm　1/16
印　　张：16.5
字　　数：262 千字
版　　次：2023 年 3 月第 1 版
印　　次：2023 年 3 月第 1 次印刷
书　　号：ISBN 978-7-5435-9269-8
定　　价：53.00 元

序

  2013 年，习近平总书记提出共建"丝绸之路经济带"和"21 世纪海上丝绸之路"的重大倡议（以下简称"一带一路"倡议）。2015 年 3 月 28 日，我国政府正式发布《推动共建丝绸之路经济带和 21 世纪海上丝绸之路的愿景与行动》。建设"丝绸之路经济带"和"21 世纪海上丝绸之路"（以下简称"一带一路"），是党中央、国务院主动应对全球形势深刻变化、统筹国内国际两个大局做出的重大战略决策。"一带一路"建设秉持和平合作、开放包容、互学互鉴、互利共赢的理念，全方位推进与沿线国家的务实合作与交流，打造政治互信、经济融合、文化包容的利益共同体、命运共同体和责任共同体，促进沿线国家经济繁荣发展，加强文明交流共享，促进世界和平发展，全面推动人类命运共同体建设。

  "一带一路"贯穿亚欧非大陆，沿线各国资源禀赋各异，经济互补性较强，彼此合作的潜力和空间很大，合作的主要内容是实现沿线各国之间的政策沟通、设施联通、贸易畅通、资金融通、民心相通（以下简称"五通"）。在推进"一带一路"建设和促进人类命运共同体建设的进程中，教育有着举足轻重的地位，承担着独特的使命，发挥着基础性、支撑性、引领性的作用。所谓基础性作用，主要是指教育是"五通"的基础，特别是民心相通的基础。沿线国家历史文化不同，宗教信仰各异，政治体制多样，地缘政治复杂，经济发展水平不一。因此，"五通"首先要民心相通。要实现民心相通，主要是通过教育，促进"一带一路"沿线国家人民的相互了解、相互理解、相互信任、相互尊重，增进彼此间的友谊。所谓支撑性作用，主要是指教育特别是高等教育具有人才培养、科学研究、社会服务、文化交流等多种职能，可以通过其知识优势、智力优势、人才优势为"一带一路"倡议提供全方位的支持，为探索和建设新的国际合作以及全球治理新模式贡献宝贵智慧。所谓引领性作用，则是指教育不但要与"五通"的方向和要求相一致，而且必须优先发展，为其他方面的发展奠定坚实的基础。

因此，2016年，教育部牵头制订了《推进共建"一带一路"教育行动》，通过积极推动教育互联互通、人才培养培训合作和共建丝路合作机制，对接"一带一路"沿线各国意愿，互鉴先进教育经验，共享优质教育资源，聚力构建"一带一路"教育共同体，形成平等、包容、互惠、活跃的教育合作态势，促进区域教育发展，全面支撑共建"一带一路"。"一带一路"教育共同体建设，要求加强对"一带一路"国家和区域的教育体系的研究，实现我国与沿线国家教育发展的战略对接、制度联通和政策沟通，实现区域教育治理理论的突围及重建，构建兼顾统一性与差异性的区域教育合作框架，构建科学的教育合作和交流机制，并在教育体系方面做出相应的制度安排及调整。"一带一路"沿线地域广袤，除了中国，还涉及东亚、东南亚、南亚、西亚、中东欧、中亚等地区的国家，这些国家在政治制度、经济发展、文化传统等方面都存在较大差异，因此也导致教育体系上有很大差异。我国在制定相应教育合作政策时不可能采取"一刀切"的粗放式做法，必须根据各个国家教育体系的实际情况采取差异化政策，有效实现与"一带一路"沿线国家的教育战略对接、制度联通、政策沟通。然而，客观地讲，我们对"一带一路"沿线国家的教育发展情况了解不多。传统上，由于改革开放后我国教育制度重建和经验借鉴的需要，以国外教育为主要研究对象的比较教育学科长期聚焦美国、英国、法国、德国、俄罗斯／苏联、日本等少数几个国家，即使是在20世纪90年代以后逐渐扩大研究对象国，澳大利亚、加拿大、新加坡、韩国、印度、芬兰、瑞典、挪威、西班牙、荷兰、南非、巴西等国相继被纳入研究范围，关于大多数"一带一路"沿线国家教育的研究仍然处于简单介绍的阶段，对于不少国家的研究仍然处于空白状态，严重影响了我国与"一带一路"沿线国家的教育合作与交流，影响了"一带一路"教育共同体的建设。

正是在这样的大背景下，我们申报了教育部哲学社会科学研究重大课题攻关项目"'一带一路'国家与区域教育体系研究"并成功获批。该课题是一项关于"一带一路"国家与区域教育体系的综合性研究，根据课题设计，研究内容虽然也包括关于"一带一路"国家与区域教育体系的基本理论，但是重点在于对东亚、东南亚、南亚、西亚、中东欧、中亚等地区的国家和区域教育体系的研究，了解不同国家的教育文化传统、现行学制和教育行政管理制度、最新教育政策、教育合作及交流政策与需求，弄清区域组织的教育政策及其对各国教育体系影响的途径与机制、区域内主要国家对区域教育政策及其他国家教育体系影响的途径与机制以及不同区域教育体系的基本特征。在国别与区域研究的基础上，课题进行"一带一路"国家与区域教育体系的比较研究，分析"一带一路"国家和区域教育文化传统、教育制度、教育政策、教育发展水平的共同性与差异性，弄清"一带一路"国家和区域教育体系的共同性与差异性的影响因素。在比较研究的基础上，课题再聚焦"一带一路"教育共同体建设的理论构建与战略选择，讨论"一带一路"教育共同体建设的理论突围，区域和全球教育治理理论模型构建，兼顾统一性与差异性的教育合作框架构建，我国与"一带一路"沿线国家的教育战略对接、制度联通和政策沟通，面向"一带一路"共同体建设的教育合作和交流机制构建，我国在教育体系上的制度安排与调整等政策性问题。

该课题的研究工作得到广西教育出版社的大力支持。广西教育出版社出于出版人的社会责任感和使命感，与我们联合策划了"'一带一路'沿线国家教育研究书系"，选择28个"一带一路"沿线国家开展系统研究，每个国家独立成册，分辑出版。为了全面反映"一带一路"沿线国家教育的全貌，并体现丛书的特征，我们统一了每册的篇章结构，使之分别包括研究对象国教育的社会文化基础、历史发展、基本制度与政策、学前教育、基础教育、高等教育、职业教育、教师教育以及教育改革走向。在统一要求的同时，各册可以根据研究对象国教育的实际情况，适度调整研究内容，使之反映研究对象国教育的特殊性。

"'一带一路'沿线国家教育研究书系"涉及国家较多，既有研究相对薄弱，在语言、资料获取等方面也困难重重。我们有幸获得一批志同道合者的大力支持，他们来自国内外不同的高等院校和研究机构，在百忙之中承担了各册的撰写任务，使得丛书得以顺利完成，在此我们谨向各册作者表示崇高的敬意和衷心的感谢！

"'一带一路'沿线国家教育研究书系"的出版，只是我们"一带一路"国家和区域教育体系研究的阶段性成果，粗陋之处在所难免，且各对象国研究基础存在差异，各册的研究深度也难免有一定差距，希望得到各位专家学者的批评指正。我们也衷心希望在"一带一路"教育领域涌现更多、更高水平的研究成果，为"一带一路"倡议的实施和"一带一路"教育共同体的建设提供有力的支撑，为教育学科特别是比较教育学科的繁荣发展赋能。

王英杰　刘宝存

于北京师范大学

2022 年 2 月

前　言

中国和埃及同为文明古国，两国友好交往历史源远流长。埃及是阿拉伯国家和非洲国家中第一个与新中国建交、第一个与新中国建立战略合作关系的国家，中埃关系堪称中阿、中非友好关系之典范。一直以来，教育合作在推动两国外交关系、增进两国民众友谊中发挥着基础性和服务性作用，双方在学历学位互认、合作办学、人员互访、科研合作、汉语和阿拉伯语教育等领域建立了密切的联系。伴随着"一带一路"倡议在中东和非洲地区的深入推进，两国在教育领域的合作需求不断扩大，合作形式和内容日趋多元化。同时，在埃及国内经济转型背景下，埃及政府提出建设知识型经济的改革发展理念，大力发展教育事业，鼓励引入海外优质教育资源，学习国外先进教育经验，为两国在教育方面的互学互鉴创造了条件。

把握历史机遇，推动中埃教育合作的纵深化发展必定要建立在相互了解的基础之上。就新时期中埃教育合作所面临的巨大机遇和需求而言，目前我国对埃及教育的研究还有待加强，尤其是 21 世纪以来，对埃及教育体系全面研究的著作较少，缺少对埃及学前教育、职业教育、教师教育领域的研究。在这一背景下，本书通过对阿拉伯文、英文和中文资料的挖掘整理，采用宏观与微观相结合的视角，对埃及教育的社会文化背景、历史脉络、基本制度与政策、各级各类教育的发展、特色与经验、问题与挑战以及改革发展趋势进行了梳理和研究，希望能起到抛砖引玉之作用，引起更多学者对埃及教育的关注和兴趣，为国别教育研究及中埃教育交流合作贡献绵薄之力。

本书主体部分是由王婷钰和赵悦清合作完成的，其中第一章和第二章由赵悦清撰写，第三章由王婷钰和赵悦清共同撰写，第四章由王婷钰撰写，第五章由王婷钰和赵悦清共同撰写，第六章和第七章由王婷钰撰写，第八章由赵悦清撰写，第九章由王婷钰撰写。最后由王婷钰逐章修改并统稿。

本书的付梓得益于很多人的支持和帮助。首先，要感谢本套丛书的主编——我的导师刘宝存教授的信任，给予我依托课题深入研究埃及教育的机会，并最终以著作的形式呈现。其次，要感谢赵悦清博士的倾情加盟，在合作撰写的过程中，我们相互支持、共同学习，收获良多，并且感谢上海外国语大学阿拉伯语系研究生齐文嘉参与附录部分资料的翻译和整理。再次，本书在撰写的过程中参考了众多国内外的研究成果，在此向相关学者致以衷心的感谢。最后，广西教育出版社的编辑们在本书的出版过程中付出了大量的心血，在此深表感谢！

由于作者才疏学浅，加之时间有限，本书有很多不足之处，恳请各位读者不吝赐教。

王婷钰

于北京师范大学昌平校区

2022 年 3 月 31 日

目　录

第一章　埃及教育的社会文化基础　1

第一节　埃及教育的历史基础 …… 3
一、法老时期 …… 3
二、希腊与罗马时期 …… 4
三、伊斯兰时期 …… 5
四、近代时期 …… 5
五、共和国时期 …… 6

第二节　埃及教育的社会基础 …… 7
一、自然状况 …… 7
二、民族、人口与行政区域 …… 8
三、政治制度 …… 9
四、经济发展 …… 10
五、宗教信仰 …… 12

第三节　埃及教育的文化基础 …… 13
一、语言基础 …… 13
二、文学与表演艺术 …… 13
三、风俗习惯 …… 15

第二章　埃及教育的历史发展　17

第一节　近代以前埃及教育的发展 …… 19
一、法老时期埃及教育的发展 …… 19
二、希腊与罗马时期埃及教育的发展 …… 21

三、伊斯兰时期埃及教育的发展 ······ 23

第二节 近代埃及教育的发展 ······ 25
一、近代埃及教育的产生 ······ 26
二、英国占领时期埃及教育的发展 ······ 27
三、宪政时期埃及教育的发展 ······ 30

第三节 现代埃及教育的发展 ······ 32
一、纳赛尔时期埃及教育的发展 ······ 33
二、改革开放时期埃及教育的发展 ······ 38

第三章 埃及教育的基本制度与政策 41

第一节 埃及教育的体系 ······ 43
一、世俗教育体系 ······ 43
二、宗教教育体系 ······ 44

第二节 埃及教育的行政管理制度 ······ 45
一、埃及教育的行政管理制度类型 ······ 45
二、埃及教育的行政管理机构 ······ 46

第三节 埃及教育的宏观政策 ······ 52
一、教育法律法规 ······ 52
二、教育发展战略规划 ······ 55

第四章 埃及大学前教育 67

第一节 埃及大学前教育的培养目标与实施机构 ······ 69
一、埃及大学前教育的培养目标 ······ 69
二、埃及大学前教育的实施机构 ······ 72

第二节 埃及大学前教育的课程与教学 77

一、大学前教育的课程与教材研发机构 77

二、大学前教育的课程研发流程和基本原则 79

三、大学前教育的重要课程改革 81

第三节 埃及大学前教育的保障体系 96

一、管理和运行体系 96

二、经费保障 99

三、师资保障 108

第五章 埃及高等教育 111

第一节 埃及高等教育的使命与发展目标 113

一、纳赛尔时期的高等教育使命与目标 113

二、改革开放时期的高等教育使命与目标 114

三、塞西时期的高等教育使命与目标 115

第二节 埃及高等教育的实施机构 116

一、公立大学 117

二、私立大学和民办大学 118

三、国际协议大学 120

四、外国大学分校 120

五、技术大学 120

六、高等学院 121

第三节 埃及高等教育的培养体制 122

一、培养类别 122

二、管理制度 125

三、教学与课程 126

第四节　埃及高等教育的保障体系 …… 132

一、管理和运行体系 …… 132

二、经费筹措 …… 135

三、师资队伍建设 …… 140

第六章　埃及职业技术教育和培训　143

第一节　埃及 TVET 的实施机构及其培养目标 …… 145

一、隶属于教育与技术教育部的机构及其培养目标 …… 145

二、隶属于高等教育与科学研究部的机构及其培养目标 …… 150

三、隶属于其他公共和私营部门的机构及其培养目标 …… 151

第二节　埃及 TVET 的课程与教学 …… 156

一、技术高中课程与教学 …… 156

二、中等技术学院课程与教学 …… 160

第三节　埃及 TVET 的保障体系 …… 161

一、政策保障 …… 161

二、资金保障 …… 164

三、师资保障 …… 165

第七章　埃及教师教育　169

第一节　埃及教师的职业标准与培养机构 …… 171

一、21 世纪埃及教师的职业标准 …… 171

二、教师教育的实施机构 …… 173

第二节　埃及教师教育的教学与课程 …… 176

一、教师职前教育的培养模式 …… 176

二、教师职后培训模式 …… 184

第三节　埃及教师教育的保障体系 　　…… 186

一、教师的招聘与任职标准 　　…… 187

二、教师的职称与晋升 　　…… 187

三、教师的责任与义务 　　…… 190

四、教师的地位与待遇 　　…… 191

第八章　埃及爱资哈尔教育体系　195

第一节　爱资哈尔教育的实施机构及其课程与教学 　　…… 197

一、爱资哈尔学院及其课程与教学 　　…… 197

二、爱资哈尔大学及其课程与教学 　　…… 203

第二节　爱资哈尔教育的保障体系 　　…… 205

一、管理和运行体系 　　…… 205

二、资金来源 　　…… 207

三、师资队伍建设 　　…… 208

四、教育资源保障 　　…… 210

第九章　埃及教育的改革走向　213

第一节　埃及教育的特色与经验 　　…… 215

一、坚持教育在国家发展战略中的重要地位 　　…… 215

二、实行宗教教育与世俗教育并行的教育体制 　　…… 216

三、秉持教育对外开放的发展理念 　　…… 217

第二节　埃及教育的问题与挑战 　　…… 218

一、教育资源紧张 　　…… 218

二、教育质量有待提高 　　…… 220

三、教育不均衡问题 　　…… 222

四、人才流失问题 　　…… 225

第三节 埃及教育的发展趋势 ······ 226

　　一、大学前教育发展趋势 ······ 226

　　二、高等教育发展趋势 ······ 231

参考文献 243

　　一、中文文献 ······ 243

　　二、英文文献 ······ 244

　　三、阿文文献 ······ 245

附 录 246

第一章
埃及教育的社会文化基础

　　教育是社会文化传递的纽带，而社会文化则为教育提供外围环境，同时又是教育内容的重要组成部分。因此，要研究埃及教育的发展，就需要了解其所处的社会文化基础。从纵向维度考察，埃及教育具有起步较早、发展迅速、过程反复、道路曲折等特点。古埃及教育曾一度处于世界领先水平，但随后的长期政治动荡不但破坏了埃及教育发展的环境与物质基础，还破坏了埃及社会文化发展的连贯性，甚至造成了教育的倒退与断层。从横向维度考察，自然地理、文学艺术、宗教文化等领域的融合汇通共同造就了埃及教育发展的独特性。首先，埃及具有得天独厚的地理资源，欧、亚、非三大洲的不同文化得以在此交汇。其次，埃及的民族构成虽具有多元性，但都视阿拉伯语为母语，因此埃及教育得以在此基础上深入发展。最后，埃及教育发展与宗教发展相辅相成，并形成以爱资哈尔大学为首的世界性伊斯兰学科研究中心。

第一节　埃及教育的历史基础

埃及是一个历史悠久的文明古国，自古以来便有重视教育的优良传统，因此留下了丰富的历史遗产。本节将埃及教育的历史基础划分为五个阶段，分别是法老时期、希腊与罗马时期、伊斯兰时期、近代时期和共和国时期，笔者通过系统的历史梳理，考察埃及教育的肇始与嬗变。

一、法老时期

约公元前3100年，埃及成为统一的国家，由法老统治。公元前332年，埃及被亚历山大大帝征服，后被托勒密王朝统治，法老埃及时期结束。埃及学家通常把古埃及历史划分为前王朝时期、古王国时期、第一中间期、中王国时期、第二中间期、新王国时期和后王朝时期[①]，其中，前王朝时期是古埃及法老统治逐渐形成的时期，古、中、新王国时期则是国家统一、法老中央集权的文明繁荣时期，而第一、第二中间期则是国家分裂或被外族侵略，法老权力没落的时期，最后的后王朝时期是埃及受到外族全面侵略和统治，逐渐被其他民族征服的时期。

按照文献记载，在古王国时期，埃及就出现了宫廷学校，学校以教育皇族和官宦子弟为宗旨，以培养国家管理人才为目的，学生学习完毕并经过一定的实践锻炼后被委以官职。在中王国时期，埃及已有组织良好的学校。当时除了宫廷学校，还有以为政府机关培养训练合格官员为目的的书吏学校（又称职官学校），着重科学研究与教育的僧侣学校（又称寺庙学校），以培养能熟练运用文字从事书写及计算工作的人为主要目的的文士

---

① 季诚钧，徐少君，李旭.埃及高等教育研究［M］.北京：中国社会科学出版社，2010：2.

学校，等等。^① 到新王国时期，埃及已出现了许多研究高深学问和培养高深专业人才的寺庙学校。据史料记载，当时的海立欧普立斯大寺教育水平极高，被誉为"最普通和渊博的知识中心"。当时该寺聚集了一批卓越学者，其高级祭司是皇家天文学家，主要研究应用数学、天文学和物理学等重要学科，此外，该寺还开设了几何、测量、调查、测容量问题的预备课程。^②

除了海立欧普立斯大寺，加那克大寺、孟斐斯大寺、埃德富大寺和赫拉克莱奥波利斯大寺等也是古埃及重要的教育和研究场所。这些寺庙致力于天文学、数学、建筑学、医学等知识的研究和传授，在学术研究和教育方面都做出了贡献。^③ 此外，古代埃及的教育非常重视道德品质的培养。其培养目标可归纳为敬日神、忠国君、恭长官、孝父母。古埃及要求预备成为文士的青少年行为善良、举止端庄、克己自制，惯于过艰苦的生活。

二、希腊与罗马时期

亚历山大大帝于公元前 332 年征服埃及，埃及开启了希腊时代。这一时期，埃及在军事、文化、社会等方面取得了长足的发展。在教育方面，托勒密王朝的国王们建成了对后世文化影响极大的亚历山大城博物馆。其主要部分亚历山大城图书馆的藏书多达数十万卷，并且每卷书多包含不止一部著作，其组织与规模在当时无可匹敌。亚历山大城博物馆在当时被称为世界上规模最大，设施最先进、最完备的高等学府。它以希腊的吕克昂学园^④为模板，教员几乎囊括了当时所有领域的顶尖学者，自然科学领域拥有数学家欧几里得、哲学家阿基米德、天文学家埃拉托斯特尼，医学领域拥有普拉克萨哥拉斯和希罗菲卢斯等外科手术的先驱，史学领域拥有马涅托等泰斗级历史学家。

公元前 30 年，埃及被罗马人征服并沦为罗马帝国的一个省。在教育方面，罗马帝国统治时期的埃及大体上延续了希腊时代的教育政策。

---

① 季诚钧，徐少君，李旭.埃及高等教育研究［M］.北京：中国社会科学出版社，2010：2.
② 贺国庆，王保星，朱文富，等.外国高等教育史［M］.2 版.北京：人民教育出版社，2006：5.
③ 贺国庆，王保星，朱文富，等.外国高等教育史［M］.2 版.北京：人民教育出版社，2006：6.
④ 吕克昂是古希腊哲学家亚里士多德于公元前 335 年在雅典所创办的学校。吕克昂是古希腊科学发展的中心之一，也是古希腊高等教育性质的机构。

三、伊斯兰时期

公元 640 年，阿拉伯人入侵埃及，开启了伊斯兰时期。这个历史阶段虽然政权更迭频繁，但埃及始终表现了独立发展的力量。在阿拉伯帝国时期，埃及较早摆脱了阿拔斯王朝的统治。著名的突伦王朝虽然只存在了很短的时间，但它却是埃及历史发展的重要转折点。突伦在位期间，在政治、经济、军事和文化上都颇有建树，建立了一个幅员辽阔、富庶的独立王朝。突伦王朝的建立标志着埃及自托勒密王朝以来重新成为一个独立国家。埃及其后又经历了伊赫希德王朝、法蒂玛王朝、阿尤布王朝、马木路克王朝等许多王朝的更迭。法蒂玛王朝时期的埃及成为一个多民族、多宗教的繁荣昌盛的国家。马木路克王朝是埃及历史上一个非常重要的阶段。马木路克王朝重视城市建设、提倡教育、赞助学术，促进了埃及文化的繁荣。在奥斯曼土耳其帝国统治时期，埃及作为其一个行省，也保持着半独立的状态，特别是穆罕默德·阿里王朝以来，埃及完全脱离了奥斯曼土耳其帝国的发展轨道，并为近代埃及国家的形成奠定了坚实的社会经济基础。[①]

这一时期，伊斯兰文化在埃及绽放出艳丽的花朵，对教育领域产生了深远的影响，尤其是在法蒂玛王朝时期，开罗成为阿拉伯伊斯兰文化的三大中心之一，爱资哈尔清真寺得以建立并发展成为一所闻名于世的伊斯兰高等教育机构。

四、近代时期

1798 年拿破仑入侵埃及，于 1801 年撤军。尽管法国人对埃及的占领非常短暂，却对其产生了深远和持久的影响。法国的入侵为埃及带来了西方先进的思想理论和科学技术，客观上推动了埃及的现代化进程。之后，埃及历史上一位重要的人物——穆罕默德·阿里登上了历史舞台。穆罕默德·阿里在位期间（1805—1848 年）对埃及进行了广泛的改革，内容涉及经济、政治、军事、社会文化等领域，是对埃及传统社会的一次大胆颠覆。其中军事改革是阿里政权改革的重点，而经济发展是富国强兵的物质基础。为此，阿里改革税收制度，大力发展现代工业。同时，教育改革是军

---

① 王海利.埃及通史［M］.上海：上海社会科学院出版社，2014：140.

事改革的逻辑延伸。阿里注重发展教育，引进西方教育模式，在埃及兴办包括军事学校、工程技术学校和医科学校在内的新式学校，聘请法国教官，旨在培训军官和满足新军的技术需要，并向欧洲派遣留学生学习西方先进技术，开启了埃及教育的现代化进程。①

1882 年，英国占领埃及。在教育领域，英国限制教育投入，取消免费教育，并关闭了大量学校。1922 年 2 月 28 日，英国宣布埃及为独立国家。1923 年，埃及颁布有史以来第一部宪法，由此进入了君主立宪时期。②

五、共和国时期

1952 年 7 月 23 日，以纳赛尔为首的自由军官组织推翻法鲁克王朝，成立革命指导委员会，掌握国家政权，并于 1953 年 6 月 18 日宣布成立埃及共和国。埃及经济经历了由资本主义自由经营阶段到指导性资本主义阶段，再到社会主义阶段的转变；在农业发展与土地改革政策方面，纳赛尔政府没收王室土地，将土地无偿分给无地的贫农和佃农，集中力量修筑阿斯旺水利枢纽，保障农业发展，造福埃及人民；在文化教育方面，纳赛尔政府倡导教育机会均等，普及义务教育，鼓励女性入学，使埃及的文盲率大幅度降低。

1970 年纳赛尔病逝，萨达特继任。萨达特政府对埃及的对内和对外政策做出了重大的调整。在国内经济方面，放弃计划经济，转向市场经济，主动融入世界资本主义经济体系。1974 年，埃及正式实施经济开放政策，这次改革的主要措施包括以下内容：（1）吸引外国投资。埃及面向外国企业开放所有经济领域，鼓励外资注入国有企业，并保障外资安全。（2）鼓励私营企业发展。取消对私人投资的限制，扩大其在国民经济中的比重，并对私人投资者给予保护，鼓励私营企业参与进口，并享有与外资同样的税收和关税待遇。（3）贸易自由化。设立自由贸易区，为外国企业提供廉价土地和其他经营便利，对自由贸易区内进出口货物实行减免关税等优惠政策。同时取消外贸限制，允许大多数商品自由进出口。（4）放松外汇管制，

---

① 哈全安.埃及史［M］.天津：天津人民出版社，2016：43.
② 王海利.埃及通史［M］.上海：上海社会科学院出版社，2014：227.

简化银行手续，建立外汇市场。①

　　1981 年 10 月穆巴拉克继任。穆巴拉克执政时期，埃及受到国际油价下跌影响，石油收入和侨汇收入大幅减少。同时，世界经济低迷导致来自苏伊士运河和旅游业的收入减少，埃及收入大幅下降。因此，穆巴拉克政府逐渐将"消费性开放"的经济政策转向"生产性开放"，着力投资生产领域，减少对进口的依赖。②政治上，司法权的独立促进了埃及的政治民主化进程，最高司法委员会逐渐取代总统和政府控制的政党委员会，成为批准组建政党的主要机构，加速了埃及从一党制向多党制发展的政治进程。③

　　2011 年，穆巴拉克被迫辞职。2011 年埃及成立过渡政府。2012 年 6 月 24 日，穆尔西赢得总统大选；2013 年穆尔西下台。2014 年 6 月 8 日，塞西宣誓就职总统并连任至今。

第二节　埃及教育的社会基础

　　埃及的国家自然状况、民族与人口构成、政治体制、经济产业和宗教基础等要素都是影响埃及教育发展的重要力量，这一节援引了一些重要的统计数据，使读者对埃及教育的社会基础形成宏观把握。

一、自然状况

　　埃及国土面积为 100.1 万平方千米，属于超大型国家（面积为 100 万平方千米到 500 万平方千米），但埃及国土的 96% 以上为沙漠、半沙漠地区。埃及北面依地中海与欧洲相望，东面隔红海与阿拉伯半岛比邻，西部与利比亚接壤，南部和苏丹为邻。埃及是一个典型的横跨两大洲的国家，亚洲部分的西奈半岛紧邻加沙地带和约旦河西岸，与中东的心脏地区巴勒斯坦

①　田冉冉，丁隆.埃及新自由主义改革与政治剧变的关系探析［J］.阿拉伯世界研究，2019（3）：48-61.

②　哈全安.埃及史［M］.天津：天津人民出版社，2016:186.

③　哈全安.埃及史［M］.天津：天津人民出版社，2016:181-182.

遥望，因此自古以来便是兵家必争之地，欧、亚、非三大洲的交通枢纽，世界文化的交融之所，在地缘政治中具有非常重要的地位。

埃及大部分地区为热带沙漠气候，夏季气温较高，昼夜温差大，每年4至5月间常会刮起夹带沙石的"五旬风"，给生产生活带来不便。尼罗河三角洲和北部沿海地区，属地中海型气候，气候相对温和。全境干燥少雨，年均降水量 50 ～ 200 毫米，且主要分布在冬季。受全球气候变化影响，西奈半岛的山上和北部沿海局部地区有时也会在冬季降雪。从地形分布来看，埃及境内大部分地区的海拔为 100 ～ 700 米，红海沿岸和西奈半岛有丘陵山地，全国最高峰为凯瑟琳山，海拔 2 642 米。

埃及境内的主要河流为尼罗河，是世界第一长河，在埃及境内长约1 350 千米，河流两岸有狭长的绿洲地带，并在北部的入海口地区形成巨大的三角洲。历史上尼罗河定期洪泛形成肥沃的土地，因此尼罗河三角洲成为人类文明的摇篮之一。西奈半岛与非洲大陆交界处的苏伊士运河贯通红海和地中海，成为世界上最重要和最繁忙的航运线路之一。埃及的主要湖泊有大苦湖和提姆萨赫湖，以及人工湖——纳赛尔水库。

埃及具有丰富的资源，主要包括石油、天然气、磷酸盐、铁、锰、煤、锌、铬、金、银、铜、钼和各种石料，已探明磷酸盐储量约 70 亿吨，铁矿 6 000 万吨。埃及现已探明石油储量 48 亿桶，早期油田主要集中在苏伊士湾和红海沿线一带，近年来，随着西部沙漠、东部沙漠、西奈半岛等地油田的开发，埃及原油平均日产量达到了 71.15 万桶。此外，埃及还有巨大的天然气储量，天然气主要分布在尼罗河三角洲和地中海沿岸地区，探明天然气储量 3.2 万亿立方米。2015 年埃及近海海域发现迄今（2021 年 7 月）地中海范围内最大的天然气田，潜在天然气蕴藏量为 8 500 亿立方米[①]。

二、民族、人口与行政区域

据 2022 年 1 月的统计，埃及共有人口约 1 亿，其中男性占比 51.47%，

---

① 中华人民共和国外交部.埃及国家概况［EB/OL］.［2022-05-26］. https://www.fmprc.gov.cn/web/gjhdq_676201/gj_676203/fz_677316/1206_677342/1206x0_677344/.

女性占比 48.53%①。埃及人口分布极为不均，主要集中在亚历山大至苏伊士一带，而这一地区面积仅占全国总面积的 3.6%。

埃及现有 27 个省，分别是：开罗省、吉萨省、盖勒尤比省、曼努菲亚省、杜姆亚特省、达卡利亚省、卡夫拉·谢赫省、贝尼·苏夫省、法尤姆省、米尼亚省、索哈杰省、基纳省、阿斯旺省、红海省、西部省、艾斯尤特省、新河谷省、亚历山大省、布哈拉省、北西奈省、南西奈省、塞得港省、伊斯梅利亚省、苏伊士省、东部省、马特鲁省和卢克索省。

埃及是一个多种族的聚居地，在历史长河中不同的血脉和文化在此融合与重构，最终形成了独特的民族认同。虽然埃及并没有官方的民族表述与统计，但从血缘、部落、语言、宗教等维度考察，可以将埃及人口大致分为阿拉伯人、科普特人、努比亚人、贝都因人和柏柏尔人。这些群体都有各自的文化特殊性，他们共同构建了埃及教育的文化基础。

三、政治制度

2014 年，埃及通过新宪法。2019 年，埃及议会通过宪法修正案。

按照埃及现行宪法规定，阿拉伯埃及共和国是一个以伊斯兰教为国教、阿拉伯语为国语的民主国家。国家保护私有财产，所有埃及人在法律面前一律平等。另外，宪法还确立了埃及公民具有选举、集会、结社、组织工会等权利，禁止建立以宗教为基础的政党。

总统为国家元首，有权任命总理、部长和副部长，有权任命文职和军事官员，还具有特赦的权力。按照宪法规定，总统必须为埃及人，年龄在 40 岁以上。总统任期六年，可以连任一届。宪法规定总统为武装部队的最高统帅，但是对外宣战或向海外派兵必须征求国防委员会的意见，并获得议会三分之二以上议员的支持。不允许总统在没有全民公投的情况下解散议会。总理是埃及的政府首脑，由总统任命并经议会批准，总理领导的内阁向总统负责。

议会是国家最高立法机关。现行宪法规定，立法权属于议会，议员在

---

① Central Agency for Public Mobilization and Statistics. Population of Egypt now［EB/OL］.［2022-02-03］. https://www.capmas.gov.eg/Pages/populationClock.aspx.

比例代表制下选出，任期五年。议会享有立法权，具有审查和批准国家经济和社会发展计划及国家预算的权力。议会对政府工作进行监督，议员有权质询内阁成员，并可以以简单多数表决通过不信任动议，罢免总理、内阁部长或整个内阁。议会也可以以三分之二以上的多数弹劾总统。

2019 年宪法修正案通过以后，埃及重新设立议会上院。新设立的议会上院共设 300 个席位，其中三分之一由各选区按多数代表制选出，三分之一由政党按照比例代表制选举，另外三分之一由总统任命，任期五年。议会上院的主要职责是就国家团结、政府结构和宪法修正案等问题提供意见和建议。议会上院有权提议修改宪法、起草经济发展规划、起草结盟和有关国家主权的条约等。

埃及现行宪法强调了司法的独立性，规定正当的司法程序不受行政权力的干涉。法官不服从法律以外的任何权力，政府也无权无故解雇法官。法官由国家任命，并事先经最高司法委员会批准。司法委员会负责所有司法机构的事务。

四、经济发展

（一）经济体量

2020 年埃及国内生产总值约为 3 652.53 亿美元，人均国内生产总值约为 3 569.2 美元，按世界银行标准属于中低收入国家。[①] 以不变价格计算，埃及 GDP 2020—2021 财年增长 3.3%；若以现价计算，则为 8.3%。可见，埃及经济当前仍存在较高的通货膨胀水平。[②]

（二）产业结构及变化

埃及是非洲第三大经济体，属开放型市场经济，拥有相对完整的工业、农业和服务业体系。首先，埃及是传统农业国，农村人口超过全国总人口的一半。其次，埃及的轻型工业以纺织和食品加工等为主，重工业以石油

---

① The World Bank. GDP（current US$）-，Egypt，Arab Rep［EB/OL］.［2022-01-22］. https://data.worldbank.org/indicator/NY.GDP.MKTP.CD?locations=EG，-EG& name-desc=false.

② Central Bank of Egypt. Monthly statistical bulletin_297_Dec.2021［EB/OL］.［2022-03-25］. https://www.cbe.org.eg/_layouts/download.aspx?SourceUrl=https%3A%2F%2Fwww.cbe.org.eg%2FMonthlyStatisticaclBulletinDL%2FBulletin_297_Dec.2021.pdf.

化工业、机械制造业及汽车工业为主。最后，埃及历史悠久，名胜古迹很多，具有发展旅游业的良好条件，服务业产值约占国内生产总值的 50%。

（三）公共财政

埃及 2020—2021 财年预算总支出达 1.58 万亿埃镑，而财政总收入为 1.1 万亿埃镑，赤字占 GDP 比例为 7.4%。[①]

（四）对外经济

1. 进出口贸易。根据埃及中央银行数据，2020—2021 财年埃及进口额为 707.4 亿美元，出口额为 286.8 亿美元，贸易赤字为 420.6 亿美元。[②] 近年来埃及外贸连年逆差。为扩大对外出口，减少贸易逆差，埃及政府采取了以下措施：发展民族工业，争取生产更多的进口替代商品；限制进口，特别是消费性制成品的进口；争取扩大出口，特别是原油、原棉以外的非传统性商品的出口。埃及主要进口商品是机械设备、谷物、电器设备、矿物燃料、塑料及其制品、钢铁及其制品、木及木制品、车辆、动物饲料等。主要出口产品是矿物燃料（原油及其制品）、棉花、陶瓷、纺织服装、铝及其制品、钢铁、谷物和蔬菜。埃及出口商品主要销往阿拉伯国家。

2. 外汇储备。根据埃及中央银行的数据，到 2021 年 6 月底，埃及外汇储备为 405 亿美元，比上年增长 24 亿美元。[③]

3. 外国投资。埃及中央银行数据显示，2020—2021 财年吸引外国直接投资净流入 52.1 亿美元，比上年（2019—2020 财年）减少 22.3 亿美元。[④]

4. 外债。根据埃及中央银行报告，2020—2021 财年（截至 2021 年 6 月）

---

① Central Bank of Egypt. Monthly statistical bulletin_297_Dec.2021［EB/OL］.［2022-03-25］. https://www.cbe.org.eg/_layouts/download.aspx?SourceUrl=https%3A%2F%2Fwww.cbe.org.eg%2FMonthlyStatisticaclBulletinDL%2FBulletin_297_Dec.2021.pdf.

② Central Bank of Egypt. Monthly statistical bulletin: fiscal sector 297 12/2021［EB/OL］.［2022-03-25］. https://www.cbe.org.eg/_layouts/15/WopiFrame.aspx?sourcedoc={8E217440-34EC-4A74-8F23-4B6183A82339}&file=Fiscal%20Sector%20297.xlsx&action=default.

③ Central Bank of Egypt. Monthly Statistical Bulletin［EB/OL］.［2022-01-22］. https://www.cbe.org.eg/en/EconomicResearch/Publications/Pages/MonthlyBulletinHistorical.aspx.

④ Central Bank of Egypt. Monthly Statistical Bulletin［EB/OL］.［2022-01-22］. https://www.cbe.org.eg/en/EconomicResearch/Publications/Pages/MonthlyBulletinHistorical.aspx.

埃及外债达 1 378.6 亿美元，较上一财年增长 143.7 亿美元；占 GDP 比例为 34.2%。^①

五、宗教信仰

埃及教育早期的发展与宗教传播密切相关。从古埃及时期的太阳神庙到希腊时期的缪斯神庙，再从罗马时期的科普特教会到伊斯兰时期的爱资哈尔清真寺，可以说埃及每一个时期的宗教发展都承载着一定的教育职能，为日后埃及现代教育的形成和发展奠定了坚实的基础。因此，宗教信仰是埃及教育社会文化基础的重要构成。

古代埃及每个大的城邦都有其独特的信仰体系，宗教在人民生活中占有极其重要的地位。

古埃及人对宗教的重视为基督教在埃及的传播奠定了基础。公元 1 世纪中叶，基督教传入埃及并很快流行开来。基督教在埃及的传播分四个阶段，第一个阶段是公元 1 世纪中叶到公元 135 年，这是基督教在埃及传播的萌芽期。这一阶段的活动中心是亚历山大港和乔拉地区，代表人物是斐洛。第二个阶段从公元 135 年至 313 年，是基督教在埃及传播的发展期。埃及的基督教开始形成理论体系。第三个阶段是公元 313 年至 451 年，是基督教在埃及发展的成熟期。公元 313 年《米兰敕令》颁布，基督教的合法地位得到了承认，基督教在埃及迅速传播。第四阶段从公元 451 年至今，是基督教在埃及发展的延续期。

公元 639 年，阿拉伯人进军埃及，于 641 年在福斯塔特城建立新都，埃及成为阿拉伯帝国的一个行省，开启了埃及历史上的伊斯兰时期。至此，阿拉伯语开始逐渐取代科普特语成为埃及的官方语言，伊斯兰教逐渐取代基督教在埃及传播开来，并对今天埃及的宗教文化产生了深远的影响。

---

① Central Bank of Egypt. Monthly Statistical Bulletin［EB/OL］.［2022-01-22］. https://www.cbe.org.eg/en/EconomicResearch/Publications/Pages/MonthlyBulletinHistorical.aspx.

第三节 埃及教育的文化基础

文化是社会意识的重要组成部分，是一个国家、一个民族的灵魂。埃及有着非常悠久的历史，在数千年的历史长河中孕育的文明与文化成了埃及教育的文化基础。

一、语言基础

古埃及的象形文字起源于公元前 3100 年前后，通常书写在纸莎草制成的纸张上，后随着文字的普及逐渐演变为圣书体、僧侣体和世俗体三种形式，它们共同承载了古埃及法老时期的璀璨文明。公元前 332 年，亚历山大大帝征服埃及，希腊语开始成为官方语言，部分埃及人为了能够继续留在政府部门任职，便开始学习和使用希腊语。在借鉴希腊字母的基础上，埃及发展形成了科普特语。随后，伴随着伊斯兰时期的到来，阿拉伯语逐渐取代其他语言成为埃及的通用语言。

阿拉伯语属于闪 - 含语系中的闪米特语族，是一种音位文字，由闪米特语族西支的音节文字发展而来。阿拉伯语共有 28 个辅音字母，其中 3 个可兼表示长元音，但没有专门表示元音的字母，初级启蒙书中可在字母上方、下方加符号表示元音，但这些符号通常被省略。阿拉伯语的书写是从右向左横写，理论上讲，每一个字母都有四种写法，即独立时、在单词开头时、在单词中间时、在单词结尾时的写法都不同。阿拉伯语也是一种双言制的语言，有标准语和方言之分。埃及人在日常生活中通常使用方言，标准语仅在官方场合使用。具体来说，方言与标准语在发音、词汇和语法三个方面都有所不同，仅掌握标准语的人往往还需要一段时间才能适应埃及方言。

除阿拉伯语外，目前在埃及使用的语言还有科普特语、努比亚语和西瓦语。科普特语由古埃及语演变而来，目前仅作为宗教用语尚有遗存，努比亚语是埃及努比亚人的语言，西瓦语是柏柏尔人的语言。

二、文学与表演艺术
（一）埃及的文学
诗歌是有韵律和韵脚的语言艺术，是阿拉伯人最引以为傲的文学表现形式。在阿拉伯人的语言中，诗歌是一种高尚的语言艺术，所以他们把诗歌称为阿拉伯人知识和历史的档案，是他们正确与错误的见证，也是他们许多学科知识和智慧的基础与主要参考。[①]麦瓦利就是这样一种具有悠久历史的诗歌表现形式，它不仅是民间文学艺术的结晶，同时也被阿拉伯评论家定义为传统的口头表述形式，它通过诗人、传述者、艺术家的不断创造加工得以繁荣，并以口口相传的形式传承至今，成为埃及人文化生活中必不可少的组成部分。麦瓦利非常复杂，需要表演者具备扎实的语言基础、演唱技巧、演奏技能、记忆力、随机应变的能力等，所以精通麦瓦利的艺术家通常被称作"艺术的首领"。"黑拉里亚史诗"是埃及最著名的麦瓦利之一，它于 2008 年被联合国教科文组织列入"人类非物质文化遗产代表作名录"。

纳吉布·迈哈福兹是第一位获得诺贝尔文学奖的阿拉伯作家，被埃及人誉为"阿拉伯小说之王"。迈哈福兹早期的作品题材以古埃及历史为主，代表作有《命运的嘲弄》《拉杜比丝》《底比斯之战》。此后转向当代的和现实主义题材，其中最著名的便是阿拉伯家喻户晓的三部曲《宫间街》《思宫街》《甘露街》，这三部曲以埃及中产阶级为切入点，对革命前的埃及社会进行了深刻的剖析，同时也细致地描绘了埃及的人情风俗，是百科全书式的作品。迈哈福兹在后期的主要成就是象征主义题材作品《我们街区的孩子们》，他全景式、史诗式地书写了街区的开拓者老祖父杰巴拉维及其数代子孙的救世故事。

（二）表演艺术

表演艺术类文化遗产是指人类在历史上创造并以活态形式原汁原味传承至今的，通过唱腔、动作、台词等艺术表现形式来表现演出者内心世界的传统表演艺术形式[②]。埃及的表演艺术主要由民歌和舞蹈两部分构成。

舞蹈是埃及人生活中不可或缺的重要组成部分，早在古埃及时期，人们就开始通过唱歌和跳舞的方式与"神灵"沟通。埃及社会现存的舞蹈表演艺术形式主要有东方舞、苏菲舞和使用兵器的舞蹈，前一种由女性演绎，

① 赫勒敦.历史绪论：下［M］.李振中，译.银川：宁夏人民出版社，2015：793.
② 苑利，顾军.非物质文化遗产学［M］.北京：高等教育出版社，2009：112.

而后两种则由男性演绎。东方舞就是我们熟悉的肚皮舞，起源于法老时期，在 20 世纪初期重新流行开来。苏菲舞又称裙舞，是一种与苏菲派宗教仪式相关的民间舞蹈表现形式，并在土耳其毛拉维教团的舞蹈基础上进行了本土化的改进。"台哈提布"是兵器类舞蹈的代表，主要在上埃及地区流行。

民歌包括麦瓦利吟唱、劳动小调和节庆歌曲等。劳动小调是埃及劳动人民在日常劳作时演唱的歌曲，他们通过这种方式缓解压力、提高劳动热情，不同的职业有不同的代表作品。节庆歌曲的种类较多，以"夜聊歌"最具特色，通常在有月光的晚上婚礼、节日、朝觐归来等喜庆的场合进行表演，表现为和着喜庆的民歌翩翩起舞。

三、风俗习惯

（一）节日

古埃及的节日主要分为五个大类：第一类与年初、月中、季首等时间历法有关；第二类与播种、收获、汛期等农耕时节有关；第三类与加冕、法老登基三十周年纪念①等王权统治相关；第四类与出生和死亡有关，如死人节，逝者亲属会在这一天带着食物到墓地去祭奠逝者；第五类与古埃及诸神有关，如荷鲁斯节、阿努比斯节、奥西里斯节等。

埃及的节假日主要分为两种，即宗教节日和世俗节日。伊斯兰教最重要的宗教节日是开斋节和宰牲节。开斋节即每年伊斯兰教教历（简称伊历）的 10 月 1 日，是一个月斋戒期满后开斋庆祝的日子。宰牲节在每年伊历的 12 月 10 日。埃及基督教节日与世界各地的基督教的节日大致相同，主要包括圣诞节、主显节、复活节等，但埃及的科普特人作为基督教信仰者中的一个特殊的群体，有其独特的风俗习惯与宗教规则。世俗节日主要与政治事件相关，如西奈解放日（4 月 25 日）、建军节（10 月 6 日）、国庆节（7 月 23 日）等。

---

① 在古埃及，当一位法老继位满三十年的时候，就要举行"赫卜—赛德"庆典，在盛典的仪式上，法老要重新加冕，接受臣民的朝拜，沿着埃及的边界巡视，象征着他对埃及帝国的绝对拥有。

（二）饮食习惯

埃及普通百姓的饮食比较简单，以面食和豆制品为主。埃及大饼在最近三十多年来一直保持着较低的价格。在埃及方言中，"大饼"和"活命"是同一个词，可见大饼在埃及人生活中的地位。埃及人的早餐一般在 7 点到 12 点之间，最常见的食物是大饼卷和素丸子，素丸子是埃及最受欢迎的民间小吃之一，也是贫困阶层的主食。素丸子的原料是鹰嘴豆、蔬菜、大蒜、洋葱等，将原料搅拌后捏成团放入油锅炸至金黄即可。午餐在 15 点到 17 点之间，种类比较丰富，比如米饭、通心粉搭配肉类和沙拉等。最著名的一道主食叫"烤谢丽"，即将鹰嘴豆、通心粉、扁豆、米饭混合在一起，淋上番茄汁。埃及人的晚餐一般在 20 点到 23 点之间，以炸鱼、鸡蛋搭配甜品为主。埃及人酷爱甜品，著名的甜品更是数不胜数，其中较具代表性的有"牛奶米饭"（米布丁）和"乌姆阿里"（埃及面包布丁），前者是将大米和牛奶一起煮得酥烂，配以香草、细糖，表面放上葡萄干、碎坚果、椰丝制成，后者将烤酥皮或面包与糖和牛奶结合在一起，加入少许葡萄干或坚果、椰子片、黄油等，放进烤箱烤制而成。

第二章

埃及教育的历史发展

本章主要以文化构成为线索，将埃及教育的历史发展划分为三个阶段：第一阶段是近代以前的埃及教育，包括法老时期、希腊罗马时期、伊斯兰时期。第二阶段是近代以来到共和国建立时期的埃及教育，包括近代埃及教育的产生、英国占领时期的教育发展、宪政时期埃及教育的发展。第三阶段是现代埃及的教育，包括共和国建立后纳赛尔政权、萨达特政权和穆巴拉克政权时期的教育发展。埃及教育的发展经历了不同的历史时期，每个时期都有其特定的文化、政治和宗教背景，要理解今天埃及教育的现状，就必须全面深入地了解埃及教育的历史发展。

第一节　近代以前埃及教育的发展

埃及自古以来就非常重视教育。尽管埃及教育起步较早，而且政权更替频繁又使得埃及的文化教育发展缺乏连续性，但总体上讲，近代以前埃及教育的发展在世界范围内还是具有一定的先进性和代表性。

一、法老时期埃及教育的发展

这一时期的埃及经历了漫长的历史发展，逐渐成为尼罗河流域大一统的奴隶制国家，其稳定的政治、繁荣的经济和一脉相承的文化为埃及文字和教育的产生与发展奠定了坚实的社会基础。据考古发掘表明，最早的古埃及文字可以追溯到公元前4000年左右的早期陶器的刻画符号。当时的埃及逐渐形成了上埃及和下埃及两个王朝，根据尼罗河的流向，位于南方的是上埃及，以灯芯草为象征，国王头戴白色王冠；位于北方的是下埃及，以纸莎草为图腾，国王头戴红色王冠。

作为下埃及图腾的纸莎草是尼罗河流域的一种多年生大型水生植物，具有2～3米高的粗壮根状茎，古埃及人将其茎切成薄片，在水中浸泡一周去除糖分后将其横竖垂直编织，干燥后用浮石磨光便成了浅黄色的莎草纸。这种书写纸被希腊、腓尼基等古代地中海文明使用了近3 000年，直至公元8世纪中国造纸术传到埃及才被取代。英文单词中的"纸"（paper）的词源就来自希腊语中的莎草纸一词。莎草纸的发明为古埃及不同时期文字的发展创造了条件，古埃及先后发展出圣书体文字、僧侣体文字、世俗体文字和科普特文字。莎草纸的出现是书写教育形成的物质基础，而促进古埃及书写教育的精神推动力源于他们对书写的重视，在物质基础与精神动力的双重驱动下，古埃及教育由此诞生了。

初期的教育主要存在于宫廷贵族学校，建于古王国时期的宫廷贵族学校被苏联教育学家米丁斯基认为是人类最早的有史可查的学校。这种宫廷贵族学校以培养国家管理人才为目的，教育对象主要是王室家族后裔与少数王宫权贵的子弟，由国王信任的大臣担任教师。中王国时期，出现了针对当时不同性质的职业而开设的职官学校和文士学校，除教授学生必要的书写、语言技能，也教授学生职业技能。它们的区别是，前者主要为统治阶层培养官吏，而后者则着重技术人员的培养。到新王国时期，书写教育开始走入平民阶层，大批精通书写技能的人员涌现于社会的各行各业。这一时期神庙学校从培养神职人员的宗教学院发展为重视科研和高等教育的场所。

此外，家庭教育也是古埃及教育的重要组成部分。在家庭教育中，父亲负责养家糊口并对男孩进行职业教育，会利用民间故事和谚语向男孩提出忠告，并通过身边鲜活的事例和榜样进行补充，这一点在古埃及教谕文献中有所体现。母亲的任务是主持家务和照顾孩子，教谕文献中有如下记载："一定不要忘记你的母亲的恩德……十月怀胎，辛苦至极，长期哺养，不辞辛劳。"[1]在古埃及，男孩从七岁后便开始接受较为正规的教育，其中因家庭贫穷而不能上学的孩子就要由父亲在家中对他们进行道德教育和职业训练。与之相较，女孩受教育的主要场所是家庭，尽管在当时出现过书吏女"塞莎特"，但并没有充足的证据表明女性在当时拥有普遍的受教育权，大多数女孩所接受的教育还是源于对母亲日常劳动的模仿。

后王朝时期，古埃及帝国经历了分裂、复兴和最终走向衰亡的过程。在这一政治动荡的时期，埃及教育有过短暂的发展。具体表现在第二十六王朝时期，古埃及文字的另一种新的字体——世俗体文字开始出现了，它的书写比较潦草，主要用于民间书信、契约和日常文件。[2]文字的世俗化发展一方面体现出此时埃及商业与经济的繁荣，另一方面也是教育发展的一种表现。但遗憾的是，第二十六王朝的复兴和繁荣是短暂的，很快就被波斯帝国的入侵所打断。在波斯帝国统治期间，埃及承担教育职能的寺庙被大肆损毁，教育发展因此遭到严重破坏。

---

[1] 杨熹.论古埃及新王国时期的教育［D］.长春：东北师范大学，2012.

[2] 王海利.埃及通史［M］.上海：上海社会科学院出版社，2014：84-85.

二、希腊与罗马时期埃及教育的发展

希腊与罗马时期是埃及文化与西方文化的大交融时期，特别是在托勒密王朝的统治下，埃及成了希腊化世界的中心。受希腊教育体系的影响，托勒密王朝在埃及实行的希腊化教育政策主要表现为以下特征：一是以个人自由式教育为主；二是基础教育的学习内容有读写、语法、数学及荷马的作品；三是崇尚体育运动，每一诺姆[①]的首府都设有体育馆；四是中级教育以修辞学和数学为主要内容，以训练统治阶层人才为目标；五是高等教育深受重视，极为发达。[②]

亚历山大城博物馆于托勒密王朝时期建成，随后，该博物馆逐渐发展成集藏书、教学、科研于一体的学术和文化中心，吸引了世界各地的众多知名学者。博物馆建于皇宫内，由皇室直接出资修建并控制，因而亚历山大城博物馆的建立从一开始便是政府的行为，开创了古代西方政府兴办高等教育机构的先河。从教育理念来看，亚历山大城博物馆秉持自由与宽容、交流与融合、求知与求智的理念，向来自各地的不同学科、不同文化背景的学者敞开大门，让他们可以在此自由地进行科学研究。从组织结构来看，亚历山大城博物馆建立了比较完善和合理的组织结构。亚历山大城博物馆由直属机构和附属机构两大部分组成，直属机构包括数学院、天文学院、医学院、文学院、各个研究机构以及职能机构；附属机构包括亚历山大城图书馆、解剖室、植物园、动物园以及天文观测台等（图 2-1）。比较特殊的是，亚历山大城图书馆虽然属于博物馆的附属机构，但其与博物馆的联系微妙，具有较高的管理独立性，具体体现在图书馆的主管由国王亲自任命，而非由博物馆任命。图书馆下设包括采购部、登记部、校勘部、抄写部、贸易部和财务部在内的多个部门。图书馆拥有当时世界上最大的藏书量，已经初具现代图书馆的雏形。从资金保障来看，博物馆所需资金主要来源于国王和政府拨款，资金主要用以资助学者进行科学研究和高等教育活动。同时，博物馆还设立了永久性的捐赠基金，用以支持来自世界各地的学者在这里从事研究工作。托勒密王朝崇尚科学、尊重学者，学者除了能获得

---

① "诺姆"是古希腊人对埃及各地方区域的称呼。

② 李阳. 埃及近代以来教育发展与埃及现代化［D］. 西安：西北大学，2002.

很高的俸禄，还享有免费的食宿、免赋税权以及其他的特权，拥有很高的社会地位。如此优厚的待遇和优越的条件吸引了大批的学者来到亚历山大城博物馆从事学术研究和高等教育事业，客观上促进了亚历山大城博物馆科学和高等教育事业的发展。①

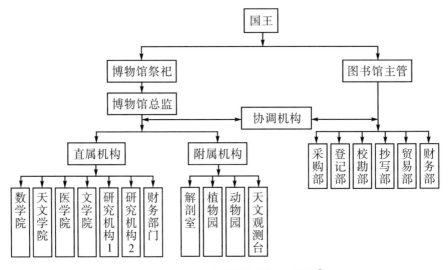

图2-1　亚历山大城博物馆组织结构②

公元前30年，屋大维率领罗马军队占领亚历山大，将埃及纳入罗马帝国的版图。罗马帝国时期大体延续了希腊化的教育政策，但将希腊时期建立的、供希腊青年接受教育的俱乐部性质的学院由非官方个人团体纳入官方行政机构，这些机构又逐渐演变成城市议会，负责管理公民身份、收取赋税等工作，到公元2世纪末，又以它们为核心建立了元老院。这种学院教育与国家行政管理职能的结合，一方面将教育的政治功能推向了前台，另一方面将教育与国家的民主政治紧密联系在一起，使教育的场所同时变成了民主政治的发源地。③

---

① 耿乐乐.解密古埃及亚历山大里亚博物馆：基于高等教育思想与组织制度视角［J］.煤炭高等教育，2016（4）：39-44.

② 耿乐乐.解密古埃及亚历山大里亚博物馆：基于高等教育思想与组织制度视角［J］.煤炭高等教育，2016（4）：39-44.

③ 李阳.埃及近代以来教育发展与埃及现代化［D］.西安：西北大学，2002.

三、伊斯兰时期埃及教育的发展

公元 640 年左右，阿拉伯人攻占埃及，埃及由此进入伊斯兰时期，伊斯兰宗教教育也由此兴起。在这一时期，基础教育主要在私塾和清真寺学堂中进行，高等教育的职能由爱资哈尔清真寺承担。想要进入爱资哈尔清真寺的学生必须先通过私塾教育才能获得入学资格。

私塾通常设在清真寺或私塾主人的私宅中，儿童从六七岁开始接受教育，背诵《古兰经》是私塾教育的主要目标，教授阅读和书写的能力也是为宗教服务的。如果有儿童想学习算数，村里的账房人员会兼任这一教学任务。私塾先生被称为"法基赫"，他们往往由两类人构成：一是经过数年爱资哈尔教育的人，二是助理教法学家。私塾教育并没有固定的年级划分，而是由私塾先生按知识水平对学生进行分组，根据学生的不同情况布置学习任务，然后对每个人或团体进行辅导。私塾教育并没有规定学制，大多数儿童在能够进行独立劳动后便返回生产领域。马木路克王朝统治埃及期间，私塾教育得到了大力发展，新建了大量的私塾，招收穆斯林孤儿并对其进行免费教育。埃及在这一时期所拥有的学校之多在阿拉伯世界远近闻名，以至于 14 世纪著名的学者伊本·白图泰在游记中写道："无人能够准确计算出它们（宗教学校）的数量。"[①]

在高等教育方面，公元 972 年，埃及宗教教育进入鼎盛时期。随着开罗城的落成，法蒂玛王朝建成了埃及第一座宣传什叶派思想的清真寺——爱资哈尔清真寺。清真寺讲学的制度也被法蒂玛王朝继承了下来，但他们在此基础上对清真寺教育进行了进一步的改良。公元 980 年，正式确立了爱资哈尔的教学制度，并选派了 37 名教法学家担任专职教师，由国库拨款在清真寺周围为教师建造住所，并按月发放固定工资。这一举措使爱资哈尔清真寺具有了官办学校的性质，并逐步成为阿拉伯世界的文化中心，吸引了世界各地的穆斯林学者赴埃及求学。

在管理制度方面，爱资哈尔清真寺实行的是免费教育，不仅如此，清真寺还利用宗教基金无偿为学生提供住所和食物。这种有教无类、一视同仁的授课模式对埃及教育的发展具有十分重大的意义，它打破了教育的阶

---

① 菲戈.埃及教育文化史（阿拉伯文）［M］.开罗：格莱姆出版社，1997：19.

级性，彻底改变了只有富人才能接触知识的局面，使居住在偏远地区的农民拥有了平等的受教育机会。免费提供给学生的住所被称作"里瓦阁"，阿拉伯语原意为门廊、厢房，这种古朴而又独特的寄宿方式在爱资哈尔清真寺存在了数个世纪，具体分为三种：第一种是供埃及学生居住的"里瓦阁"；第二种是供外国学生居住的"里瓦阁"；第三种是不按国家和地区划分的"里瓦阁"。虽然住宿条件简陋，但每个"里瓦阁"都配有一位爱资哈尔长老负责督查学生学业、处理学生日常生活中遇到的问题。

在授课形式上，爱资哈尔清真寺采用的是"教学圈"的形式公开授课，因此课程都被称作"哈勒卡"。"哈勒卡"在阿拉伯语中是圆圈、环形的意思。授课老师在爱资哈尔清真寺礼拜殿内选择一处席地而坐（有时也坐在椅子上），得意门生往往位于老师的两侧，其他学生则有秩序地围绕老师形成半圆，并在老师落座后同样席地坐下。授课时，学生若不愿继续听讲也可自由离去，或选择加入其他老师的班级。这种双向选择的教学方式使教学活动能够得到及时的反馈，只有具备真才实学的老师才能吸引越来越多的学生。在授课方法上，爱资哈尔清真寺的老师们多采用启发式教学法，将教书和育人相结合。学生提出问题时，老师会先引导学生进行讨论，最后才结合学生们的观点发表自己的见解。

公元 12 世纪，随着巴格达、安达卢西亚这两个阿拉伯世界文化中心的没落，埃及的爱资哈尔清真寺成为伊斯兰教育的旗手，进而得到了快速的发展。不可胜数的学者从巴格达和安达卢西亚来到爱资哈尔清真寺讲学，其中包括阿拉伯著名历史学家伊本·赫勒敦和著名旅行家伊本·白图泰。学者数量的激增不仅吸引了更多的学生前来求学，而且开创性地开拓了教学内容。学者将这一时期爱资哈尔清真寺的教育内容分为传入学科和理性学科两个部分。前者主要讲授伊斯兰宗教知识与四大教法学派，如教法学、圣训学、经注学等，之所以称为传入学科是因为宗教学者认为这些知识是真主创造的，人只能被动地接受这些知识。后者是指人依靠自己的智力和能力创造的学科，主要包括逻辑学、阿拉伯文学、社会学、伊斯兰哲学、历史学、评论学、数学、天文学、医学、音乐等。虽然新增了许多科目，但这并没有动摇爱资哈尔教育的宗教性，其教育目标仍然为传播宗教知识、实现宗教目标。

在培养制度方面，13 世纪的爱资哈尔教育形成了独特的培养体系，具体表现在三个方面。一是学科制度。这一时期的爱资哈尔教育尚未规定学习年限，学生在掌握了某一学科的知识后，便可选择继续在该学科进行深造或学习其他学科。二是"伊贾扎"制度。"伊贾扎"意为许可证、执照，是这一时期爱资哈尔教育的创举。但"伊贾扎"与"文凭"概念并不完全相同，它仅颁发给少数在某一学科考核中取得优异成绩的学生，并附带教师对该生的评语。三是助教制度。这种制度在彼时的全球教育背景下也处于领先地位。在爱资哈尔教育体系中，师生关系不是一成不变的，教师可以从获得"伊贾扎"的学生中挑选几名辅助教学，负责在课后为其他学生答疑解惑，若教师因故无法出席，这些学生就会承担起教学任务。

公元 1517 年，奥斯曼土耳其帝国占领埃及后，并不重视文化的发展，埃及的文化教育开始走向没落。爱资哈尔教育在内容上逐渐摒弃 12 世纪的多学科发展模式，取消了数学、天文学、医学、音乐等科技和艺术类的课程，转而将教学重点集中在宗教和语言教育领域。教学方法也逐步僵化，重点考查学生对词汇与发音的死记硬背，完全忽视精神领域的思想碰撞与科学探讨，学者们也不再努力，开始遵循传统，墨守成规。

此外，奥斯曼土耳其帝国统治者将大量书籍从开罗运至伊斯坦布尔，这使埃及的书库亏空，仅保留了一些清真寺内的图书馆。书籍的大范围短缺导致了埃及国内理性主义的匮乏，例如，埃及的历史编纂在奥斯曼土耳其帝国统治时期戛然而止，直到两个世纪后才得以恢复。更甚的是，奥斯曼土耳其帝国切断了埃及与西方文化之间的交流，闭关锁国使埃及逐步拉开了与世界先进文化的距离，进一步影响了埃及社会、经济、教育的发展。

第二节　近代埃及教育的发展

拿破仑远征军的入侵标志着埃及近代史的发端。这一时期，埃及教育呈现螺旋上升的发展态势。穆罕默德·阿里时期，埃及迈出了教育现代化的步伐，在宗教教育体系之外建立了世俗教育体系，教育开始与国际接轨。英国殖民统治期间，埃及教育事业虽然受到了限制，但依旧取得了发展。

宪政时期，民族主义情绪的高涨以及国家对教育的重视使得埃及各级教育都有了突破性的发展。

一、近代埃及教育的产生

18 世纪末到 19 世纪初，埃及局势动荡。穆罕默德·阿里迅速崛起，掌握了政权。穆罕默德·阿里上台后，在政治、军事、经济、文化等领域进行了一系列现代化改革，拉开了埃及近代史的序幕，埃及教育呈现较为开放的姿态。主要表现为以下三个方面。

一是大力发展对外教育交流活动。穆罕默德·阿里注重通过教育交流来引进、学习西方的思想文化和科学技术，努力发展本民族文化教育事业。还开办了语言学院，培养出许多有才能的翻译人员，把大批外文的军事、科技、政治、文化书籍译成阿拉伯文和土耳其文。阿里还聘请许多外国专家来埃及讲学和传授技术，并选派大批青年去欧洲学习，旨在培养本土人才，摆脱对外国专家的依赖。早在 1809 年，他就开始向意大利派遣留学生代表团，前往里窝那、米兰、佛罗伦萨和罗马，学习军事科学、造船、印刷和工程学。截至 1818 年，共有 28 名学生被派往欧洲学习；截至 1826 年，派遣总花费 30 000 英镑。[①] 这些学子在学成归国后，在工业、翻译、教育、军队等领域担任要职，成为埃及各领域改革的推动者和引领者。

二是世俗化教育开始起步。阿里当局进行了以富国强兵为目的的改革，并为配合改革，启动了教育现代化进程。穆罕默德·阿里的教育现代化举措并未废除宗教教育体系，而是在宗教教育体系之外建立一套平行的世俗教育体系。这一时期，高等教育被优先发展，随后中等教育发展，最后发展的是初等教育。这一时期的高等教育发展目标具有非常明显的实用主义色彩。阿里当局热衷于建立强大的陆上军队和海上军队，这就必须依靠先进的军事技术和先进的武器装备。因此，高等教育的使命就是为国家的军队建设、行政管理、经济发展培养人才，其中为军事服务的军官学校、

---

① HEYWORTH-DUNNE J.An introduction to the history of education in modern Egpyt［M］. London：Routledge，2019：149.

参谋学校、步兵学校、炮兵学校等军事专业学校和医科学校占主导地位。[①]
为了向这些学校输送具有一定科学文化知识的学生，阿里还创办了世俗小
学和中学。到 1836 年，这类小学共 50 所，有学生 5 500 人；中学 2 所，有
学生 2 000 人。这些学校属陆军部管辖，实行免费教育，学生食宿在校，还
能领取衣服和少量的津贴。[②]

三是国际学校蓬勃发展。许多外国学者和传教士来到埃及开办基督教
学校。例如，希腊人于 1828 年在开罗建立了一所学校，又于 1847 年在亚
历山大建立了第二所。1829 年罗马人（另说叙利亚人）路易·萨阿提在开
罗建立了第一所国际学校，教授阿拉伯语、法语和意大利语。法国德维尔
慈善协会于 1844 年在亚历山大创建了第一所免费的公益学校，同年，法国
牧师协会在开罗建立了一所牧师学校。此外，安立甘宗[③]传教士也在埃及建
立了一所学校，该校下设三个学院。第一个学院主要用于培养科普特牧师；
第二个学院是男生部，主要职能是讲授阿拉伯语、地理、博物学、算数和
工程学，该部门由英国传教士负责管理，学徒大多是基督教徒；第三个学
院是女生部，教授阿拉伯语、针线与刺绣，由一名叫梅·霍利迪的女士负
责管理，学生大多来自科普特家庭。[④]

二、英国占领时期埃及教育的发展

1882 年，英国占领埃及后采取了限制教育发展的政策，教育的对象仅
为少数精英子弟，教育目标局限于培养各种办公室文职人员，以为殖民统
治服务。英国代表和总领事克罗默伯爵指出："在埃及民间广泛推行简化
教育的原则，不论男女，民众只需要大致了解阿拉伯语和算数即可。只培
养一批受教育的人以满足政府的岗位需求。"[⑤]

---

① 陈天社，常晓东.埃及穆罕默德·阿里时期教育改革探究［J］.阿拉伯世界研究，2021（4）：
25-41，157-158.

② 杨灏城.埃及近代史［M］.北京：中国社会科学出版社，1985：86.

③ 安立甘宗是基督教三个原始宗派之一。公元 3 世纪，基督教传入罗马帝国时期的大不列颠岛。
英国崛起之际，安立甘宗传入世界各地的殖民地。

④ 菲戈.埃及教育文化史（阿拉伯文）［M］.开罗：格莱姆出版社，1996：48.

⑤ 拉菲厄.占领初期埃及和苏丹（阿拉伯文）［M］.开罗：埃及复兴出版社，2019：173.

在基础教育方面，英国统治者废除了埃及 1867 年颁布的义务教育法令，并关闭大量学校。据统计，1883 年，埃及共有 270 所小学，而到 1900 年，锐减至 38 所。1891 年，埃及获得小学文凭的人不超过 112 人。1887 年，埃及举行第一次高中学历资格考试，但毕业生的人数很少，至 1893 年仅有 42 名学生取得高中文凭。在英国统治 20 年后，获得高中文凭的埃及人也只有 125 名。① 埃及文盲率因此居高不下。数据表明，1882 年埃及文盲率为 91.7%，而 1917 年为 91.3%，即文盲率在 35 年内仅下降了 0.4%。②

在高等教育方面，英国占领初期关闭了除教育学院、法学院、医学院和工程学院以外的大部分高校，穆罕默德·阿里时期创办的现代技术学院仅有 3 所得以生存下来。英国还同时加强了殖民政府对教育的管控，这些学校由政府管理机构全权管理。1882 年医学院在校生有 200 多人，但到 1898 年仅剩下 10 人。此外，军事学院的发展也面临重重困难，生源往往是小学毕业生，且其中一大半都是肄业。英国占领初期，埃及的留学项目也遭到搁浅，埃及史学家拉斐仪指出，整个殖民早期出国留学的学生数量不超过 10 人。③

在教学语言上，英国统治者推行殖民语言政策，将英语作为教学的核心语言。英国在埃及建立了 18 所英语学校，将小学至高中课程的教学语言定为英语。

但这一时期的教育发展也并非完全停滞不前。在各方的努力下，埃及于 1896 年建立了警察管理学院，归内政部管理；1901 年建立了兽医学院，最初由内政部管理，随后移交至农业部监管；1907 年，埃及又建立了电报学校，归铁路局电报处管理；1908 年，在开罗市布拉克区建立了第一所人民夜校，为工人等底层群体提供免费的教育，到 1909 年，夜校的数量达到 4 所，每所学校大约有 120 名学生。这种夜校主要分布在大城市，许多受过教育的年轻人志愿在这里担任教师。④ 其中，这一时期教育发展的标志性事件当属 1908 年埃及现代高等教育机构的雏形、开罗大学的前身——民办埃

① 菲戈.埃及教育文化史（阿拉伯文）［M］.开罗：格莱姆出版社，1996：124.

② 阿尔廷.公共教育全书（阿拉伯文）［M］.伦敦：欣达维知识文化出版社，2018：31.

③ 菲戈.埃及教育文化史（阿拉伯文）［M］.开罗：格莱姆出版社，1996：132.

④ 菲戈.埃及教育文化史（阿拉伯文）［M］.开罗：格莱姆出版社，1996：132.

及大学的诞生。筹备者们提出，这所大学要承担为所有埃及人民提供高等教育的任务，帮助埃及人民摆脱思想僵化的落后的状态。民办埃及大学对富家子弟和贫家子弟一视同仁，埃及全国青年，不分民族和宗教信仰，都有权利申请和报考。[①]这所大学承担着公民教育的使命，致力于让民主、独立和爱国的思想深入人心，并提供建立国家所必需的科学文化知识教育。为解决民办大学的师资问题，埃及进一步恢复了向国外派遣留学生的计划。从 1905 年到 1910 年期间，埃及向国外派遣留学生的人数逐年递增，具体为 1905 年 2 人、1906 年 3 人、1907 年 22 人、1908 年 40 人、1909 年 55 人、1910 年 59 人。[②]

　　这一时期的教育发展还体现在宗教教育领域的改革。在外国殖民侵略背景下，一些爱资哈尔学者纷纷开始尝试宗教改革，其中的代表人物穆罕默德·阿卜杜胡确立了"以伊斯兰宗教改革推动生活变革"的目标，并将宗教教育作为改革的重要领域。在穆罕默德·阿卜杜胡的推动下，爱资哈尔教育走上了现代化改革之路。此次改革的成果主要集中在以下几个方面：一是规范了管理制度，确定了爱资哈尔的学制为 12 年一贯制，其中 8 年为中级部，4 年为高级部，在完成 8 年的中级学习后可以申请取得资格证书（相当于学士），在完成 4 年的高级学习后可获得高级证书（相当于硕士）。同时，此次改革还设置了严格的教学管理制度，对每学期的总课时量和考试时间做出了规定，确定全年假期为两个月，从根本上改变了以前自由松散的教学状态。二是改革了教学内容，更换了过去陈旧的教材，在原有课程的基础上新增了统计学、代数学、几何学、世界地理、历史、工程学等现代学科，为传统的伊斯兰教育注入了现代人文科学的新鲜血液。爱资哈尔的课堂上首次出现了伏尔泰、卢梭、雨果、歌德等西方学者的名字和作品。穆罕默德·阿卜杜胡还将英国教育学家赫伯特·斯宾塞[③]的《教育论：智育、德育和体育》译成阿拉伯语，鼓励学生进行独立思考，大胆运用"创制"

---

① 李振中，白菊民．开罗大学［M］．长沙：湖南教育出版社，1993：25.
② 王素，袁桂林．埃及教育［M］．长春：吉林教育出版社，2000：31.
③ 赫伯特·斯宾塞（1820—1903），英国哲学家、社会学家、教育家。他被称为"社会达尔文主义之父"，所提出的一套学说把进化理论"适者生存"应用在社会学尤其是教育阶级斗争上，是在理论上阐述进化论的英国哲学家先驱。

原则来解释经训中无据可依的问题。三是确保了爱资哈尔教育的经费来源。数世纪以来，爱资哈尔的教育经费来源于宗教基金和穆斯林个人的捐赠，因而办学资金不稳定，只好压缩教学开支，降低教师工资和学生奖学金。穆罕默德·阿卜杜胡多方奔走，成功地为爱资哈尔教育争取到了国家预算，使爱资哈尔教育获得了稳定的投入，教师、学者的工资收入与以往相比有了很大的提高。[①]

在穆罕默德·阿卜杜胡的改革基础上，1911 年，埃及政府颁布了第 10 号法令，再次对爱资哈尔教育的管理制度做出了改革。其中的重要内容包括：一是将爱资哈尔的学制从 12 年一贯制调整为 15 年一贯制，分为初级、中级和高级三个阶段，每个阶段的学制为 5 年。二是确立了每个教育阶段的课程由宗教学科、阿拉伯语，以及现代学科三部分构成，现代学科成为爱资哈尔学生的必修课和考核科目。三是将爱资哈尔教育的管理从知识部（相当于现在的教育部）中划分出来，设立了爱资哈尔最高委员会作为专门的管理机构，下设学者委员会负责组织教学工作，领导广大教师相互交流教学经验，提高教学水平。[②]

三、宪政时期埃及教育的发展

埃及于 1923 年颁布了第一部宪法。该宪法首次将基础教育相关事宜纳入法律文本，对之后的教育改革具有重要的指导意义。该宪法第 17 条规定，"在不扰乱公共秩序和违反公共道德的情况下，教育是自由的"；第 18 条规定，"公共教育应依法进行"；第 19 条规定，"初级教育是义务教育，对所有埃及儿童免费"。[③]1924 年，埃及颁布第一部义务教育法案，规定义务教育的年限为 4 年。1930 年，埃及将义务教育年限改为 5 年。[④]

---

① 马云福，杨志波.爱资哈尔大学［M］.长沙：湖南教育出版社，1988：59-60.

② 1911 年第 10 号关于爱资哈尔清真寺和伊斯兰科学宗教学院的法令（阿拉伯文）［N］.埃及官方公报，1911-06-11.

③ 阿卜杜拉.1919—1952：半独立下的埃及教育发展（阿拉伯文）［EB/OL］.（2019-04-13）［2022-05-16］.https://hadaracenter.com/1919-1952/.

④ 法鲁格.埃及的教育困境（阿拉伯文）［EB/OL］.（2018-04-12）［2022-05-16］.https://www.masrawy.com/news/news_essays/details/2018/4/12/1323762/4-2-مأزق-التعليم-في-مصر-بين-النشأة-والفرز-الاجتماعي.

在同一时期，埃及还同时存在着一个小学教育系统。小学教育系统与义务教育系统有着云泥之别，这不仅体现在收费与否这一单一层面，而且有着更深层次的差异。首先，在课程设置上，义务教育主要包括《古兰经》、阿拉伯语、历史、书法等内容，而小学教育课程更加丰富，还包含了英语教学。其次，在物资保障上，小学教育配有优良完备的教学楼、操场和实验室，并为学生提供膳食；而义务教育的教学条件往往得不到保障，且不提供饮食。再次，在师资配备上，小学教育系统的教师素质较高，而义务教育系统中的教师大多来自初级教师培训学校或是在爱资哈尔上过几年学的学生。最后，也是最重要的一点，这两者分属不同的教育体系，小学教育系统毕业的学生可以进入中学和高等院校继续深造，并有机会在医学、工程、法律等领域的国家重要部门任职；而义务教育是一种封闭式教育，学生无法继续就读中学或高等院校，只能选择进入初级教师培训学校，然后继续在义务教育系统中就职。

1938年，埃及知识部开始逐步缩小义务教育系统和小学教育系统的差距，将小学教育系统中外语教育的起始时间从一年级改为二年级；1940年，将义务教育与小学教育年限统一为6年；1944年宣布小学教育实行免费教育；1945年允许义务教育系统学校的学生在10岁之前转入小学教育系统学校；1951年，埃及颁布《小学教育法》，将义务教育系统并入小学教育系统。①

同时，埃及高等教育也迎来了黄金发展时期。1925年埃及国王颁布法令，成立埃及第一所国立大学，即国立埃及大学，由国家知识部管理。国立埃及大学下设文学院（由民办埃及大学并入）、法学院、理学院和医学院。1941年埃及高等教育部的成立，在一定程度上推动了埃及高等教育事业继续向前发展。1942年，埃及第二所世俗公立大学——法鲁克大学（1952年改名为亚历山大大学）成立。1946—1947年，埃及相继创办了新大学、医学院、高等化工学院各一所，农业学校两所。据统计，1948—

---

① 阿卜杜拉.1919—1952：半独立下的埃及教育发展（阿拉伯文）［EB/OL］.（2019-04-13）［2022-05-16］. https://hadaracenter.com/1919-1952/.

1949 年间，埃及共有高等院校 22 所，在校学生达 3.3 万人。[①]1950 年，埃及第三所世俗公立大学——艾因夏姆斯大学成立。

爱资哈尔教育在这一时期也经历了学制的调整。1930 年，政府颁布第 49 号法令，对爱资哈尔学制再次进行了调整。调整后的爱资哈尔教育分为 4 个阶段。第一阶段是小学，学制 4 年；第二阶段是中学，学制 5 年；第三阶段是高等教育，分为宗教基础、伊斯兰教法和阿拉伯语言三个方向，学制 3 年；第四阶段为专业教育，相当于今天的研究生教育，学制 2 年。该法令明确了宗教教育不同阶段的教育机构，规定爱资哈尔清真寺只进行高等教育和专业教育，设立伊斯兰教法学院、伊斯兰教基础学院和阿拉伯语学院三个学院，每个学院根据自身特色开设相应的专业。伊斯兰教法学院负责培养宗教审判官，伊斯兰教基础学院主要培养传教布道的宗教事务人员，阿拉伯语学院则主要培养教师。中小学教育则在附属于爱资哈尔清真寺的宗教学院中进行，这样的宗教学院有 7 所，分别是：开罗学院（小学和中学）、亚历山大学院（小学和中学）、坦塔艾哈迈迪学院（小学和中学）、扎加齐克学院（小学和中学）、艾斯尤特学院（小学和中学）、杜素基学院（仅小学）和杜姆亚特学院（仅小学）。此外，该法案规定在开罗市、坦塔市、米尼亚市、索哈杰市开设爱资哈尔公共课程部，向社会上希望了解宗教知识和学习阿拉伯语的人提供非学历教育。[②]

第三节　现代埃及教育的发展

1953 年埃及共和国成立后，纳赛尔、萨达特和穆巴拉克相继领导着国家发展。埃及的教育政策虽然在不同政府执政时期有相应的调整和变动，但总的来说，这一时期为配合共和国建设的需要，埃及教育走上了稳步发展的轨道，在教育普及和教育结构改革方面都取得了进展。本节将现代埃

---

① 汪凌. 非洲高等教育发展的特点、问题与经验（上）[J]. 全球教育展望，1994（6）：43-49.
② 1930 年第 49 号关于爱资哈尔清真寺和伊斯兰科学宗教学院的法令（阿拉伯文）[N]. 埃及官方公报，1930-11-17.

及教育的发展分为纳赛尔时期和改革开放时期两个阶段。

一、纳赛尔时期埃及教育的发展

1956 年，埃及颁布了《埃及共和国宪法》，确立了国家政治、经济、文化各领域所需遵循的原则。其中第六条指出，国家保证埃及全体人民的自由、安全、安宁和机会均等。第十七条指出，国家为使全体公民获得适当的生活水平而工作，这种生活水平的基础，是粮食的供应，房屋的建筑，卫生、文化和社会的服务。这种对机会均等和公共服务的承诺和保障，在教育领域体现在从法律层面肯定了全体公民的受教育权利，强调国家的免费教育原则。宪法第四十九条规定，全体埃及人有受教育的权利，国家通过建立和逐步扩大各种学校以及各种文化和教育机关，来保证他们享受这种权利。国家特别关心青年在身体、精神和道德方面的成长。第五十条规定，国家指导国民教育，教育事宜依照法律加以安排。各级国立学校中的国民教育，在法律规定的范围内，都是免费的。第五十一条规定，初等教育在国立学校中，是义务教育，而且是免费的。[①] 在这一背景下，普及教育、确保公民受教育权利成为埃及教育发展的首要目标。

（一）大学前教育

这一时期，埃及大学前教育体制发生了重要变化，确立了"6-3-3"结构的阶梯式教育体制。1952 年，埃及规定小学教育为免费义务教育，学制6 年，但同时允许小学四年级之后的学生通过考试进入初中学习，也就是说实行的是小学与初中相融合的教育体制；1956 年，埃及取消了小学与初中教育交叉融合的体制，明确了"6-3-3"的阶梯式学制。鉴于小学在国民教育中的基础性地位，纳赛尔政府给予了这一教育阶段大量的财政支持。表2-1 显示，1953—1960 年间，埃及小学教育预算逐年稳步增长，1959—1960年小学教育预算达到了 4 234 万埃镑之多，占教育部总预算的比例达到了近48%，足见政府普及义务教育的决心。

---

① 埃及共和国. 埃及共和国宪法（1956）［M］. 马坚，译. 北京：法律出版社，1957：4-9.

表 2-1　埃及 1953 年至 1960 年教育部财政预算 [①]

年度	教育部预算 / 埃镑	小学教育预算 / 埃镑	小学教育预算占比 /%
1953—1954	26 434 900	11 812 000	44.68
1954—1955	28 731 100	12 530 000	43.61
1955—1956	33 252 700	13 600 000	40.90
1956—1957	36 173 000	15 181 000	41.97
1957—1958	38 500 000	17 000 000	44.16
1958—1959	39 326 000	18 500 000	47.04
1959—1960	42 344 000	20 264 000	47.86

　　1960 年，埃及开始施行第一个五年计划，内容包括新建 650 所小学，每年建成 130 所。将班级数量从 14 610 个增加至 67 416 个，学生人数增加 135 000 人，即从 1959—1960 年的 527 000 人增至 1964—1965 年的 662 000 人，使小学阶段的学生数量达到 3 504 000 人。[②]

　　除关注小学教育发展，纳赛尔政府还对中学教育进行了一系列改革。在教育体制上，初中教育于 1956 年成为独立学段，学制 3 年，为免费教育。这一阶段的初中主要为职业技能培训学校，分为农业、商业和工业学校，为无法继续接受教育的学生提供就业准备。在课程设置上更加多元，除英语教育，开罗、亚历山大、苏伊士和塞得港的部分学校增设了德语、法语、意大利语作为第二外语课，并将实践教育引入课程，旨在培养学生的动手能力和创新能力，帮助他们树立尊重体力劳动的意识，引导他们将业余时间用在有意义的工作上。表 2-2 显示，埃及高中学制为 3 年，一年级学生学习共同的课程，二年级开始文理分科，但不论是文科生还是理科生，宗教教育、阿拉伯语、外语、阿拉伯社会、实践教育和体育教育始终是这三年的必修科目。

---

① 菲戈 . 埃及教育文化史（阿拉伯文）［M］. 开罗：格莱姆出版社，1996：246.
② 菲戈 . 埃及教育文化史（阿拉伯文）［M］. 开罗：格莱姆出版社，1996：234.

表 2-2　纳赛尔时期公立高中课程计划 [①]

单位：课时

课程	高一	高二文科	高三文科	高二理科	高三理科
宗教教育	2	2	2	2	2
阿拉伯语	6	7	7	5	5
第一外语与翻译	6	7	7	5	5
第二外语	3	3	3	3	3
历史	2	3	3	—	—
地理	2	3	4	—	—
阿拉伯社会	1	1	1	1	1
哲学、社会、经济学	—	2	3		
数学、制图、工程	4	—	—	7	8
自然与物理	2	—	—	3	4
化学	2	—	—	3	3
自然史	2	—	—	3	3
艺术教育	1	2	—	—	—
实践教育	1	2	2	1	1
体育教育	2	2	1	2	2
总课时	36	34	33	35	37

（二）高等教育

纳赛尔领导的自由军官组织革命成功后，调和宗教教育与世俗教育的矛盾成为新政府面临的紧迫任务。长期以来，世俗教育和宗教教育是两种截然不同的教育体系，培养出来的毕业生在价值观念和就业机会方面都面临着巨大差异，这种差异影响着国家的团结和稳定。在这一背景下，埃及政府于 1961 年颁布第 103 号法令，宣布对爱资哈尔教育机构进行重组，将

---

① 菲戈.埃及教育文化史（阿拉伯文）[M].开罗：格莱姆出版社，1996：253.

宗教教育置于政府的严格管控之下。该法案有四个重点：一是规定逐步将"昆它布"学校归入爱资哈尔小学，未归入的"昆它布"若满足条件，则视为爱资哈尔私立学院，受爱资哈尔最高委员会监督；二是将高等教育职能从爱资哈尔清真寺中分离出去，单独成立爱资哈尔大学作为爱资哈尔高等教育机构；三是在保持爱资哈尔宗教和阿拉伯语教育特色的同时，增强爱资哈尔现代学科的建设，增设科学院、商业学院、工程学院、农业学院、医学院、教育学院，建立女子学院，首次招收女性学生；四是调整爱资哈尔学制，使其与世俗教育体系接近，规定小学 6 年、初中 3 年、高中 4 年，高等教育各阶段学制与世俗教育体系一致。1998 年，埃及将爱资哈尔高中阶段的年限从 4 年调整为 3 年，至此，埃及爱资哈尔教育体系学制与世俗教育体系完全一致。

与此同时，世俗高等教育发展进一步壮大。一方面表现在高校数量的增多，特别是农业、军事、商贸等高等技术学院的建立。20 世纪 50 年代，埃及只有 3 所大学，分别是开罗大学、亚历山大大学和艾因夏姆斯大学，埃及政府通过在其他地区建立隶属于这三所公立大学的院系扩大高等教育规模以及使高等教育资源分配更合理。1957 年，埃及成立艾斯尤特大学，它是埃及国内第四所公立高等教育机构。除了大学，纳赛尔时期，埃及还建立了 43 所高等学院。这些院校主要培养工业、商业、农业、健康、教师和其他人才。[①]另一方面体现在招生人数的增加，尤其是女性高等教育入学率的上升。从表 2-3 可以看出，埃及高等教育的注册人数从 1952 年的 4 万余人逐年稳步增至 1969 年的 14 万余人，同时女生占学生总人数的比例从 7% 上升至 27%，增加了 20 个百分点。

---

① 王素，袁桂林.埃及教育［M］.长春：吉林教育出版社，2000：115.

表2-3 纳赛尔时期埃及高等教育注册人数 [①]

学年	女生人数	男生人数	学生总数	女生人数占学生总数比例 /%
1952—1953	3 003	37 825	40 828	7
1953—1954	4 028	46 467	50 495	8
1954—1955	4 970	50 007	54 977	9
1955—1956	6 365	51 992	58 357	11
1956—1957	7 773	55 681	63 454	12
1957—1958	9 320	93 550	102 870	9
1958—1959	10 693	65 940	76 633	14
1959—1960	11 539	71 166	82 705	14
1960—1961	13 680	72 859	86 539	16
1961—1962	14 923	76 440	91 363	16
1962—1963	17 464	80 463	97 927	18
1963—1964	22 098	88 296	110 394	20
1964—1965	24 172	95 133	119 305	20
1969—1970	37 750	102 460	140 210	27

纳赛尔时期埃及高等教育规模的扩大主要可以归结为以下几个原因：

第一，从社会条件来看，20世纪50年代后的社会局势趋于稳定，埃及人口明显增多，使得高等教育适龄人口增加。

第二，在政策支持层面，埃及从1962年开始实行高等教育免费政策，国家在教育领域的投入明显增多。从革命开始到第一个五年计划结束的13年间，埃及在公共教育领域的支出是1882年被英国占领到革命爆发70年间教育支出的3倍。

第三，在主观意识层面，此时的埃及人拥有"知识改变命运"的信念，

---

① 菲戈.埃及教育文化史（阿拉伯文）[M].开罗：格莱姆出版社，1996：273.

他们渴望通过高等教育来改变自身的经济条件并实现阶层的跨越。但高等教育的迅速扩张进一步加剧了教育资源紧缺、教育质量下降、毕业生供给过剩等问题。在这一背景下，经济开放与教育改革便呼之欲出。

二、改革开放时期埃及教育的发展

（一）萨达特时期

纳赛尔时期全面实行义务教育给政府财政带来了压力，萨达特上台后首先需要解决的是教育经费问题。萨达特政府一改纳赛尔时期对外国资本的限制以及对大民族资本实行国有化的政策，转而推行改革开放，目的是引进阿拉伯及其他国家的资金和技术，利用外资和外援来发展国民经济。同时动员本国资金投入，发挥私人资本在国民经济中的重要作用，以活跃经济、增强国力。

在这一背景下，埃及私立教育机构如雨后春笋般涌现，在一定程度上缓解了政府的财政压力，但也引起教育失衡问题。萨达特还创造性地使用轮班制模式来提高入学率，将大学前教育分为早时段和晚时段，不同的学生在不同的时间段进入学校学习。轮班制模式在客观上促进了大学前教育的发展，使学生入学率得到大幅提高，却无法兼顾教育的质量。因此，稍富裕的家庭便会请私人教师给孩子补课，导致社会分化进一步增大。开罗大学教育学院前院长萨米·那索尔曾评价萨达特时期的教育："萨达特时期将教育从政府规划中剥离，无法确保公民素质教育和非区别教育，因此无法提供养育和教育的真正价值。"[①]

在高等教育方面，萨达特实施大众化高等教育，面向城市下层阶级及农村开放高等教育。在这一理念的指导下，政府致力于优化高等教育布局结构，积极创办高等教育机构。这一时期，埃及在不同省份创办7所公立大学。但高等教育的迅速扩充使得高校的基础设施面临巨大压力，教育质量下降，毕业生就业问题依旧没有得到解决。

---

① 祖国报网.萨达特时期公共教育的衰退（阿拉伯文）［EB/OL］.（2016-02-06）［2022-04-03］. https://www.elwatannews.com/news/details/957685.

（二）穆巴拉克时期

穆巴拉克时期，埃及教育的全面改革正式拉开帷幕。穆巴拉克政府认为，教育在埃及国家的发展中有着不可替代的地位，它关乎国家在政治、经济和军事领域的安全，因此必须不遗余力地投资教育、发展教育。穆巴拉克政府首先确定了埃及教育发展的主要目标：一是建立公民的宗教信仰和价值观，同时使他们懂得尊重别人的信仰；二是培养埃及公民对国家的自豪感，对同胞的关爱，以及对阿拉伯－伊斯兰价值观的归属感；三是培养能够行使自身民主权利的现代公民；四是使公民为经济社会领域的生产劳动做好准备；五是培养有智慧和创造力，并能用进步的科学思想改造社会的公民。

在大学前教育发展方面，穆巴拉克政府宣布将义务教育年限由 6 年延长至 9 年，囊括了小学和初中两个阶段。同时新建诸如语言学校、体育学校、音乐学校等各类学校，照顾学生特长发展。在课程改革方面，穆巴拉克政府提出课程必须要能够反映时代发展的变化，注重培养学生的综合能力，赋予他们应对未来生活所必需的能力，帮助其理解并融入社会现实，必须改变以往以灌输式和填鸭式为主的教学方式，将学生从被动学习者转变为主动参与者。具体举措包括：一是删除课本中重复的内容。1991—1992 年间，教育部已经减少了课本中 15% ～ 20% 的内容，使学生能够更好地理解和吸收所学习的内容。二是注重课程对学生技能的培养，包括读书、写作、运用数学的基本能力，以及分析和解决问题的综合能力，此外还有合理使用信息技术的能力。三是重视对学生宗教和道德观念的培养。四是重视对科学和数学课程的学习。五是注重文化、艺术、体育课程的建设，培养学生全面发展。

此阶段埃及高等教育的发展以"提质保量"为方针。高等教育虽依旧在扩充，但是速度已经放缓。为解决高等教育面临的诸多问题，穆巴拉克政府采取了以下措施：一是控制规模，限制招生人数。1983 年，医学院首先实施了限制招生人数的政策；1984 年，工程、农业和兽医学院也限制了招生人数，随后不少大学、学院也稳定招生规模，但个别社会急需的专业领域，如护士、教育、社会服务和旅游等则不在限制范围之内。[①] 二是调整结构，加大技术教育比重。要求在技术学院接受中等后技术教育的人数比重大体要占到高等教育在校人数的 50%。[②] 三是增强科研能力，大力发展遗传工程、空间科学、基因技术、计算机技术等前沿专业。四是拓宽办学筹资渠道。1992 年，埃及颁布《私立大学法》，为私立大学的设立提供了法律依据。1996 年之后，一批私立大学相继建立并投入办学，这批私立大学分别是十月六日大学、文学及现代科学十月大学、埃及科技大学和埃及国际大学。

---

① 李建忠.战后非洲教育研究［M］.南昌：江西教育出版社，1996：446.
② 李建忠.战后非洲教育研究［M］.南昌：江西教育出版社，1996：446.

第三章
埃及教育的基本制度与政策

埃及教育的基本制度和政策与埃及的国情有着密切关系。埃及在现代化的过程中并未完全放弃传统宗教教育，而是在宗教教育之外发展了世俗教育，形成了今天宗教教育体系与世俗教育体系并行的局面。埃及实行中央集权的教育管理制度，特点是在垂直管理模式中采取 "分工"与"协作"的管理方式。埃及将教育作为推动国家社会发展的重要途径，根据国家战略发展目标制定教育发展政策。

第一节　埃及教育的体系

埃及实行世俗教育与宗教教育并行的教育体系。历史上，世俗教育体系与宗教教育体系在学制和学位设置上都有所不同。埃及共和国建立后，政府致力于弥合世俗教育与宗教教育之间的鸿沟，逐渐使宗教教育体系在学制和学位等级设置上向世俗教育靠拢。

一、世俗教育体系

世俗教育体系按照教育阶段分为大学前教育阶段和高等教育阶段。大学前教育阶段分为学前教育、基础教育、中等教育三个阶段。学前教育分为托儿所和幼儿园两个阶段，托儿所面向 4 岁以下儿童；幼儿园面向 4～6 岁儿童，学制 2 年。基础教育分为小学和初中两个阶段，小学入学年龄为 6 岁，学制 6 年；初中 3 年，分为普通初中和职业初中。中等教育为高中阶段，分为普通教育和职业技术教育。普通高中学制 3 年，主要为高等教育输送人才。职业技术教育可细分为职业高中和技术高中。职业高中学制 3 年，录取分数普遍低于技术高中，旨在培养技能型人才。技术高中旨在培养技术型人才，分为 3 年制和 5 年制，3 年制技术高中相当于中等职业教育层次，5 年制技术高中属于中等后非高等教育层次，技术高中的学生有机会进入高等教育学校学习，但大多数毕业生将直接进入劳动力市场。

高等教育可分为高等教育本科层次以及高等教育研究生层次。埃及对于中等后非高等教育的管理界限较为模糊，中等后非高等教育层次的机构有 5 年制技术高中和中等技术学院，其中 5 年制技术高中归教育与技术教育部管理，属于大学前教育体系，而中等技术学院由高等教育部管理，所以在此将其归为高等教育阶段。中等技术学院学制 2 年，主要培养各专业领域的人才。本科教育机构分为大学和高等学院，学制一般为 4 年，学生毕业后获得文学或理学学士学位，工程学院、牙医学院、兽医学院的学制为 5 年，医学院学制可达 6 年。研究生层次分为高级研究文凭、硕士学位和博士学位，高级研究文凭学制 1～2 年，硕士学位学制应不少于 2 年，博士学位学制为 2 年以上。

二、宗教教育体系

宗教教育体系又称爱资哈尔教育体系。爱资哈尔教育体系与世俗教育体系平行，学制和学位等级基本一致。爱资哈尔教育体系的机构有爱资哈尔学院和爱资哈尔大学，前者承担大学前教育职能，后者负责高等教育及科学研究。世俗教育体系与宗教教育体系并非泾渭分明，学生可以流动，但仅限于基础教育阶段的学生。从小学二年级到初三年级，学生可以在世俗学校与爱资哈尔学院间转学，高中期间不允许转学。从爱资哈尔学院转入世俗学校条件相对简单，转入一般的公立学校只需要符合年龄要求并提出申请，如果转入公立语言学校或私立语言学校则需要有优异的第一外语成绩，以及曾经使用第一外语学习数学和科学。从世俗学校转入爱资哈尔学院，学生在满足相应年龄的条件下，还必须要能够背诵《古兰经》70%以上的篇幅，并且通过伊斯兰教法和阿拉伯语科目的笔试考试。如果要进入爱资哈尔示范学院及私立爱资哈尔学院，还需要参加英语考试。同时，爱资哈尔学院还为已经获得普通初中毕业证的学生开设了申请通道，向他们提供在爱资哈尔体系重读初三的机会。对于这种情况，学生初中毕业考试的总成绩必须在总分的 70% 以上，且阿拉伯语单科成绩不得低于总分的70%。

图 3-1 为埃及教育的学制。

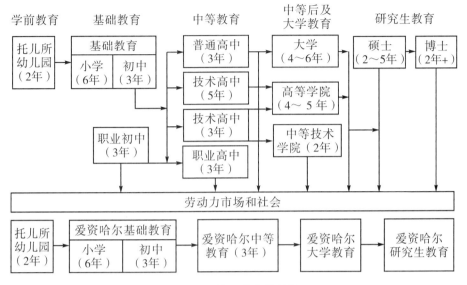

图 3-1　埃及教育的学制

第二节　埃及教育的行政管理制度

教育行政管理制度是一个国家对教育事业进行组织管理的基本方式，是整个教育体系得以构成和运行的保障，它涉及教育行政权力的确立与划分、教育管理机构的设置及其职责范围、各级教育管理部门之间的隶属管理等。教育行政管理制度大致可分为中央集权、地方分权以及中央与地方合作制三大类型。一个国家采取何种教育行政管理制度与其国家性质密切相关。

一、埃及教育的行政管理制度类型

与大多数阿拉伯国家一样，埃及实行中央集权的教育行政管理制度，教育部对全国教育事业有完全的决策和监控权力，并在中央与学校之间设立省级或地区教育办公室作为沟通的媒介。教育管理呈现"高耸式组织"的结构形式，等级森严，控制严密，且沟通渠道较多。在一些阿拉伯国家，教育部内部有 6～7 个层级，地区或省级教育部门有 2～3 个层级。较低级别的部门主要是发挥"链路或通信站"的作用，决策权非常有限。决策权通常集中在"金字塔"的最顶端，包括教科书的编制、国家考试的设置、教师的任命和晋升、教学用品的采购甚至食品服务都是由中央统一决策。[①]在埃及，即使最偏远的地区，也必须遵循教育与技术教育部的课程大纲，使用国家统一出版的教科书。开罗每年印刷超过 1.5 亿本教科书，分发给各省儿童，其中有一半的儿童来自农村地区。[②]这种管理模式虽然确保了教育的高度统一，但也存在为城市儿童设计的教育项目不适用于农村学校的现象。在学校管理层面，校长往往不参与政策制定，只是政策的执行者、学校的管理者。这种教育行政管理体制有利于统筹规划，可以充分发挥中央办教育的积极性，推动法律、政策和经验的推广以及资源的合理配置。但中央集权的管理方式也带来了行政效率较低、教育活力不够、管理成本过高等问题。

二、埃及教育的行政管理机构

埃及教育的行政管理机构分为三个大块，一是大学前教育系统的行政管理机构，二是高等教育系统的行政管理机构，三是爱资哈尔教育系统的行政管理机构。

（一）大学前教育系统的管理机构

1. 中央教育管理机构。

教育与技术教育部[③]是主管整个埃及大学前教育体系工作的中央权力机构，主要职能范围包括政策制定和战略规划、监测与评价（质量管理）、课程与教育技术、信息技术发展、人力资源开发、财务及行政管理。教育与技术教育部设 1 位部长，3 位副部长，下设 6 个一级职能部门（部长办公室、普通教育司、技术教育与装备司、服务与活动司、质量与信息技术司、行政与财务司），以及 19 个二级职能部门和若干三级职能部门。具体组织

---

① BADRAN A. At the cross-roads：education in the Middle East［M］. New York：Paragon House，1989：259.

② MASSIALAS B G，JARRAR S A. Arab education in transition［M］.New York：Routledge，2016：14.

③ 2015 年，埃及原教育部与技术教育和职业培训部合并成为教育与技术教育部。

架构如图 3-2。

此外，埃及还成立了国家教育研究与发展中心、国家考试与教育评估中心、国家课程与教材研发中心三个机构，这三个机构向教育与技术教育部提供决策支持。

国家教育研究与发展中心下设教育政策研究部、课程开发研究部、教育规划研究部三个业务部门，旨在向所有教育工作者提供科学的信息，为教育决策提供基础性和前瞻性的研究。

国家考试与教育评估中心以促进学生的全面发展为目标，致力于推动大学前教育评价与考试制度的建设，具体工作包括推动试题题型改革、优化试题开发及题库建设机制、科学制订考试测评标准等。中心下设 5 个部门，分别是研究部、评估部、培训部、考试开发部和运营部。

国家课程与教材研发中心负责埃及大学前教育课程和教材的设计、研发、修订和培训工作，下设课程文件编写部、教材设计与编写部、信息技术部、教材质量控制和认证部、实验与实地追踪部、职业发展和培训部。

2. 地方教育管理机构。

埃及地方教育管理机构主要有两个层级。一是在中央教育管理机构之下的 27 个省教育局，二是在各省教育局下设立的地区教育办公室。省教育局的职能包括：（1）根据教育部的标准全面分析下属地区的教育发展状况；（2）为下属地区提供技术支持；（3）制订各省的教育发展计划；（4）协调课程管理的权力下放；（5）管理课本的印刷和发行；（6）协助地区教育办公室进行教育建筑维护。

各省教育局下设的地区教育办公室负责与学校进行紧密的沟通和合作。根据各省规模的不同，地区教育办公室数量从 4 个到 37 个不等。例如，盖勒尤比省教育局下设 12 个地区教育办公室，拥有约 2 000 名职工，监管着 2 146 所大学前学校和 137 所技术高中，注册学生总数为 130 万名。①

①　Japan International Cooperation Agency，INTEM Consulting Inc. The Arab Republic of Egypt detailed study for Egypt Japan School（EJS）dissemination final report［R］.［S.l.：s.n.］，2017：2-9.

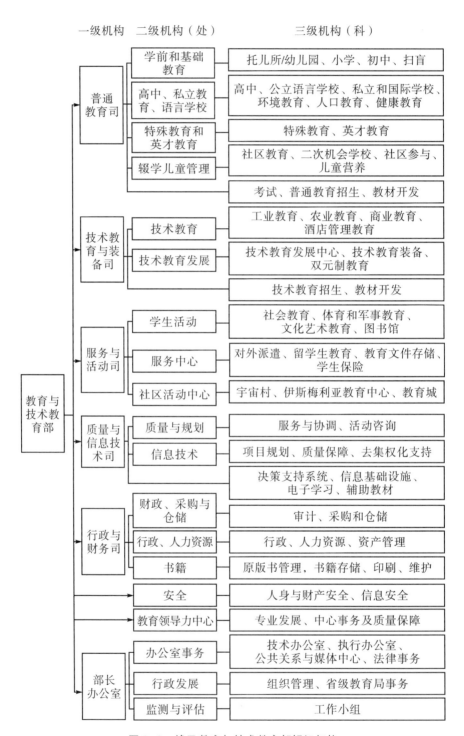

一级机构　二级机构（处）　　　　　三级机构（科）

	学前和基础教育	托儿所/幼儿园、小学、初中、扫盲
普通教育司	高中、私立教育、语言学校	高中、公立语言学校、私立和国际学校、环境教育、人口教育、健康教育
	特殊教育和英才教育	特殊教育、英才教育
	辍学儿童管理	社区教育、二次机会学校、社区参与、儿童营养
		考试、普通教育招生、教材开发

普通教育司、技术教育与装备司、服务与活动司、质量与信息技术司、行政与财务司、安全、教育领导力中心、部长办公室

图 3-2　埃及教育与技术教育部组织架构

（二）高等教育系统的行政管理机构

埃及高等教育管理机构包括高等教育与科学研究部和大学最高委员会。1961年，埃及政府将高等教育管理从教育部的职能中剥离出来，成立了专门的高等教育行政管理机构，代表政府意志实施对高等教育事业的管理。但由于宪法规定了埃及大学和科研的独立自主权，因此高等教育与科学研究部不具备直接管辖权，而是由自治机构大学最高委员会进行管辖。但实际上，与大学前教育领域一样，埃及高等教育也实行中央集权的管理体制，大学最高委员会理论上独立于高等教育与科学研究部，却接受高等教育与科学研究部的领导。

1. 高等教育与科学研究部。

高等教育与科学研究部负责大学和科学研究系统，致力于提供高质量的高等教育和科学研究服务，为教育、研究和培训创造有利可行的环境，以满足国家对高等教育和科学研究服务日益增长的需求，具体的工作目标包括：（1）通过推动国家层面机构（公立高校）和民间层面机构（私立高校）的积极参与，最大限度地在埃及普及高等教育；（2）全面提高教育质量，推动埃及境内所有学术机构的质量保障认证；（3）推动信息技术在教育中的应用，充分发挥其在教育和培训领域的作用，支持国家高等教育和科学研究机构的数字化转型；（4）推动高等教育机构科研系统的发展，以满足社会的需求；（5）开拓技术教育发展新路径，恢复技术教育在社会中的重要地位，并减轻传统高校的压力；（6）制订促进学科融合的方案，满足社会对跨学科和交叉学科发展的需求；（7）完善高等教育和科学研究领域的法律法规建设，明确各组织之间的关系及运行机制；（8）推动高等教育系统人力资源建设，提升教职员工和学生的国际竞争力；（9）增强高等教育机构附属单位（校医院、咨询中心、生产服务中心、培训部门等）的社会服务职能；（10）在国内法律法规框架允许的范围内，尽可能地为国家高等教育机构、科学研究和技术机构提供丰富的资源；（11）提升埃及高等教育机构的世界排名，增强埃及高等教育区域和国际竞争力；（12）通过文化、科学和教育领域的合作，加强埃及与区域、国际间的联系，以埃及驻外办事处与文化中心为核心，以本国教授、科学家和研究员为动力，加大埃及文化软实力的辐射范围；（13）通过开展国际科研合作或充分利用海外科学家资源，最大限度地从世界先进的科学、技术和创新系统中获益；（14）推动高等教育国际化，在埃及引进知名国际大学分校，在国外建设埃及大学分校。①

高等教育与科学研究部分为高等教育部和科学研究部两大块，设立一名部长，全面主持工作，四名部长助理协助开展工作，以及两名副部长分管大学事务和科研事务。高等教育部下设部长办公室、教育司、文化与外派司、发展与服务司四个一级机构，以及若干二级机构。高等教育部还负责管理大学最高委员会、私立大学委员会、私立学院最高委员会、技术学院最高委员会、阿拉伯语言学会、赫勒万干部培训中心、高等教育发展项目管理单位、埃及联合国教科文组织委员会、外派高级委员会、大学生关怀委员会。科学研究部下设部长办公室、秘书处以及首席科技顾问三个一级机构，其中部长办公室下设若干二级机构。（详见图3-3）

2. 大学最高委员会。

大学最高委员会是负责协调和监管公立大学的中央教育行政管理机构。大学最高委员会主席由高等教育与科学研究部部长担任，成员包括：（1）大学校长和副校长，其中大学校长既是大学最高委员会的成员，又是各自所在大学委员会的主席；（2）五名在大学和公共事务方面具有丰富经验的专家，由高等教育与科学研究部部长任命，任期两年，可连任；（3）一名秘书长，从至少具有五年工作经验的公立大学教授中产生，由高等教育与科学研究部部长提名，总统任命，任期四年，可连任。大学最高委员会的职责包括制定高等教育和科学研究政策，组织学生考试和招生录取工作，确立各大学教职员工的配比，审批大学章程，跟进大学政策的执行情况，商议大学经费分配等。②

---

① 埃及高等教育与科学研究部. 部门介绍：目标（阿拉伯文）［EB/OL］.(2021-02-24)［2022-03-12］.http://portal.mohesr.gov.eg/ar-eg/Pages/about-mohesr.aspx.

② 埃及人民议会.1972年第49号法令：大学组织法（阿拉伯文）［R/OL］.(2021-11-17)［2022-04-01］. https://moe.gov.eg/media/kvdnk1eb/universitiesactno49of1972.pdf.

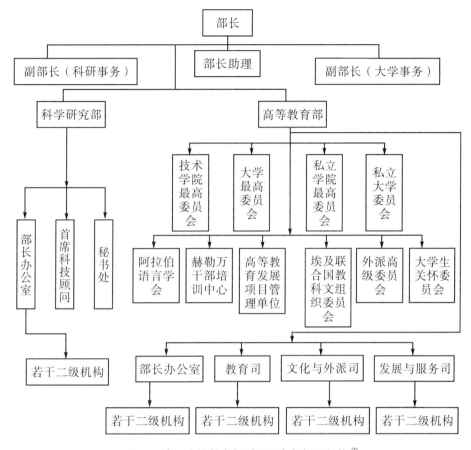

图 3-3 埃及高等教育与科学研究部组织架构[1]

除大学最高委员会（管理公立大学），埃及还设立了私立大学委员会、私立学院最高委员会、技术学院最高委员会来分管私立大学、私立高等学院和技术学院。

（三）宗教教育系统行政管理机构

埃及宗教教育管理独立于世俗教育管理体系之外，由爱资哈尔最高委员会监管。爱资哈尔最高委员会由总统任命的爱资哈尔大长老领导，设立一名秘书长，由大长老提名，总统任命，成员包括爱资哈尔副长老、爱资

① 埃及高等教育与科学研究部.部门组织架构（阿拉伯文）[EB/OL].（2017-03-22）[2022-03-12].http://portal.mohesr.gov.eg/ar-eg/Pages/ministry-org-structure.aspx.

哈尔大学校长和副校长、两名爱资哈尔大乌里玛协会成员、两名爱资哈尔伊斯兰研究协会成员、爱资哈尔学院部（中小学）负责人，以及宗教基金部、司法部、教育部、高等教育与科学研究部、财政部和外交部各一名代表。爱资哈尔最高委员会的职责包括制定各类爱资哈尔教育机构的发展政策，确立各级爱资哈尔教育的课程大纲，审议爱资哈尔各机构的预算草案并编制决算，根据需求提议设立新的爱资哈尔教育机构，管理爱资哈尔捐赠资金，审议与爱资哈尔事务相关的各项法律草案等。在爱资哈尔最高委员会之下设立爱资哈尔学院管理局和爱资哈尔大学最高委员会，分别作为爱资哈尔中小学教育和大学教育的最高管理机构。此外，在爱资哈尔学院管理局和教育与技术教育部之间还存在着一个联合委员会，负责宗教教育体系与世俗教育体系之间的沟通事宜。

第三节　埃及教育的宏观政策

一、教育法律法规

从纵向结构来看，埃及教育法规有四个层次。一是宪法，它是其他教育法律法规制定的根本依据，是教育法规的最高层次；二是教育法，旨在对某个教育领域或教育问题进行规范管理；三是内阁颁布的关于教育的各项决议；四是关于教育具体事宜的条例、规定或实施细则。由于第三和第四层次法规种类和数量繁多，在此只对宪法和教育法做详细介绍。

（一）宪法中有关教育的条款

宪法中的教育条款提纲挈领地指出了埃及国家教育的基本政策，从中可以看出埃及教育政策的重点。

一是强调公民的受教育权利，实行免费教育，确保教育投入和国家对教育的监管。第十九条规定，"教育是每个公民的权利，教育的目的是塑造人格，维护民族认同，深化科学思维，发展天资，鼓励创新，巩固文化和精神价值，树立公民意识、宽容和非歧视的观念。国家致力于提供符合国际质量标准的课程和方法"；"义务教育阶段至高中阶段，各阶段公立教育机构依法实行免费教育"；"公共教育支出占国内生产总值的比例不低于 4%，并逐步向世界水平靠拢"；"国家对所有公立和私立教育机构进行监督，以确保其遵守相应的教育政策"。

二是大力发展职业教育。第二十条规定："国家鼓励根据国际质量标准发展职业技术教育和培训，扩展职业技术教育和培训的种类，以满足劳动力市场需求。"

三是确保高等教育自由与经费投入，提升高等教育质量。第二十一条规定，"国家保证大学、科学院及语言学院的独立性，承诺按照国际质量标准提供高等教育，并依法在公立大学和学院开展免费教育"。"高等教育公共支出占国民生产总值的比例不低于 2%，并逐步向世界水平靠拢"。"国家致力于建立非营利的公立大学，对标国际标准，保障公立大学和私立大学的教育质量，致力于教学和研究人员的培养，分配给教育和研究充分的经费。"

四是保障教师的权益与地位。第二十二条规定："教师是教育的主要支柱。国家保障教师的学术能力和专业技能发展，关注教师的经济和精神权利，以确保教育质量和实现教育目标。"

五是保障学术自由和科研经费投入。第二十三条规定："国家保障科研自由，鼓励科研机构的发展，将科学研究视为实现国家主权和建设知识经济的途径，资助科研人员和创新人员，科研经费支出占国民生产总值的比例不低于 1%，并逐步向世界水平靠拢。"

六是重视公民教育。第二十四条规定："阿拉伯语、宗教教育和国家历史是大学前公立和私立教育机构的基础科目，大学致力于在各专业中传授人权以及与各学科相关的价值观念和职业道德。"

七是开展全民教育。第二十五条规定："制订全面的扫盲计划，扫除各年龄段文盲，并根据计划时间安排，与民间机构合作制定具体的执行机制。"

（二）教育法

教育法有教育基本法和教育单行法之分。教育基本法是依据宪法制定的调整教育内部、外部相互关系的基本法律准则，是教育的"宪法"或教育法规体系中的"母法"，在教育法体系中具有最高法律效力，通常规定一国教育的基本方针、基本任务、基本制度以及教育活动中各主体的权利义务。①教育单行法是指根据宪法和教育基本法原则制定的调整某类教育或教育的某一具体部分关系的教育法律，其效力低于宪法和教育基本法。②严格来说，埃及并没有制定综合性的教育基本法，但在众多教育单行法之中，1981 年颁布的教育法和 1972 年颁布的大学组织法可以分别作为大学前教育领域和高等教育领域的"母法"，构成了除宪法之外埃及教育法系统的基础。

1. 1981 年教育法：确立大学前教育发展的准则。

1981 年出台的教育法并非埃及教育的基本法，实则是一部大学前教育法案。它整合了 1968 年的公共教育法、1969 年的私立教育法以及 1970 年的技术教育法，对大学前教育的基本问题做出了说明和规定，确立了大学前教育发展的基本准则。该法顺应时代变革逐步发展和完善，于 1988 年、1994 年、1999 年、2007 年和 2012 年进行过适当修订。

法案全文共 7 章 89 条，从宏观、中观到微观三个层面进行架构。第 1 章是宏观层面的总则，涉及大学前教育的整体目标、监管和免费教育原则，以及机构设立、招生、教学、考试安排的基本流程。第 2 章、第 3 章和第 4 章从中观层面分别规定了基础教育阶段（小学和初中）、中等教育阶段（普通高中和 3 年制技术高中）以及中等后教育阶段（5 年制技术高中）的教育目标、学制、考核等问题。第 5 章、第 6 章和第 7 章从微观层面对私立教育和教职员工的相关事宜做出了说明和规定，其中第 5 章在 2007 年的修订中已被移除，第 6 章对私立教育机构的定义、目标、创办流程、监管和费用问题做出了规定，第 7 章对大学前教育的教师资格、教师职称、晋升流程和薪资标准做出了说明。

2. 1972 年大学组织法：奠定高等教育发展的基石。③

20 世纪 50 年代，埃及共和国成立伊始，纳赛尔总统及其内阁率先以立法的形式来构建现代高等教育发展的基本框架。大学组织法正是在这一历史背景下逐步发展完善的。经由 1958 年的大学组织修正条例、1963 年的公共机构相关条例、1971 年的公民法相关条例等相关法律法规的沉淀，新时

① 顾明远. 教育大辞典［M］.增订合编本.上海：上海教育出版社，1998：753.

② 顾明远. 教育大辞典［M］.增订合编本.上海：上海教育出版社，1998：733.

③ 霍文杰.埃及高等教育中的《大学组织法》［J］.教育，2014（14）：77.

期的大学组织法于 1972 年形成了完整的法律文本。与 1981 年教育法一样，该法案自诞生以来不断增补，至今仍处于动态更新中。

埃及在大学组织法中构建了大学的基本框架。该法第一条规定，大学的职责在于服务社会，提高文化教育水平，升华思想，发展科技，提升人们的价值观，为国家培养各种人才。该法认为，大学是人类思想和社会财富的源泉。大学应重视复兴阿拉伯文明及埃及的历史遗迹、风俗传统，重视高层次的宗教、道德、爱国主义教育，以及与其他国家院校建立紧密的文化科研关系。这一基本框架为埃及现代高等教育奠定了基础，指引了方向，即便历经政权更迭，依然保持稳定，堪称埃及大学建设的牢固基石。

大学组织法规定了高等教育的方方面面，具有极强的整合性和可操作性。例如，该法不但规定了新学校、大学分校如何创办，而且规定了每所大学的院系如何设置；不但明确了国家管理大学的职能机构，而且规定了大学、院、系的管理机构及其职责、产生方式，甚至履职程序；不但规定了从国家到学校各级委员会和校长、副校长、院长、副院长等管理机构与责任人员的产生方式、任职条件及职责，还对教师的任命方式、任职资格及晋升、考评提出了具体要求；不但对管理层、教师、教辅人员有具体规定，对各阶段学生的培养要求、毕业条件也有专门规定。

二、教育发展战略规划

《埃及 2030 愿景》是埃及政府制定的国家中长期发展规划，描绘了埃及社会全面的改革蓝图。该愿景充分肯定了教育在经济发展、社会进步和环境治理方面的基础性作用，并将"教育和培训"列入社会改革的重要一环。《埃及 2030 愿景》中的教育战略是新时期埃及教育发展的风向标，也是其他相关部门制定教育政策的依据。在该愿景之下，埃及教育部为大学前教育制定了《大学前教育发展战略 2014—2030》，高等教育与科学研究部为科学研究与创新制定了《国家科学、技术与创新战略 2015—2030》。

（一）《埃及 2030 愿景》中的教育战略 [①]

《埃及 2030 愿景》中指出，埃及教育发展的战略目标是：在高效、公平、灵活和可持续发展的体制下为所有埃及公民提供高质量、无差别的教育和培训，让他们学会思考，具备技术和技能，帮助他们形成健全的人格，培养他们的民族自豪感、创造力和责任感，使他们能够接受多样性，尊重差异，为自己国家的历史感到自豪，有斗志建设自己的未来，具备在地区和全球竞争的能力。在这一总的战略目标下，愿景又对教育发展提出了三个分目标，分别是提高教育质量、开展全民教育和提高教育竞争力。

1. 提高教育质量。

对大学前教育阶段的具体要求：实施紧跟世界标准的质量和认证体系，使学习者能掌握 21 世纪必要的技能；制订教师全面可持续的职业发展规划；全面更新教材体系建设，紧跟世界潮流，并适应学习者不断增长的实际需求，还要有助于其人格塑造；改革教育组织机构体系，以便为公民提供更好的教育服务；加强教学过程中技术手段的运用，以便使知识传授和获取更加顺畅；加强基础设施（实验室、图书馆、校园网及其他教学附属设施）建设；发展基于学习目标的评价和评估，注重对知识、技能和实际操作能力的全面评估，而不仅是对结果的评估。

对职业教育和培训提出如下目标：实施紧跟世界标准的质量和认证体系，使学习者和培训者掌握就业市场所需要的技能；制订教师和培训师全面可持续的职业规划；不断改进学习和培训的课程和计划；建立完善的职业教育（职业、技术和培训）组织机构体系以适应发展规划和就业市场的需求。

对高等教育阶段的具体要求：建立紧跟世界标准的质量和认证体系；支持并发展大学教师和校长的能力；完善学术规划，改进教与学的手段，实施多样化的向创新倾斜的评价模式；改革高等教育部及大专院校的机构设置以满足提高教学质量等的要求；加强教学以及科研过程中技术手段的运用，以便使知识传授和获取更加顺畅。

---

① 孔令涛，沈骑．埃及"2030 愿景"教育发展战略探析［J］．现代教育管理，2018（10）：110-114.

表 3-1 为提高教育质量的具体指标。

表 3-1　提高教育质量的具体指标 [①]

教育阶段	指标	2014 年 [②]	2020 年	2030 年
大学前教育	通过评估和认证的基础教育机构比例	4.6%	20%	60%
	国际数学竞赛（TIMSS）排名	41	30	20
	班级平均人数	42	38	30
职业教育	初中优等生升入职业教育的比例	4%	12%	20%
	职业教育毕业生毕业后从事本专业的比例	30%	60%	80%
	技术教育班级平均人数	38	30	20
高等教育	通过评估和认证的高等教育机构比例	8%	30%	80%
	各专业师生比例（平均）	1：42	1：38	1：35
	高校教师获得世界大学科研奖的比例	0.2%	1%	3%
	大学注册留学生比例	2%	3%	6%

2. 开展全民教育。

全民教育是埃及教育一直秉承的理念，可以说是埃及教育体系自创设以来一直坚持的方向，旨在为绝大多数国民普及教育及提供高质量的教育产品，消除教育领域的城乡差别、地域差别和性别差别。在这方面，基础教育阶段所面临的任务最重，困难最多，问题也最复杂，具体表现在：要满足各个不同教育阶段的入学需求，尤其是要关注县、乡一级的教育差距和需求；严格控制各个教育阶段的辍学现象；创造条件支持轻度残疾的学生进入普通学校，并提高招收重度和各类残疾学生的特殊教育学校的质量；为那些有志于进入高等教育的具有非凡才能的卓越学生在基础教育阶段提供具有拔高性质的知识和技能传授；为最不发达地区和最贫困群体提供优

---

① 参考《埃及"2030 愿景"教育发展战略探析》一文。

② 个别为 2012 年或 2013 年数据。

质教育。职业教育和培训则要提供更多吸引学生入学的职业学校和培训中心，并促进职业学校和培训中心更有机地联系，为学生提供住宿并鼓励学生适当参加经济活动，通过更积极地参与社会活动改进大众对于职业教育和技术教育的偏见。高等教育阶段则希望提供更多的高等教育机构选择，并改进这些机构的招生和注册政策。

表 3-2 为全民教育的具体指标。

表 3-2　全民教育的具体指标 [1]

教育阶段	指标	2014 年 [2]	2020 年	2030 年
大学前教育	幼儿园入园率	31%	47%	80%
	18 岁前辍学率	6%	2%	1%
	文盲率（15～35 岁）	28%	7%	7%
	具备开展学术专长卓越教育的学校数量	3	5	12
	具备开展数学专长卓越教育的学校数量	65	70	75
职业教育	技术教育和职业教育的社会参与度	3%	12%	20%
高等教育	18～22 岁高等教育入学率	31%	35%	45%

3. 提高教育竞争力。

提高教育质量和开展全民教育的目的就是提高教育的竞争力，使教育能发挥对经济社会的基础性作用，成为推动经济发展和社会进步的发动机。基础教育阶段的目标是提高在国际竞争力报告上的教育指标排名；提高学生学习科技、数学的能力，沟通能力以及实践能力的水平，使其成为具有国际竞争力的人才；完善各级学校的基础设施建设（包括实验室、图书馆、运动场等），为所有学生提供高质量的教育。职业教育和培训则要加强学生和劳动力市场需求之间的联系，提高埃及在职业教育和培训方面的全球

---

[1]　参考《埃及"2030 愿景"教育发展战略探析》一文。

[2]　个别为 2012 年或 2013 年数据。

排名。高等教育也要加强毕业生培养和就业市场需求之间的联系，提高在世界一流的大学教育中的排名。为了提高教育竞争力，必须加大投入。愿景中特别提到，大学前教育支出和投资占 GDP 比例到 2030 年要达到 8%，赶超发达国家平均水平。

表 3-3 为提高教育竞争力的具体指标。

表 3-3　提高教育竞争力的具体指标 [①]

教育阶段	指标	2014 年 [②]	2020 年	2030 年
大学前教育	基础教育质量世界排名	141	—	30
高等教育	高等教育世界竞争力排名	118	75	45
	大学毕业生本专业就业失业率	35%	30%	20%
	进入世界排名前 500 的大学	1	3	7

（二）《大学前教育发展战略 2014—2030》

根据该战略，埃及大学前教育的未来发展目标是使每一个孩子都能够平等地享有受教育的权利，并获得优质的教育服务，给予他们为国家经济社会发展做出贡献的机会，使他们在区域和全球具备竞争力。

1.战略背景。

该战略的制定基于对先前教育战略规划的评估结果，并坚持问题导向性，全面地分析了埃及教育当前面临的问题和挑战，并以此作为战略举措的制定依据。该战略前言部分指出，人口的持续增长给埃及教育带来了越来越大的负担。因此，国家不得不不断扩大教育规模，却牺牲了"质量"这一教育的核心问题，具体反映在高密度的班级，轮班制学校，基础设施落后，教学方法、课程、教学评价体系存在诸多不足等方面。在经济转型的背景下，埃及教育系统迫切需要改善。除了要更加强调终身教育原则，还要致力于通过提供高质量的教育和培训服务培养学生的能力，发掘他们的潜力，促进他们的全面发展，帮助他们为未来做好准备。更为重要的是，

---

① 参考《埃及"2030 愿景"教育发展战略探析》一文。

② 个别为 2012 年或 2013 年数据。

埃及教育系统必须为劳动力市场培养人才，降低国家失业率，为国家经济的增长做出贡献。

具体来看，该战略文本中指出埃及大学前教育体系面临三个紧迫问题：一是教育供给问题，包括学前教育供给有限，尤其是幼儿园覆盖面不足；基础教育供给有限，住宿条件差；基础教育阶段辍学、考试不合格、旷课以及作弊问题；中学教育供给有限，住宿条件差，学业完成率低；教学楼不足对学生学业表现产生不利影响。二是教育质量问题，包括小学阶段教育质量不高，在教育过程中未能充分使用教育技术，小学 1 ～ 3 年级学生阅读、写作、数学和沟通能力弱，以及缺乏校园活动、私人补习盛行、教育产出与社会需求脱节等。三是教育管理问题，包括教育系统管理效率低下，未能处理好集权与分权关系，未能对教育部门的人力资源进行合理配置和充分利用，以及信息沟通机制和决策机制薄弱等。

2. 战略支柱和举措。

基于埃及教育系统存在的问题，该战略设立了三大支柱，从供给、质量和管理三方面入手，对大学前教育系统进行改革，对普通教育和技术教育两个轨道给予同等重视。

第一，加强教育供给。具体的举措有加强与各部委、捐助机构、非政府组织的合作，加强校舍建设，以满足各级教育的需求；关注欠发达地区的教育，推动农村与城市、富裕与贫穷地区的教育机会均等；同社区合作建立更多的社区学校，作为对正规教育体系的补充，向所有儿童提供入学机会；向社区学校提供充足的师资力量；与青年和体育部合作，充分利用社区体育中心和文化中心。

第二，改善教育质量。具体的举措有改善校舍条件，确保充足的教学空间和教学设备；改善学校氛围，提升学生在校生活质量；改革课程，开发有助于培养学生批判思维、分析和研究能力的课程，科学、数学、外语要向国际标准看齐，同时要提升学生的阅读能力，注重阿拉伯语学习；鼓励教师在教学过程中实施多样化的课堂互动并充分使用信息技术；降低大学前教育的缺勤率、不及格率和退学率。

第三，优化教育管理。具体的举措有推动法律法规建设和组织结构改革，为改革提供制度保障；推动教育经费改革，采用中期预算框架，实现教育经费来源多元化；推动追踪与评估系统改革，采用全面、可持续的评价体系，注重对学生批判性思维、分析与研究能力等软技能的衡量，在国家教育质量保障标准下对学校进行评估，推动各方利益相关者参与学校决策，在教育政策制定、检测与评估中广泛使用信息通信技术。

图 3-4 为埃及大学前教育发展的总体规划。

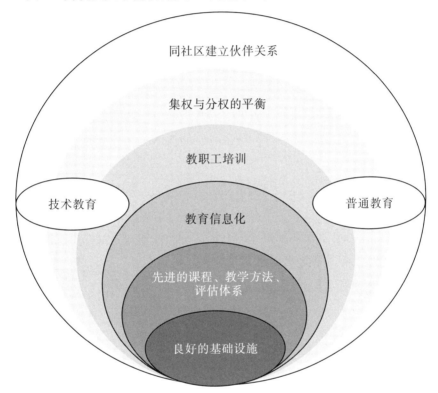

图 3-4　埃及大学前教育发展的总体规划[①]

（三）《国家科学、技术与创新战略 2015—2030》

埃及《国家科学、技术与创新战略 2015—2030》前言部分开宗明义地指出在新时期下制定国家科学研究与创新战略的必要性：提高国民的思想水平和科研能力对国家的生存与发展具有重要影响。同时，国家的综合实力又将影响个人的发展，从而促进整个社会的文明进步。科学研究是促进

[①]　埃及教育部 . 大学前教育发展战略 2014—2030（阿拉伯文）［R/OL］.［2022-03-28］. https://manshurat.org/sites/default/files/docs/pdf/004794.pdf .

经济、政治和社会各个领域发展的重要切入点。当今世界已经从传统经济模式转向以知识、科技为基础的经济发展模式，这一巨变使那些重视知识、拥有技术的国家受益良多。科学研究是发达国家的主要支柱之一，也是推动发展中国家振兴的重要动力，更是确保埃及人民福祉，保证其在地区以及全球竞争力的重要因素。基于此，埃及需要进一步营造有利于科学研究、创新和技术发展的环境，打破陈旧观念和官僚主义风气，创造新的充满活力和创新力的学术氛围，以跟上世界科技发展的步伐，为实现国家的可持续发展奠定基础。为了贯彻"科研在确保埃及国家安全和人民福祉方面具有重要地位"的理念，埃及高等教育与科学研究部制定了《国家科学、技术与创新战略2015—2030》，明确了埃及未来国家科研创新工作的使命、价值取向与改革举措，旨在推动国家科研创新体系为社会经济发展做出实质贡献。

埃及《国家科学、技术与创新战略2015—2030》的制定共分为两个阶段。第一阶段包括两个方面，一是由科学研究部制定《国家科学、技术和创新战略》；二是由埃及大学制定《国家科学研究计划》。第二个阶段是将这两个计划合并为一个战略作为埃及国家未来科研发展的指明灯。

1. 战略愿景。

总体来看，埃及《国家科学、技术与创新战略2015—2030》以服务《埃及2030愿景》为使命，强调知识、科技、创新在社会发展中的重要地位，致力于从人力资源开发、知识产权保护、科研基础设施建设、法律规范等微观层面入手，提升埃及尤其是高等教育领域的科研能力。该战略的愿景是，培养科研型和创新型人才作为埃及知识社会发展的主要力量，为埃及社会问题的解决提供科学实用的途径；促进知识和科技成为社会创新系统的重要组成部分，推动以知识为基础的经济发展模式；创造有利于科学、技术和创新发展的环境，促进知识的高效生产和有效利用，营造基于卓越的科研经济环境，以提高国家经济增速，实现社会乃至全人类的可持续发展。

细化来看，该战略还具体规定了包括埃及高等教育机构在内的埃及科研机构的使命：促进科研的卓越和可持续发展，从而增进社会和人类的福祉；协调教育、科学研究和经济的关系，将教学科研系统生产的知识切实转化为经济发展所需的人力资本。战略中提出，科学研究与社会发展相辅相成。如果科学研究与社会发展没有产生联系，那么科学研究就没有实现其真正的价值，同时科学研究的资金筹措也将面临挑战。只有将科学研究成果用于改善国民经济，从而增加国家和个人的收入，科学研究才会获得充足的经费，这是一个良性循环。战略中还指出：埃及高等教育机构除了强化共同民族价值观和增加归属感以及作为维系公民身份的纽带，还应成为一个提供经济和社会服务的雄心勃勃的先驱机构，成为埃及社会自豪和鼓舞的源泉。也就是说，埃及高等教育机构不应局限于文化领域，还应积极参与社会服务。

战略中进一步规定了埃及未来科研与创新发展的八个价值取向，分别是：第一，学术自由，即维护大学在研究系统方面的自主权，但强调这种自由是不违背道德价值前提下的学术自由；第二，透明度和学术诚信，即谨慎处理科学研究过程中的知识产权和伦理价值问题；第三，团队合作，鼓励跨区域和国家的科研合作；第四，创造力，即鼓励科学研究领域的创新方案；第五，互补性，强调大学、研究中心与企业的相互交流与借鉴；第六，独特性，发挥大学在科学研究中的独特作用；第七，可持续性，追求科学应用价值的可持续发展；第八，社会责任，明确科学研究的社会责任是应对长期和紧急的社会挑战。

埃及《国家科学、技术与创新战略 2015—2030》反映了埃及未来发展的走向，同时反映了科学、技术和创新等未来发展的重点。报告中提出要跟上世界生物技术、遗传工程、纳米技术和信息学等领域的现有科学水平，缩小同世界工业与和平利用核能方面的差距。该战略还提出了一个重要的科研发展理念——国际合作。提出这样的理念主要是基于两个方面的原因：（1）埃及科学研究界虽然拥有了生产知识的能力，但将知识转化为技术的能力不强，这就限制了科学研究对经济发展做出的贡献。因此，埃及需要同国际伙伴建立关系，借鉴发达国家的经验，促进技术的落地。（2）当前埃及所面临的很多挑战，也是困扰世界各国的全球性问题。如气候变化所造成的粮食产量下降、流行疾病、环境恶化等问题，无法依靠一国有限的科技力量去解决，需要世界各国的共同参与。

2. 战略举措。

埃及《国家科学、技术与创新战略 2015—2030》中的战略目标是建立一个具有世界影响力、能推动国民经济持续发展的创新科学技术体系，以推动国家工业化进程，提高国家综合竞争力，应对全球化挑战。战略确定了埃及科学研究未来发展的两条轨道：第一条轨道是创造良好的科研环境，实施激励措施，促进科研追求卓越，为社会的发展和国际影响力的提升奠定基础；第二条轨道是促进知识生产、技术的转让和落地，切实提高科研的实际效应。具体的措施如下：

（1）推广科学研究文化。

科学研究是评判一个国家综合国力的重要指标，而人是科学研究的主体。因此，在人民群众中树立科学研究观念，普及科学文化，建立科研氛围，是埃及社会建立知识经济体系的重要一步，而实现这一步的途径是将大学前教育与科学研究有机结合起来，在中小学中推广和传播科学研究文化。首先，埃及中小学要改变以灌输为主的教学模式，培养学生自主学习和独立思考的能力；其次，通过举办科学竞赛、儿童科学知识大讲堂、动物世界讲解等趣味活动，培养学生的科学意识；再次，鼓励大学、研究中心同中小学之间建立合作备忘录；最后，在全国范围内增加科学俱乐部、科学博物馆的数量。

（2）规范科学研究法律法规。

为了科学研究规范高效进行，有必要从法律法规层面进行改革。科学研究法律法规改革的宗旨是维护科学研究的独立性，促进科学研究的公正性，提高科学研究的质量和效率。改革将围绕以下方面进行：①确保国家科学研究具有统一全面的科研计划，确保各个科研机构有不同的使命和任务，以及短期和长期的科研目标。②在科研经费层面，建立相关机制以保障宪法中规定的"科学研究资金不少于国民生产总值的1%"逐步落实到位。同时，基于政府当前有限的能力，需要拓展科研经费来源渠道。这就需要从法律法规层面来规范私营部门以及个人对科研经费的投入。此外，还要在法律法规层面保障科研经费的合理分配，避免资源的重复与浪费。③在学术规范领域，起草有关科学研究伦理标准的国家文件，并派遣相关人员对研究过程中的伦理问题进行审查和监督，同时加大对学术不端行为的处罚力度。

（3）重组科学研究系统。

建立有效的科研组织结构，明确各方分工、任务和责任，为每一个部门的工作订立绩效指标，确保每个机构都能发挥自己的职能。根据《国家科学、技术与创新战略2015—2030》，重组科研系统的最高科学技术委员会的职能是制定国家科研战略，直接对总统负责；高等教育与科学研究部负责战略具体的政策制定、协调和实施，对高等教育与科学研究部部长负责；科学技术研究院主要负责科学、技术和创新政策的研究与咨询，制订项目实施以及科研国际合作的具体计划，定期向高等教育与科学研究部进行汇报；埃及科技发展基金、研究基金、发展基金、创新项目基金、投资基金是科研融资机构；大学、科研中心以及中小型企业负责执行科研任务。

（4）加强科学研究人力资源和基础设施建设。

在科研人员培养方面，鼓励各科研机构之间的人员交流和流动；对高校教职工进行专业的科研培训；增加针对大学研究生和科研人员的奖学金和留学派遣名额；向有志于创业的优秀毕业生提供科研补助基金；大学最高委员会和研究中心最高委员会建立联合委员会，制订统一的晋升标准和科研发表激励措施；发布青年学者奖学金计划，培养有潜力的青年研究者；建立国外埃及学者数据库等。在科研基础设施建设方面，战略建议：更新科研实验室硬件设施，建立所有大型设备的综合数据库，并制定设备使用规章制度；发展信息网络服务，完善埃及科研数据库建设，建立一个囊括大学、科研中心、企业以及个体的科研网络，实现信息共享；增加对埃及大学中卓越研究中心建设的支持。

第四章 埃及大学前教育

埃及教育体系从宏观层面上可划分为大学前教育阶段和高等教育阶段。大学前教育包括学前教育、基础教育（小学和初中）、中等教育三个阶段。其中基础教育和中等教育是埃及的义务教育阶段，实行免费教育。

第一节　埃及大学前教育的培养目标与实施机构

一直以来，埃及都将教育作为国家发展的优先事项，把教育目标同国家经济社会发展目标关联。埃及大学前教育目标不仅强调向学生教授科学文化知识和专业技能，还尤其重视培养学生的宗教价值观、道德品质、民族自豪感和对国家的认同。

一、埃及大学前教育的培养目标

埃及大学前教育目标的制订主要基于三个方面：一是埃及社会所推崇的人道主义价值观，二是社会对人才的需求，三是学生的特点和需求。因此，埃及大学前教育的培养目标既有家国层面的宏观目标，也有个体层面的微观目标。埃及 1981 年第 139 号法令教育法第 1 条指出，埃及大学前教育的总体培养目标：在文化、科学和爱国层面对学生进行循序渐进的培养，从精神、爱国、智力、社会、健康、品行、体质层面培养拥护祖国、坚持行善和崇尚人道主义的埃及人，赋予他们理论和实践学习能力，以及其他能够成就自我和维护尊严的宝贵能力，使他们能够发挥自己的才干，为社会生产活动做出贡献，并进一步为高等教育做好准备，推动社会的发展、繁荣和进步。

（一）学前教育的目标

埃及学前教育分为两个阶段，一是托儿所对 4 岁以下婴幼儿的照顾与培养，二是幼儿园对 4～6 岁学龄前儿童的教育。根据埃及 1996 年第 12 号法案儿童法及内阁 2010 年第 2075 号关于儿童法执行条例的决议，托儿所的目标是：（1）给予儿童社会关怀，发展儿童的天资和能力；（2）使儿童在身体、文化、精神和道德方面做好准备；（3）提升家庭对儿童健康成长的意识；（4）加强幼儿园与儿童家庭之间的联系；（5）满足儿童在相应年龄段的娱乐、游戏和艺术活动需求。

幼儿园教育的宗旨是不分出身、国籍、宗教、性别，无论身体健康与否，向所有儿童提供无差别的学前教育。具体目标包括：（1）实现儿童在身心、运动能力、情感、社会性、道德和宗教价值观方面的全面发展，同时要充分考虑到儿童的个体差异；（2）通过个体和团队活动培养儿童的语言、技术和艺术技能，以及思考、创新和辨别能力；（3）根据社会价值观、原则和目标对儿童进行完善的社会和健康教育；（4）满足不同儿童在这一年龄段的成长需求，帮助他们实现自我，提高社交能力；（5）通过同教师、同学构建人际关系以及各项教育活动，帮助儿童为基础教育阶段的学习做好准备；（6）及时发现儿童生长发育的异常情况；（7）与家庭协调，达成统一目标。

（二）基础教育的培养目标

埃及 1981 年第 139 号法案教育法第 16 条规定，埃及基础教育的目标是充分发掘学生的才干和潜能，满足他们的兴趣，帮助他们建立正确的价值观和良好的道德品质，传授科学知识和专业技能，使他们在完成基础教育后能够接受更高层次的教育，或在接受职业培训后具备一定的生存能力，成为能够创造社会价值的公民。

埃及课程和教材开发中心在课程大纲中指出，埃及小学教育是埃及大学前教育的根基，是埃及国家教育体系的基础。埃及小学教育的目标主要有两个方面：一是培养学生的自我认识，以及学生对埃及国家、阿拉伯民族和全人类的基本认识；二是促进学生的全面发展，培养学生发展 21 世纪所必需的能力。具体如下：（1）使学生为自己的宗教信仰和社会价值观感到自豪，能够认真履行宗教义务，同时尊重他人的宗教信仰和习俗；（2）实现学生的身心健康发展；（3）培养学生的沟通技能，使他们能够通过不同媒介运用国家官方语言在社会成员之间实现高效顺畅的沟通，能够倾听、表达、发表意见、对话、互动，并做出理性的判断；（4）培养学生的团队协作能力，使他们能够正确认识权利和义务的关系；（5）使学生能够客观地对待历史遗产，从中吸取经验和教训，充分认识到其所处的社会现实和身份，了解为社会变革所做过的努力，在全球科技发展和人类文明大变革背景下追求更大的进步；（6）使学生具备科学技术知识和生产劳动技能，能够为国家社会生产活动做出贡献；（7）培养学生的自主学习意识和能力；（8）提高学生的音乐鉴赏和审美能力，鼓励学生从事创造和发明；（9）关照有特殊需求的学生，使其心智得到最大限度的开发。[①]

（三）埃及中等教育的培养目标[②]

埃及1981年第139号法案教育法第22条对埃及高中阶段的教育目标做出了简短的说明，即让学生为升学和生活做准备，进一步巩固宗教价值观，加强民族认同。埃及课程和教材开发中心在课程大纲中罗列的初中教育和高中教育的培养目标基本一致，旨在促进学生的全面发展，使其为应对21世纪的挑战做好准备。这两个教育阶段注重的是对学生思维能力的培养，即教会学生如何思考，如何学习，如何用科学理性的方法去解决问题，如何收集、处理和使用信息。具体目标如下：（1）强化学生的宗教信仰和价值观，加深对人类、宇宙和生活的认识；（2）使学生树立远大的人生目标，坚持信仰，肩负起传播信仰、捍卫祖国、建设祖国的责任；（3）培养学生知行合一、言行一致；（4）实现学生身体、精神、智力、情感和社交能力的综合发展，最终成为合格的公民；（5）为学生提供既能满足社会需要，又有益于继续教育，并充分关注个体特点和需求的宗教、语言、社会、体育和科学课程；（6）提高学生的审美水平以及艺术、文学鉴赏能力；（7）通过适当的体育锻炼、合理的膳食、对清洁的崇尚、正确的预防和治疗，以及对健康和安全的关注，促进学生的身体健康；（8）关注学生的情感发展，增强学生自信心，培养学生良好的情绪控制能力，使学生拥有积极向上的生活态度，能够理解异见，秉持平等、包容和谦虚的精神；（9）培养学生树立正确的科学价值观，遵守诚实、客观、准确的原则，具备乐于钻研的科学精神；（10）提高学生的爱国主义觉悟，并意识到团结协作在应对危机和实现进步方面所发挥的重要作用；（11）培养学生对科学的热爱，增强他们的自主学习和知识探索能力；（12）使学生能够用科学的方式去认识自然和社会现象，并能科学地处理和解决问题，充分认识到现代科技

---

① 埃及课程与教材开发中心.小学课程大纲（阿拉伯文）［R/OL］.(2015-12-02)［2020-07-13］. http://moe.gov.eg/ccimd/pdf/prim_school_curriculum.pdf.

② 埃及课程与教材开发中心.初中课程大纲（阿拉伯文）［R/OL］.(2015-11-24)［2020-07-13］. http://moe.gov.eg/ccimd/pdf/prep_school_curriculum.pdf.

在当代生活和社会发展中的重要作用；（13）帮助学生发现自己的能力和爱好，为他们提供个体化的学习方式；（14）适当参加社会活动，懂得尊重他人，善于交流合作，积极参与政治生活，懂得克制，维护社会利益，遵守制度、习俗和传统；（15）帮助学生发现自己的才能，并通过进一步发展这些才能实现自我，造福社会；（16）提高女孩的社会地位，引导她们实现自我，发展才能，并为社会做出贡献；（17）推动建立和平、理解、合作、包容的世界秩序，能够尊重不同文化，具备参与推动人类文明进步的意识；（18）拥抱不同文明，并从中汲取智慧经验；（19）使学生具备创造、创新和分析能力，以及符合现代社会需要的思想智慧；（20）关照有特殊需求的学生（资优生、特长生和残疾学生），最大程度地开发他们的才智。

二、埃及大学前教育的实施机构

（一）学前教育机构类型

一是托儿所。托儿所是照料4岁以下儿童的场所，主要面向婴幼儿。根据所有制形式和运营方式，托儿所可分为国家所有非政府运营的机构、非政府组织所有的机构、私人机构以及企业附属幼儿园。2017年，埃及共有托儿所 14 273 所，其中大多数为私人所有（共计 8 038 所）。非政府组织所有的机构共计 3 383 所，政府所有非政府组织运营的机构共计 2 666 所，企业所有的机构共计 186 所。埃及托儿所的入学率很低，2017年仅为8%。[①]

二是幼儿园。幼儿园是为 4～6 岁儿童提供小学前教育的机构，分为KG1 和 KG2 两个教育阶段。根据所有制形式，埃及幼儿园分为公立和私立两种类型，2020—2021 学年，埃及共有幼儿园 12 667 所，其中公立幼儿园 10 046 所，占比 79.3%，共有 935 448 名儿童就读，占该阶段学生总数的74.2%。根据语言教育的不同，可分为阿拉伯语幼儿园和语言幼儿园。阿拉伯语幼儿园使用阿拉伯语进行教学活动，语言幼儿园使用英语进行数学和科学活动教学。

---

① Masrawy 新闻网．政府关照托儿所发展（阿拉伯文）［EB/OL］.（2017−10−23）［2021−12−31］. https://www.masrawy.com/news/news_economy/details/2017/10/23/1177663/ حضانات-منزلية-للأطفال-بر عاية-الحكومة للمرة-الأولى-في-مصر .

（二）中小学教育机构类型

公立学校是埃及中小学教育机构的主体力量。根据埃及教育与技术教育部的统计数据，2020—2021 学年，埃及共有小学 19 332 所，其中公立小学 16 920 所，占比 87.5%，有 12 119 867 名小学生在公立学校就读，占该阶段学生总数的 90.6%；共有初中教育阶段学校 12 964 所，其中公立学校 10 885 所，占比 84.0%，有 5 136 184 名初中生就读于公立学校，占该阶段学生总数的 92.6%；共有普通高中阶段学校 4 076 所，其中公立学校 2 469 所，占比 60.6%，有 1 578 913 名高中生在公立学校就读，占普通高中学生总数的 82.4%。（详见表 4-1）

表 4-1　埃及大学前教育 2020—2021 学年统计数据 [①]

学习阶段	教育机构类型	学校数量	班级数量	学生人数	教师人数
小学	公立	16 920	220 060	12 119 867	382 441
	私立	2 412	37 440	1 250 473	59 862
	合计	19 332	257 500	13 370 340	442 303
初中	公立	10 885	102 176	5 136 184	230 085
	私立	2 079	13 320	408 384	22 253
	合计	12 964	115 496	5 544 568	252 338
普通高中	公立	2 469	36 118	1 578 913	91 709
	私立	1 607	10 120	336 872	11 161
	合计	4 076	46 238	1 915 785	102 870

1. 公立中小学教育机构

近年来，埃及公立学校类型逐渐多元化，除了传统的阿拉伯语学校和公立语言学校，埃及政府还开设了埃及国际学校、尼罗河埃及学校、STEM 资优生高中和埃及日本学校等，旨在为埃及学生提供更加多元、更高质量

[①]　埃及教育与技术教育部. 大学前教育统计摘要（2020—2021 学年）（阿拉伯文）［R/OL］.
［2021-12-31］. http://emis.gov.eg/Site%20Content/matwaya/2021/matwaya2021.pdf.

的教育。

（1）阿拉伯语学校。用阿拉伯语进行教学，从小学一年级开始教授英语，初中阶段开始教授第二外语，平均每班 45 人。根据埃及教育与技术教育部 2020—2021 学年公布的费用，阿拉伯语学校的费用为幼儿园到小学三年级 300 埃镑 / 年，小学四年级到初中三年级 200 埃镑 / 年，高中三年 500 埃镑 / 年。[①]

（2）公立语言学校，即原来的语言实验学校。2014 年埃及政府宣布将语言实验学校更名为公立语言学校。与阿拉伯语学校相比，公立语言学校对英语学习的要求更高，开设了高级英语课程。公立语言学校用英语进行科学、数学的授课，用阿拉伯语进行社会学科的授课。公立语言学校又细分为普通语言学校和杰出语言学校。普通语言学校每班 36 ～ 40 人，杰出语言学校每班 29 ～ 30 人。杰出语言学校在小学四年级开设第二外语，初中一年级开设第三外语。[②]普通语言学校的费用为幼儿园 650 埃镑 / 年，小学 700 埃镑 / 年，初中 750 埃镑 / 年，高中 850 埃镑 / 年。杰出语言学校的费用为幼儿园 1 400 埃镑 / 年，小学 1 700 埃镑 / 年，初中 2 000 埃镑 / 年，高中 2 300 埃镑 / 年。这些费用包括语言服务费、活动费、技术开发费。[③]2018 年，在埃及教育体系改革下，公立语言学校更加注重阿拉伯语教育的基础地位，小学阶段不再采用英语教学，从初中阶段开始用英语进行教学。

（3）埃及国际学校是埃及公立国际学校的一种，提供国际课程，同时保留阿拉伯语、宗教教育和社会学课程，学费低于私立国际学校。公立国际学校的费用为：幼儿园 17 900 埃镑 / 年；小学一年级 18 000 埃镑 / 年，小学二年级 9 000 埃镑 / 年，小学三年级 9 000 埃镑 / 年，小学四年级 8 480

---

① 今日埃及人网 . 了解 2021—2022 新学年的学费（阿拉伯文）［EB/OL］.（2021-06-22）［2021-09-22］https://www.almasryalyoum.com/news/details/2359534.

② Japan International Cooperation Agency, INTEM Consulting Inc. The Arab Republic of Egypt detailed study for Egypt Japan School（EJS）dissemination final report［R］.［S.l.: s.n.］, 2017: 2-11.

③ 七日网 . 有关第 285 号部长决议中将语言实验学校更名为公立语言学校的详情（阿拉伯文）［EB/OL］（2021-09-11）［2021-09-22］. https://m.youm7.com/amp/2014/8/8/ تفاصيل-الـ 1809481/ قرار-الوزاري-رقم -285- يغير -مسمى-المدارس-التجريبية-إلى .

埃镑 / 年，小学五年级 8 060 埃镑 / 年，小学六年级 11 700 埃镑 / 年；初中一年级 11 700 埃镑 / 年，初中二年级 11 700 埃镑 / 年，初中三年级 11 140 埃镑 / 年；高中一年级 10 880 埃镑 / 年，高中二年级 17 550 埃镑 / 年，高中三年级 17 550 埃镑 / 年。第一所埃及国际学校建立于 2014 年，截至 2020 年，这样的学校在埃及共有 13 所。[①]

（4）尼罗河埃及学校。尼罗河埃及学校是埃及的另一种公立国际学校，由教育部教育发展基金创办，与剑桥大学国际考试委员会合作，为埃及 4 ～ 18 岁学生提供从幼儿园到高中的优质教育。该校采用双语教育，用阿拉伯语教授宗教和社会学课程，用英语教授其他课程，并从小学二年级开始教授法语。学生在完成基础教育后，将获得"尼罗河国际预备教育证书"。在完成高中教育后将获得"尼罗河国际中等教育证书"，该证书相当于国际中等教育普通证书。埃及国内的公立和私立大学向尼罗河埃及学校的高中毕业生提供单独名额，因此，学生在毕业时也可以选择申请埃及国内的大学。第一所尼罗河埃及学校建立于 2010 年，截至 2021 年，尼罗河埃及学校共有 14 所。尼罗河埃及学校主要面向埃及中产阶级家庭，入学的硬性条件之一是父母中至少一位拥有本科文凭，根据各省的经济水平，每年学费在 15 000 ～ 30 000 埃镑。[②]

（5）STEM 资优生高中。2011 年，埃及教育部同美国国际开发署（USAID）合作，在埃及建立了第一所 STEM 资优生高中。截至 2021 年，埃及教育部网站上公布的 STEM 资优生高中共有 15 所。[③]STEM 高中面向资优生，有专门的入学考试，根据成绩择优录取。埃及教育与技术教育部公布的 2020—2021 学年申请参加 STEM 资优生高中入学考试的条件为：①年龄不超过 18 岁；②在指定机构通过体检；③取得 2020 年基础教育阶段的毕业证书；④基础教育阶段结业考试成绩至少满足以下两个条件之一，

① 金字塔门户网站 . 埃及 13 所国际学校提供适应全球发展的卓越教育机会（阿拉伯文）［EB/OL］.（2020-3-19）［2021-09-22］. https://gate.ahram.org.eg/News/2385976.aspx.

② Nile Egyptian Shools. Nile International Education System［EB/OL］.（2021-04-20）［2021-10-18］. http：//nes.moe.edu.eg/Admission.aspx.

③ 埃及教育与技术教育部 .STEM 资优生高中名单（阿拉伯文）［EB/OL］.［2020-09-23］. https://moe.gov.eg/media/pahlbppf/schools_address_v7.pdf.

一是成绩占总分的比例不少于 98%，且英语、数学和科学三门课中至少一门取得满分，二是成绩占总分的比例不少于 95%，且英语、数学和科学三门课中至少两门取得满分。① 考试内容包括科学、技术、工程、数学方面的创新思维测试、智商测试以及面试。埃及 STEM 资优生高中严格遵循小班教学，每班不超过 25 人。与其他公立高中一样，阿拉伯语、英语、第二外语和宗教是三年中必修的课程。除此之外，STEM 资优生高中还提供科学、技术、工程和数学的高级课程，采用英语进行教学，重点是提高学生的批判性思维以及解决问题和科学研究的能力。最初，埃及 STEM 资优生高中只接受来自公立学校的初中学生，收费为 1 000 埃镑 / 年，包括住宿和伙食。近来，开始向私立学校的毕业生敞开大门，但收费要高于公立学校的毕业生。STEM 资优生高中的结业考试采用美国的 SAT 模式，不同于埃及传统教育体制中的高中统考。一直以来，埃及 STEM 资优生高中毕业生的去向问题都是人们讨论的焦点。一方面，埃及公立大学中录取 STEM 资优生高中毕业生的名额非常有限，与其他学校的毕业生相比，他们进入公立大学的竞争更加激烈。虽然私立大学对招收 STEM 资优生高中毕业生没有名额限制，但能够提供的奖学金数量有限，使得一些学生被高额的学费劝退。除了埃及本土大学，一些学生还会选择申请进入国外大学。②

（6）埃及日本学校。2016 年，埃及总统塞西访问日本期间，双方达成协议在埃及引进日本教育模式，计划建 100 所埃及日本学校。截至 2020—2021 学年，埃及共有此类学校 43 所，分布在埃及 24 个省份。③ 目前，埃及日本学校每班不超过 36 人，根据年级的不同，学费每年在 10 000 埃镑左右。埃及日本学校只面向本国学生招生，采用日式"全童教育"系统，在遵循普通公立学校课程的基础上，普及日式"特别活动"（Tokkatsu）模式，旨在通过学校组织集体活动的方式，培养学生的综合能力。

---

① 埃及教育与技术教育部 .2020—2021 学年 STEM 资优生高中申请通道开启（阿拉伯文）［EB/OL］.［2020-09-23］. https://moe.gov.eg/media/zdflyruv/announcement_stem_2020.pdf.

② ABDEL-MEGUID L.The initiative of STEM schools in Egypt：issues of process，teacher's compatibility and governance［D］. Cairo：American University in Cairo，2017：75.

③ Egypt's education ministry discusses with Japanese team working plan of Japanese schools［EB/OL］.（2020-10-04）［2021-09-25］. https://www.egypttoday.com/Article/1/92672/Egypt-s-Education-Ministry-discusses-with-Japanese-team-working-plan.

2. 私立中小学教育机构

私立学校有五种类型：（1）普通私立学校。这类私立学校的课程设置与阿拉伯语学校相仿，但基础设施较好，能够更多地满足学生的个人需求。（2）语言学校。用英语教授大部分官方课程，增加法语或德语作为第二外语，一些学校还会使用法语或德语作为主要教学语言。（3）由教派和宗教团体开办的学校。（4）国际学校。提供美国高中文凭、国际中学教育普通证书、法国中学毕业证书、德国文理中学毕业证书等。这类学校中只有得到埃及教育部资格认证的学校，学生才有机会进入埃及的大学学习。相比于其他类型的学校，这类学校毕业的学生可能会被要求更高的分数或额外的条件才能进入埃及的大学。[①]（5）社区学校。由非政府组织、政府和地方社区采用公私合作形式，面向农村地区学龄儿童提供简化课程、加速课程和非正规课程的一班制学校。截至 2020 年，埃及共有 4 995 所社区学校，服务于 1% 的小学生。[②]

第二节　埃及大学前教育的课程与教学

1988 年，埃及建立课程与教材研发中心，专门负责课程和教材的研发、编写、修订和培训工作，旨在为埃及学生提供优质的教育内容，不断提升教育质量。21 世纪，埃及大学前教育经历了两次重大的课程改革，这两次课程改革的共同目标是帮助学生发展 21 世纪生活所必需的技能，帮助他们提升应对不断变化的世界的能力，为他们迎接未来的生活挑战做好准备。

一、大学前教育的课程与教材研发机构[③]

教育内容是实现教育目的的手段。因此，埃及政府非常重视课程研发

---

① OECD. Schools for skills: a new learning agenda for Egypt ［R］.Paris: OECD, 2015: 38.

② USAID. Nonstate schooling in the Middle East & North Africa ［R］.Washington DC: USAID, 2021: 2.

③ 埃及课程与教材开发中心 . 1988—2015 年间中心工作成果报告（阿拉伯文）［R/OL］.（2015-11-24）［2020-07-13］. http://moe.gov.eg/ccimd/pdf/about_us.pdf.

和教材编写。埃及教育部于 1988 年宣布建立课程与教材研发中心，并在 1990 年颁布 176 号决议，对该中心的目标、愿景、使命、组织结构做出了具体说明。该中心致力于埃及课程和教材的设计、研发、修订和培训，旨在提高埃及课程和教材质量，从而提升埃及教育水平，同时向更多的阿拉伯国家传授经验，以实现阿拉伯国家的团结和思想统一，并为埃及和阿拉伯国家的儿童提供优质的教育。

埃及课程与教材研发中心由教育部部长统一领导，任命一名中心负责人进行管理。中心下设六个部门，分别是课程文件编写部、教材设计和编写部、信息技术部、教材质量控制和认证部、实验与实地追踪部、职业发展和培训部。具体组织架构如图 4-1 所示。

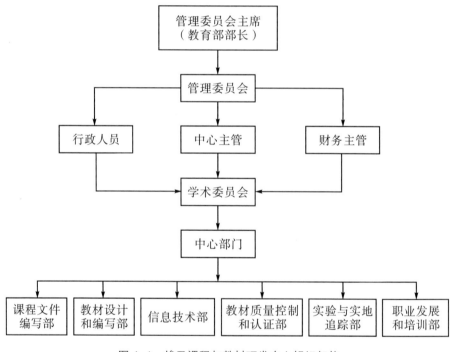

图 4-1　埃及课程与教材研发中心组织架构

1.课程文件编写部。根据国家标准为所有年级的各个科目编写课程文件，主要包括课程的理念、目标、内容，教师和学生的学习指南，学习方式以及评估方法；调整不同教育阶段的课程范围和顺序，以确保教育目标的连续性、互补性，避免课程的重复；设立不同教材（学生用书、附加材料）的标准；每个学科的教师需要具备的能力。

2. 教材设计和编写部。教材设计和编写部负责具体的教材编写工作，主要包括：设计和编写课本、练习册、教师用书；设计和编写课程包、广播电视教学、课程光盘等课外教学材料；监督教科书和相关教学材料的编写和制作过程，确保内容的完整性、准确性和适宜性。

3. 信息技术部。负责教材的排版打印（原件）；与教材设计和编写部合作完成多媒体教学材料的编写；负责课程与教材研发中心的图书馆建设工作，建立国内外教材数据库，并不断追踪和更新；负责课程与教材开发中心网站的建设，向国内外展示埃及教材研发成果。

4. 教材质量控制和认证部。负责组织专家对教材进行评估，根据课程标准设计教材评价工具，批准符合标准的教材的使用。

5. 实验与实地追踪部。负责教材印刷过程中的技术跟进；负责设计和实施新教材的实验项目；追踪教材在实验过程中遇到的问题，收集和分析实验数据，并提出修改建议；负责落实公众对课程与教材研发中心工作提出的意见和建议；负责通知各大学教育学院有关课程变动的问题，以便其对大学前教师培训项目做出相应的调整；通过论坛、发布会、公告、网站公示的形式公开对教材和课程的改变。

6. 职业发展和培训部。规划和实施课程及教学的培训方案，负责新教材指导员和教师的培训，负责课程与教材中心工作人员的培训。

二、大学前教育的课程研发流程和基本原则

首先要召开全国科学会议，制定出具体的课程标准。其次，进行教材编写。教材编写的任务可由公开招标的出版社承担，或是由中心专家委员会负责。确定教材后，还会编写教材使用指南和配套用书，并对教师进行新课程的培训。之后，新课程和教材一并进入试用阶段，再根据实践对课程和教材进行调整。最后进入课程推广阶段。（具体流程如图 4-2 所示）在教材与课程开发的整个过程中，埃及教材与课程研发中心会同包括高校、国家教育研究与发展中心以及国家教育考试和评估中心在内的外部机构进行合作。

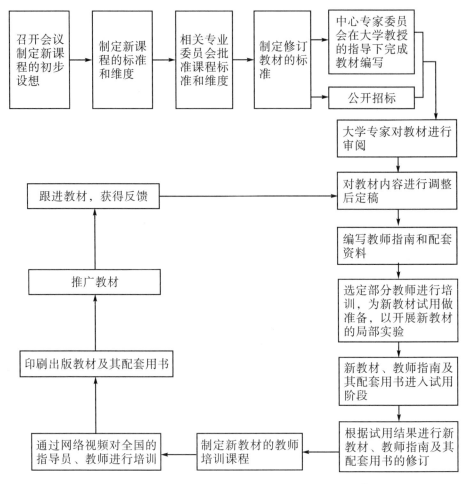

图 4-2 埃及大学前教育的课程与教材的研发流程 [①]

埃及课程开发遵循以下原则：（1）在课程开发的过程中不应局限于印刷材料，还应扩展至新的教育媒介；（2）课程内容应包含能够反映培养目标的要素；（3）注重"知识一体化"原则，实现各学科之间的平衡与整合，注重知识之间的内在逻辑，实现各个学科之间的融汇贯通；（4）课程设置应与科技时代和实践水平密切相关，使学生在学习过程中能够参与实践，从而培养学生的应用能力；（5）课程内容应反映埃及社会最新的战略规划、

---

① 埃及课程与教材开发中心 . 1988—2015 年间中心工作成果报告（阿拉伯文）［R/OL］.（2015-11-24）［2020-07-13］. http://moe.gov.eg/ccimd/pdf/about_us.pdf.

发展方向以及政治和社会理念，实现教育产出和社会需求的联系；（6）课程应当包含当代问题和理念，以帮助学生了解地区和全球的发展和变化，培养他们应对 21 世纪挑战的能力；（7）丰富教育课程，开发适合资优生的课程内容，帮助发掘具有天赋的学生并努力开发他们的才能。①

三、大学前教育的重要课程改革

（一）穆巴拉克时期的课程改革②

20 世纪 90 年代，埃及时任总统穆巴拉克决定对埃及教育进行全面的改革。1992 年 7 月公布了《穆巴拉克和教育——展望未来的报告》，为埃及教育改革提供了框架和指导。在教育改革的背景下，埃及进行了全面的课程改革。此次课程改革的目的是培养学生的思维能力，帮助学生获得终身经验和技能，为他们迎接 21 世纪挑战做好准备，同时为埃及的社会建设做出贡献。埃及课程改革遵循的基本理念：（1）教育的目的是向学生提供大量的知识，帮助他们提升技能和能力，使他们获得生存之道；（2）注重对知识的理解和分析，而不是死记硬背；（3）学生的积极参与是提升教育水平的重要因素；（4）重视继续教育，培养学生的自学能力；（5）教育要面向就业，使毕业生具备相关专业的知识和技能。

1. 小学课程改革。

1993 年 2 月，埃及召开了全国小学教育课程发展大会。这次会议做出如下决议：（1）充分考虑活动和运动对儿童成长的重要性，根据学生的资质、潜力和能力，开展多种多样的科学技术活动；（2）注重课程的平衡性，至少 50% 的时间和内容用于教育活动和实践；（3）重视阅读、阿拉伯语书写、数学、宗教和公民教育，但不得超过总教学时间的 70%；（4）培养学生自主学习的能力，使他们能够充分利用图书馆来自主获取知识；（5）尽量减少教科书的数量，缩小教科书的尺寸，简化教科书从编写到使用的程

---

① United Nations Educational, Scientific and Cultural Organization, International Bureau of Education. World data on education，Egypt［R/OL］.（2013-11-08）［2020-07-12］. http：//www.ibe. unesco.org/fileadmin/user_upload/Publications/WDE/2010/pdf-versions/Egypt.pdf.

② Arab Republic of Egypt National Center for Educational Research and Development. National report of Arab Republic of Egypt from 1990 to 2000［R］. Cairo：NCERD，2001.

序和步骤；（6）教科书编写采取竞争制度；（7）从小学四年级开始逐步引入英语和其他外语教学；（8）在小学课程中融入科学技术知识，同当地环境以及周围社区的发展建立紧密的联系，实现教育的可持续发展；（9）建设和发展宗教课程，培养学生正确的社会、道德和宗教观念，完善学生对宗教的理解，使其能够尊重他人信仰；（10）在实施学校课程的同时，为孩子们提供充分的实践民主的机会。

　　2000 年埃及小学课程方案（改革后）与 1990 年相比，每周的总课时量有所增加，从 1990 年的 27 ～ 30 课时增加至 2000 年的 35 ～ 40 课时。从科目来看，2000 年的课程中取消了常识和环境活动、技术课程，但增加了外语、阿拉伯语书法、教育活动和实践、社会实践、家政、计算机和图书馆课程（见表 4-2）。

表 4-2　1990 年和 2000 年埃及小学课程方案对比（周课时）[①]

科目	一年级		二年级		三年级		四年级		五年级	
	1990年	2000年	1990年	2000年	1990年	2000年	1990年	2000年	1990年	2000年
宗教教育	3	3	3	3	3	3	3	3	3	3
阿拉伯语	10	12	10	12	10	12	10	12	8	11
阿拉伯语书法	—	2	—	2	—	2	—	1	—	1
外语	—	—	—	—	—	—	—	3	—	3
数学	6	6	6	6	6	6	6	6	6	6
社会学	—	—	—	—	—	—	2	2	2	2
科学	—	—	—	—	—	—	2	3	4	3

---

① Arab Republic of Egypt National Center for Educational Research and Development. National report of Arab Republic of Egypt from 1990 to 2000 ［R］. Cairo：NCERD，2001：40.

续表

科目	一年级		二年级		三年级		四年级		五年级	
	1990年	2000年	1990年	2000年	1990年	2000年	1990年	2000年	1990年	2000年
常识和环境活动	3	—	3	—	6	—	—	—	—	—
教育活动和实践	—	10	—	10	—	10	—	—	—	—
美术	2	—	2	—	2	—	2	2	2	2
体育	2	—	2	—	2	—	2	3	2	3
音乐	1	—	1	—	1	—	1	2	1	2
社会实践	—	—	—	—	—	—	—	1	—	1
家政	—	—	—	—	—	—	—	1	—	1
技术	—	—	—	—	—	—	—	2	—	2
计算机	—	1	—	1	—	1	—	—	—	—
图书馆	—	1	—	1	—	1	—	1	—	1
总课时	27	35	27	35	30	35	30	40	30	39

注: a. 1988年埃及第233号法令对学制进行了修改，把9年义务教育年限改为8年。改革后的小学阶段教育由6年变为5年，初中阶段仍为3年。

b. 埃及公立学校的第一外语为英语，2003年之前在小学四年级开始教授。2003年3月，埃及教育部宣布将公立学校原来从四年级开始教授英语改为从一年级开始。

2. 初中课程改革。

1994年11月，埃及召开全国初中教育课程发展大会。与会人员达成以下课程改革共识：（1）完善课程的学习目标、内容，教学方法和评价；（2）在确定课程内容之前，先确定课程的学习目标，确保学习目标与初中教育阶段的培养目标相一致；（3）避免冗余、重复和困难的术语和概念，增加新的课程内容以适应时代的发展；（4）教授未来社会所需要的理念和技能，并在课程中进行实践；（5）准备配套的课程活动，在教学与实践的融合中达成学习目标。

在初中教育阶段，与1990年相比，2000年每周的总课时量有所增加，同时新增了阿拉伯语书法、维修、图书馆和社会实践四个科目，并增加了阿拉伯语科目的教学时间。（见表4-3）

表4-3　1990年和2000年埃及初中课程方案对比（周课时）[①]

科目	一年级		二年级		三年级	
	1990年	2000年	1990年	2000年	1990年	2000年
宗教教育	2	2	2	2	2	2
阿拉伯语	6	7	6	7	6	7
阿拉伯语书法	—	1	—	1	—	1
外语	5	5	5	5	5	5
数学	3	3	3	3	3	3
社会学	4	4	4	4	4	4
美术	2	2	2	2	2	2
体育	2	2	2	2	2	2
音乐	1	1	1	1	1	1
维修	—	1	—	1	—	1
技术	4	3	4	3	4	3
图书馆	—	1	—	1	—	1
社会实践	—	2	—	2	—	2
总课时	29	34	29	34	29	34

[①] Arab Republic of Egypt National Center for Educational Research and Development. National report of Arab Republic of Egypt from 1990 to 2000［R］. Cairo：NCERD，2001：41.

埃及该次小学和初中阶段的课程改革主要有如下特征：（1）突出了文化、伦理和宗教在教育中的重要位置，注重培养学生的公民意识以增强民族凝聚力。具体体现在 2000 年的课程更注重学生对宗教文化和母语阿拉伯语的学习，其中保持原有的宗教教育课时不变，增加了阿拉伯语教学时长，同时增加阿拉伯语书法这一新的科目。（2）紧跟时代的步伐。从科学技术进步带给世界的新变化出发，埃及 2000 年的课程中增设了计算机课。（3）重视对学生技能的培养，在基础教育中引进了手工、园艺、木工、金属制造等技术教育，以培养学生的独立生活能力，并为他们进入就业市场做准备。（4）重视课外活动，将课外活动作为课程体系的组成部分，在 2000 年的课程方案中加设教育活动和实践课时。（5）注重学生的自学能力，通过开设图书馆课程来培养学生独立获取知识的能力。

3. 普通高中课程改革。

埃及普通高中教育阶段的目标是为学生接受高等教育做好准备。高中阶段的学习完成后，学生会参加高中统考。高中统考成绩决定了学生能否进入高等学府，以及进入哪所高等学府。1998 年，埃及的高中统考由原来的仅在第三年进行一次考试改为在第二年和第三年分别进行一次，分数叠加后为最终的高考成绩。[①]围绕这一变化，埃及普通高中课程也做出了相应的调整。如表 4-4 所示，改革后的埃及高中一年级课程与之前相仿，实行统一的教学方案。高一不分文理科，也没有选修课。

表 4-4　1990 年和 2000 年埃及普通高中一年级课程方案对比（周课时）[②]

科目		1990 年	2000 年
宗教		2	2
阿拉伯语		6	6
外语	第一外语	6	6
	第二外语	3	3

① 2013 年高中统考制度取消两年制，再次回归一年制，即只在高三进行一次考试。

② Arab Republic of Egypt National Center for Educational Research and Development. National report of Arab Republic of Egypt from 1990 to 2000 ［R］. Cairo：NCERD，2001：44.

续表

科目		1990 年	2000 年
数学		4	4
科学	化学	2	2
	物理	2	2
	生物	2	2
社会学	历史	2	2
	地理	2	2
公民教育		1	1
不计入总分的科目	体育	2	2
	艺术	2	2
	技术	2	2
合计（加不计入总分的科目）		38	38

改革前后的变化主要体现在高中二年级和三年级的课程。按照原来的课程方案，学生将在第三年进行文理分科。课程分为四大类：一是必修核心课程（宗教、阿拉伯语、第一外语、第二外语和体育）；二是专业课程，即文科（地理、历史、哲学与逻辑、心理学与社会学），理科（物理、化学、生物、数学），学生任选一科学习；三是选修课程，A 组科目有经济学、统计学、地质学、环境科学、普通数学（仅限文科生），B 组科目有计算机、家政、经济学、农业、商业、工业、艺术、音乐，学生需要从 A、B 两组中各选出一门课程学习；四是选修高级课程（阿拉伯语、第一外语、数学、生物、地理、哲学与逻辑），学生可任选 1～2 门进行学习。（见表 4-5）

表4-5　1993年埃及普通高中三年级课程方案 [①]

必修核心课程	专业课程 （选一科）		选修课程 （A、B组各选一门）		选修高级课程 （选1～2门）
	文科	理科	A组	B组	
宗教 阿拉伯语 第一外语 第二外语 体育	地理 历史 哲学与逻辑 心理学与社会学	物理 化学 生物 数学	经济学 统计学 地质学 环境科学 普通数学	计算机 家政 经济学 农业 商业 工业 艺术 音乐	阿拉伯语 第一外语 数学 生物 地理 哲学与逻辑

　　改革后，根据新的高中统考制度，埃及高中的课程被分为两个阶段，第一阶段是高中二年级，第二阶段是高中三年级。相比于旧的课程方案，新课程方案打破了学科壁垒，课程设置考虑到学生个体的差异和兴趣培养，课程选择更具弹性，旨在充分挖掘学生的潜力，发挥他们的特长。在课程的第一个阶段，也就是高中二年级，学生需要学习的必修核心课程包括宗教、阿拉伯语、第一外语、第二外语、体育和数学，并且要从指定的8门选修专业课（化学、生物、地质学与环境科学、哲学与逻辑、地理、心理学与社会学、经济学与统计学、历史）中再任选1门。在高中三年级，也就是课程的第二个阶段，学生需要学习的必修核心课程有宗教、阿拉伯语、第一外语、公民教育和体育。此外，学生还要从化学、生物、物理、数学、历史、地理、经济学与统计学、地质学与环境学、哲学与逻辑、心理学与社会学中选择3门课程作为第二阶段的专业选修课，这3门课程必须是在高二时没有参加过考核的。除了上述必修核心课和选修专业课，学生在这两年中还必须完成1门实践课程和1门高级课程的学习。（详见表4-6）

---

① Arab Republic of Egypt National Center for Educational Research and Development. National report of Arab Republic of Egypt from 1990 to 2000［R］.Cairo：NCERD，2001：45.

表 4-6　2000 年埃及高中二、三年级课程方案[1]

课程	（第一阶段）高中二年级	（第二阶段）高中三年级
必修核心课程	宗教、阿拉伯语、第一外语、第二外语、体育、数学	宗教、阿拉伯语、第一外语、公民教育、体育
选修专业课程	化学、生物、地质学与环境科学、哲学与逻辑、心理学与社会学、经济学与统计学、地理、历史（选择 1 门）	化学、生物、物理、数学、历史、地理、经济学与统计学、地质学与环境学、哲学与逻辑、心理学与社会学（选择 3 门没有在二年级考核过的）
选修实践课程	计算机、家政、农业领域、商业领域、工业领域、美术音乐（选择 1 门）
选修高级课程	阿拉伯语、第一外语、数学、生物、地理、哲学与逻辑学（选择 1 门）

（二）塞西时期的课程改革

2018 年，埃及教育与技术教育部启动大学前教育改革计划"全新教育体系 2.0"，旨在推动埃及教育体系全面转型，朝着《埃及 2030 愿景》中的可持续发展目标迈进。课程改革是此次教育体系全面转型的关键。埃及教育与技术教育部部长指出，课程是学校实现高质量教育产出的重要工具之一。学校的建立是为了让孩子们为生活做好准备，因此，生活中发生的种种变化都应该反映在课程中。当今时代，人类生活在政治、经济和艺术飞速发展的社会，教育课程必须给予积极响应，赋予个人 21 世纪所需的知识、价值观和生活技能，使他们在竞争中能够成功和做出正确的决定。[2] 在这一背景下，埃及大学前教育课程改革拉开帷幕。

1. 课程目标。

埃及此次课程改革建立在"为了生活而学习"而非"为了考试而学习"的变革理念之上，宏观目标是培养人的全面发展，包括批判性思维、创新精神、生活技能、正确价值观念以及终身学习和自主学习的能力，使学习

① Arab Republic of Egypt National Center for Educational Research and Development. National report of Arab Republic of Egypt from 1990 to 2000［R］. Cairo：NCERD，2001：46-47.

② 七日网. 全新教育发展计划的要点概览（阿拉伯文）［EB/OL］.（2018-05-03）［2021-11-05］. http://www.parlmany.com/News/7/224639/ الملامح-الرئيسية-لخطة-تطوير-التعليم-الجديد ة.

者为未来的生活做好准备。在微观层面，各个教育阶段课程改革的目标如下^①：

（1）学前教育阶段的课程目标。

学前教育阶段的课程是为儿童接受基础教育做准备，发掘他们的需求、兴趣和能力，营造学习、玩耍、自由思考和表达的氛围。具体目标有：①身心健康培养。培养儿童用五官感受外部世界并与之互动，培养运动技能，使其拥有自我保护意识。②语言培养。培养倾听、理解、交谈的语言技能，使其能通过合适的语言方式表达感受。③知识培养。通过体育活动和感官体验来获取知识，激发孩子对事物的好奇心，培养简单的逻辑概念。④社会性培养。鼓励孩子与他人分享和交流，建立他们的自信心和成就感。⑤价值观培养。使孩子能够区分对与错，确立正确的宗教、道德和社会价值原则，灌输爱国主义精神，培养对祖国的归属感以及对家人、朋友、老师、学校、祖国的热爱。⑥艺术培养。激发想象力，培养艺术品味和音乐鉴赏能力，学会运用色彩，享受自然。⑦培养环保意识。培养儿童个人和公共卫生的意识，并能够与周边环境开展积极互动。

（2）基础教育阶段的课程目标。

埃及基础教育阶段（小学和初中）的课程旨在全面、均衡地培养学生的品格，通过获得知识、满足需求、培养技能、树立价值观等方式，使学生做好接受高中教育的准备，具体目标包括：①价值观培养。培养学生树立正确的价值观，坚守正确的原则，尊重他人宗教信仰，加强爱国精神和归属感，培养对家庭、学校、环境、祖国的热爱。②语言培养。培养学生用阿拉伯语和一种外语进行有效交流，掌握听、说、读、写的基本语言技能，学会正确地用语言表达日常生活需求和情感。③知识培养。培养学生探索和发现知识的能力，发展科学理念，并能够在生活中学以致用。④社会性培养。培养学生在与社会成员合作和相互尊重的基础上承担社会角色，乐于帮助那些有特殊需求的人，培养必要的生活技能，使他们在社会中能够

---

① 七日网.教育部长：全新的教育体制旨在培养符合世界最新标准的学生（阿拉伯文）［EB/OL］.（2018-05-03）［2020-09-16］. https://m.youm7.com/amp/2018/5/3/ وزير-التعليم 3776842/ المعايير-العالمية-م-النظام-الجديد-ديني-خريجا-على-أحدث.

成为合格的一员。⑤自我培养。培养学生客观地认识自己，并不断完善自我，提高自学能力。⑥身心健康培养。培养学生的运动技能和健康体魄，树立营养健康意识。⑦艺术培养。培养学生艺术品鉴、艺术想象和艺术创作的能力，使学生学会享受自然。⑧环保意识培养。培养学生的环保意识，使他们能够重视环境问题，能够合理地利用自然资源。⑨财务意识培养。引导学生对储蓄和投资形成积极看法，使学生获得对小型项目进行预算和运营的技能。⑩培养媒体意识。培养学生通过不同新闻媒体渠道获得消息的能力，并能够以批判的思维看待这些消息。

（3）普通高中阶段的课程目标。

普通高中阶段的课程旨在实现以下目标：①价值观培养。培养学生积极地融入埃及社会和开放世界，能够接受不同文化。②语言培养。培养学生使用阿拉伯语和外语进行有效交流，掌握听、说、读、写的基本语言技能，学会正确地用语言表达日常生活需求和情感。③知识培养。培养学生的求知欲望、自学意识和能力，丰富他们通过信息技术获取知识的渠道，培养其使用科学方法解决问题、预测未来以及面对困难和挑战。④社会性培养。培养学生的团队精神，使他们具有基本的协商民主意识，并在与他人合作中践行协商民主，培养其坚守社会公平原则，鼓励学生积极参与社会政治生活。⑤自我培养。通过设定远大的人生目标，比如正确的学习道路、合适的工作等增强学生的自信和责任感，教会其控制冲动，学会谦逊和原谅。⑥身心健康培养。培养学生的运动技能，增强学生体质，树立有关营养、生殖健康的意识。⑦艺术培养。培养学生艺术品鉴、艺术想象和艺术创作的能力，使学生学会享受自然，鼓励其进行艺术创作。⑧环保意识培养。培养学生的环保意识，使他们了解当下的自然环境问题，并能够用发展的眼光看待和解决这些问题，指导他们合理地使用和配置自然资源。⑨理财意识培养。使学生认识到储蓄和投资的重要性，指导学生管理小型理财项目并努力实现收支平衡，培养学生的竞争能力。⑩媒体意识。培养学生通过不同新闻媒体渠道获得消息的能力，并能够以批判的思维看待这些消息。

2. 课程建设的向度。

此次埃及课程改革从社会问题、生活技能和学科知识三个向度出发构筑课程内容，既反映了社会和学生发展的需要，又回应了学科发展和知识教育的需要，旨在培养学生的综合素质，使他们为未来的生活做好准备。

（1）社会问题。

课程充分关注社会发展的需要，并充分反映社会发展的最新动态，选取了当下国内外所面临的五个挑战：①全球化问题，涉及数字公民、企业家精神、技术意识和文明交流，旨在帮助学生认识当今全球化的发展趋势、全球化对个人和国家的影响，以及个人和国家在全球化时代需要做出的调整和改变。②歧视问题，包括宗教歧视、对儿童的歧视、对妇女的歧视以及对残障人士的歧视，旨在将平等意识融入教育，让学生懂得尊重和欣赏差异，学会和与自己不同的人共事与合作，从而推动埃及社会的和谐发展。③公民问题，包括个人对国家的忠诚和归属感，民族团结问题，公民权利、义务及法律知识，旨在培养学生对社区、国家和全人类的热爱。④环境和发展问题，包括环境污染和环境保护，旨在帮助学生树立环保意识和可持续发展理念。⑤健康与人口问题，包括疾病预防、疾病治疗、生殖健康和人口增长问题。学生将会在多学科综合课程中深入探索、认识和了解以上社会问题并研讨解决方案。[①]

（2）生活技能。

2015年，联合国儿童基金会（UNICEF）在中东和北非地区启动"生活技能和公民教育倡议"，旨在从理念、规划和技术上支持以上地区国家改善教育质量，最大限度地挖掘青少年潜力。该倡议基于联合国教科文组织1996年发表的《学习：内在的宝藏》（*Learning: The Treasure Within*）中提出的终身学习范式，以及学会求知、学会做事、学会做人和学会共处这四大教育支柱，从四个维度提出了中东和北非地区学生应对21世纪生活所必需的12项生活技能（详见表4-7）。该倡议强调以上生活技能需要通过从小培养以及终身学习来习得，同时指出了相关的学习领域，包括学科课程、技能课程、职业生涯教育、创业教育、计算机素养、健康教育、环境教育、应急教育、和平教育、公民教育、艺术文化教育、体育教育等。埃及多学科综合课程将这12项技能和相关课程领域嵌入课程内容之中，为学生的终身学习和未来的工作奠定基础。

---

① 赛义德. 全新教育体系2.0改革下的小学课程特点（阿拉伯文）[J].教育报，2018—2019（1-2）：23-40.

表4-7 生活技能与公民教育倡议的概念框架 [1]

学习维度	具体技能	描述
认知维度"学会求知"	学习技能:创造力批判性思维解决问题	强化学习过程和结果;为孩子在瞬息万变的世界中取得成功做好准备;增强学习的趣味性,以及知识之间的相互关联
功能维度"学会做事"	就业技能:合作协商决策	培养成功的企业家;促进在工作中解决问题的能力;提升就业和晋升的能力
个体维度"学会做人"	个人赋权技能:自我管理抗逆力沟通	促进自我发展;建立自尊;提升自我效能感
社会维度"学会共处"	积极公民技能:尊重多样性同理心参与	解决社会问题;提高社会凝聚力;促进社会参与

（3）学科知识。

此次改革将学科划分为四个大类:语言类、科学与技术类、艺术类及素质教育类。埃及教育改革文件中对这四类课程做出了进一步说明:①语言类课程。语言能力是学生情感表达和思维发展的依托,同时语言作为沟通的桥梁,有助于促进人与人之间的相互理解,因此要注重对学生语言能力的培养。②科学与技术类课程包括数学、自然科学和社会科学。自然科学类课程旨在培养学生科学探究的能力,包括描述或提出问题、猜想假设、实验探索、收集证据、提供解释以及预测。社会科学类课程主要是培养学生人文社会科学基础知识和技能,包括了解历史、文化和社会的发展,同时帮助学生更好地认识和评价自己,培养人际交往能力,使他们能够正确

---

① Life skills and citizenship education initiative：Middle East and North Africa ［R］.［S.l.：s.n.］,2017：4.

面对人生和社会发展的各种问题，能够尊重自己和他人，学会宽容和理解，从而成为一名合格的公民。③艺术类课程。艺术能够充分开发学生的潜能，在培养创造力方面发挥着重要作用，它还有助于陶冶情操，培养学生的良好品质，促进学生的个性发展和心智完善，并且有助于传承历史和文化。④素质教育类课程主要包括个人与社会发展教育和体育教育课程。个人与社会发展教育课程包括职业教育、宗教教育和体育课程，旨在培养学生的自我意识、同理心和对宗教文化的归属感，让他们能够正确地处理人际关系、管理情绪和化解危机，还包括必要的生存技能学习、职业教育培训、体育锻炼，使他们能够以强壮的体魄和良好的心态面对未来生活中的挑战。①

3. 课程方案。

此次埃及大学前课程改革自低年级逐步向高年级过渡，成果主要集中在学前教育和小学教育阶段。根据新的课程方案，埃及学前教育 KG1 和 KG2，以及小学教育 G1～G3 阶段的课程分为分科课程、多学科课程和活动课程。分科课程分别是英语、宗教教育、体育和健康、品德与尊重他人。多学科课程是将语言类课程中的阿拉伯语、科学与技术类课程、艺术类课程，以及素质教育类课程中的职业教育进行整合，作为一门课程教授，不再单独教授其中的任何科目。活动课程引入日本的"特别活动"（Tokkatsu），通过开展形式多样、丰富多彩的实践活动来促进学生对知识、品德和技能的习得。

根据上述课程方案，埃及教育部为幼儿园和小学一年级制订了大致的课程安排，以供各省教育局参考。在幼儿园阶段，学生每周共计 30 节课，其中 5 节数学窗口课程，8 节阿拉伯语窗口课程，9 节多学科课程，4 节英语课程，2 节体育课程和 2 节思想品德课程（见表 4-8）。小学一年级学生一周共有 40 节课，其中 12 节阿拉伯语窗口课程，8 节数学窗口课程，11 节多学科课程，4 节宗教课程，4 节英语课程，1 节"特别活动"（见表 4-9）。

① 七日网. 教育部长：全新的教育体制旨在培养符合世界最新标准的学生（阿拉伯文）［EB/OL］.（2018-05-03）［2020-09-16］. https://m.youm7.com/amp/2018/5/3/ وزير-التعليم /3776842 العالمية-النظام-الجديد-يبني-خريجا-على-أحدث-المعايير-م.

在小学四年级，多学科课程被打破，阿拉伯语等都将作为单独的科目教授。但与旧的课程体系相比，新的课程更加多元化，增加了新开发的活动课程、职业技能课程、信息技术课程以及品德与尊重他人课程（见表4-10）。

表4-8　埃及幼儿园课程表 [①]

星期	时间				
	8：00—8：30	8：30—10：00	10：00—11：30	11：30—12：00	12：00—13：30
星期日	入园	窗口课程 数学	独立课程 英语	休息	窗口课程 阿拉伯语
星期一		窗口课程 阿拉伯语	窗口课程 数学		多学科课程
星期二		多学科课程	窗口课程 阿拉伯语		独立课程 体育
星期三		窗口课程 数学 | 多学科课程	独立课程 思想品德		多学科课程
星期四		独立课程 英语	窗口课程 阿拉伯语		多学科课程

注：a.埃及法定工作日为周日到周四。

　　b."窗口课程"并不是一门独立的课程，而是从多学科课程中提炼出来的与数学和阿拉伯语有关的知识点。

① Masrawy 新闻网.教育部发布全新教育体系下幼儿园和小学一年级课程安排（阿拉伯文）［EB/OL］.（2018-08-28）［2020-09-16］. https://www.masrawy.com/news/news_egypt/details/2018/8/28/1417750/ نظام-التعليم-الجديد-تعلن-جداول-الدراسة-لرياض-الأطفال-و-أولى-ابتدائي-بالنه.

表 4-9　埃及小学一年级课程表 ①

星期	时间					
	8：00—9：30	9：30—11：00		11：00—11：30	11：30—13：00	13：00—14：30
星期日	窗口课程 阿拉伯语	独立课程 英语		休息	窗口课程 数学	多学科 课程
星期一	窗口课程 数学	多学科课程			窗口课程 阿拉伯语	独立课程 宗教
星期二	窗口课程 阿拉伯语	窗口课程 数学			独立课程 英语	窗口课程 阿拉伯语
星期三	多学科课程	多学科 课程	"特别活动" Tokkatsu		窗口课程 阿拉伯语	多学科 课程
星期四	独立课程 宗教教育	窗口课程 阿拉伯语			多学科 课程	窗口课程 数学

表 4-10　埃及小学四年级课程安排 ②

科目	课时	科目	课时	科目	课时
伊斯兰教	2	基督教	2	品德与尊重他人	1
阿拉伯语	10	职业技能	2	信息技术	2
英语	4	科学	4	社会学	3
数学	6	体育与健康	2	美术	2
音乐	1	"特别活动"	1	高阶英语	4

注：高阶英语适用于采用英语教学的公立学校和私立学校。

---

① Masrawy 新闻网. 教育部发布全新教育体系下幼儿园和小学一年级课程安排（阿拉伯文）［EB/OL］.（2018-08-28）［2020-09-16］. https://www.masrawy.com/news/news_egypt/details/2018/8/28/1417750/ ابتدائي-وأولى-الأطفال-لرياض-الدراسة-جداول-تعلن-التعليم-الجديد-بالنظام-ي.

② 七日网. 教育部长颁布关于小学四年级课程大纲和评价方法的决议（阿拉伯文）［EB/OL］.（2021-09-21）［2020-09-16］. https://www.youm7.com/story/2021/9/21/ا-وزير 5468663/ الصف-تقييم-وأسلوب الدراسة-مقررات-بشأن-قرارًا-يصدر-لتعليم.

第三节　埃及大学前教育的保障体系

大学前教育的发展离不开有效的管理体系、强大的财政支持和高水平的师资队伍。从管理体系来看，埃及大学前教育的管理体系已趋于成熟和完善，政府通过立法对大学前教育机构的办学条件、办学标准、办学要求等具体问题做出了规定，确保了大学前教育机构运行的规范化。从经费体系来看，埃及大学前教育投入呈现政府、民间、国际社会多渠道经费筹措的格局，但大学前教育领域公共预算存在实际投入不足、编制效率低下的问题，在一定程度上阻碍了埃及大学前教育的发展。从师资队伍建设来看，埃及大学前教育教师具有较高的准入门槛和规范化的管理流程，但长期以来埃及大学前教育部门都面临着缺乏教师的挑战。

一、管理和运行体系

（一）学前教育机构的管理和运行

1. 托儿所。

埃及托儿所由隶属于社会团结部的社会事务部门管理。在社会团结部的领导下，各省成立托儿所事务委员会负责托儿所的各项决策事宜，由省长或其代表担任主席，成员由省级社会团结局、健康局、教育局、文化局、体育与青年局、新闻局、人力资源和培训局负责人以及 5 名社会机构的儿童事务专家组成。儿童事务专家由省社会团结局局长提名，省长任命，任期为 3 年。托儿所法人必须具备以下条件：埃及国籍；年龄不小于 25 岁；具有高等教育学历且具有至少两年的儿童工作经验；具有良好的社会声誉，无犯罪记录；通过儿童社会工作领域的培训课程；有志从事托儿所管理工作。

托儿所向幼儿提供健康服务和教育服务。

健康服务包括：（1）对新入学的儿童进行全面体检，并在儿童健康卡上确认体检结果；（2）在托儿所内设立配备急救设备的医疗检查室；（3）对托儿所内儿童至少每月进行一次例行体检，并为他们接种必要的疫苗；（4）确保托儿所内所有工作人员的身体健康，为儿童提供安全的环境。

托儿所为儿童提供教育服务时，须遵守如下原则：（1）推动包括残疾儿童在内的所有儿童参与教育活动；（2）托儿所教育不以教授阅读、写作和算术技能为主要目标；（3）不得对课程进行考核，不得对儿童进行评价，不得组织任何形式的测试；（4）重视培养儿童良好的价值观、品德和习惯，例如诚实、守信、讲卫生、合作、保护环境、尊重法律、爱护公共和私人财产、爱国，以及其他有助于其成长为合格埃及公民的行为；（5）托儿所内所有工作人员必须以身作则，为幼儿树立榜样；（6）根据年龄对儿童进行分组，并根据每个小组的情况和类型配备一个或多个照看人员；（7）根据儿童的年龄和能力制订相应的活动计划，平衡健康与学习的关系；（8）托儿所日常活动应包括室内和室外活动；（9）将做游戏作为幼儿教育的基本原则；（10）将讲故事纳入托儿所日常活动计划中，通过各种方式（读书、木偶剧、儿童剧、面具、角色扮演等）进行故事呈现；（11）在活动时必须使用海绵垫；（12）将周围真实环境中的人物事物融入活动；（13）通过组织参观周边环境中重要的场所和地标，如古迹、博物馆、展览、花园和大自然，带领孩子们进行田野体验；（14）更多地使用肢体语言、视听媒介等；（15）更多地使用绘画和涂鸦让孩子们表达他们对周遭事物的关注和理解；（16）鼓励孩子表达他们的感受和想法，并赋予他们创造和创新的机会。

2.幼儿园。

2010年的埃及儿童法执行条例对幼儿园的建筑设施标准规定如下：（1）建筑物必须符合工程、技术和卫生要求，并进行必要的无障碍环境改造，给予残疾儿童支持和帮助，确保他们顺利入学；（2）园内房间应集中在一楼，通风良好且大小适中，每个房间都应配备一个儿童专用水池；（3）幼儿园选址应该远离各种污染源，置于不易发生自然地质灾害的地段，与易燃易爆物品之间保持距离；（4）幼儿园需设置不同的活动区域，包括木偶剧院、图书馆、艺术桌、科学桌、音乐角、绘画区等，并将座位集中摆放；（5）在户外庭院配备攀岩、滑梯、跳圈等娱乐设施。

从外部管理体制来看，不论公立和私立幼儿园都需要接受教育部的监督和管理。教育部成立了专门的学前教育课程委员会，负责编写各类教育活动教材和教师指导用书，并将这些书籍分发给所有幼儿园。埃及教育部对幼儿园的教育教学工作做出了如下原则性的规定：（1）幼儿园教育是一个综合的系统，旨在促进儿童精神、道德、身体、运动、社会和情感等各方面发展；（2）不允许使用任何超龄教材；（3）需使用与儿童年龄相匹配的教学用具和设备，同时提供满足残疾儿童学习需求的教学用具和设备；（4）禁止在幼儿园使用机械玩具；（5）不得给幼儿布置家庭作业，不得组织考试。

从内部管理体制来看，幼儿园实施"一长负责制"。园长是幼儿园的负责人，园长应毕业于教育学院学前教育专业，最好持有本科以上学历，拥有不少于5年的相关工作经验。幼儿园内每班不超过36名儿童，每个班级配备2名教师和1名女性工作人员，幼儿园教师应持有教育学院学前教育专业毕业证书。除此之外，每所幼儿园都必须配备特殊教育教师。幼儿园教师和工作人员每年需接受为期1周的培训，培训形式包括理论培训（30%）和实践培训（70%）。

（二）中小学教育机构的管理和运行

中小学领导班子主要由校长和副校长组成。校长全面领导学校的行政、教学、财务、服务等工作，副校长负责协助校长工作，校长不在校时，可代行校长有关领导工作职责。校长候选人应至少是一级教师（A）或同等级别，副校长候选人应至少是一级教师或同等级别，任期2年，可连任。校长和副校长候选人都需持有教育类高等教育文凭或教师资格证书，同时通过教师专业学院规定的学校行政管理培训课程。一般来说，埃及中小学只有1名校长，根据学校规模的不同，可设置多个副校长职位：40个班级以上的学校设置3名副校长，20～40个班级规模的学校设置2名副校长，不足20个班级的学校则设置1名副校长。对于包含多个教育阶段（小学、初中、高中）的学校，应在各教育阶段设置1名副校长。[①]

随着教育管理权力下放，家长教师委员会重新显现活力，成为参与学校管理和运行的重要组织机构。每所学校的家长教师委员会由13名成员组成，包括学校校长、1名秘书（由校长从学校的专业人员中选出），每届任期2年；5名学生家长（非学校教师和工作人员，以及非学校工作人员

---

① 埃及 2007 年第 2840 号内阁决议：1981 年第 139 号教育法第七章执行条例（阿拉伯文）[N]. 埃及事实报，2013-04-27.

的直系亲属），由学生家长召开大会选出；3 名不在学校工作，且无子女在学校上学的教育界人士，由各省教育局局长推选；3 名无子女在学校上学的教师，由学校召开教师大会推选。家长教师委员会的主席和副主席从除校长和教师以外的委员会成员中选出。家长教师委员会的职责包括参与并监督学校发展规划的制订与落实，呼吁社会各界人士为学校的发展捐赠资金，广泛听取各方意见改进学校教学管理工作，加强学校与社区的联系，为特殊群体提供支持等。

二、经费保障

（一）政府投入

1. 公共教育经费投入水平。

表 4-11 显示，2012—2020 年，埃及公共教育经费从 2012—2013 财年的 640 多亿埃镑增至 2019—2020 财年的 1 320 多亿埃镑，年均增长率约为 11%。其中，大学前教育经费从 2012—2013 财年的 426 多亿埃镑增至 2019—2020 财年的约 814 亿埃镑，年均增长率约为 10%。图 4-3 的数据显示，埃及大学前教育支出占公共教育支出总数的 60% 以上。

表 4-11　2012—2020 年埃及政府总支出与公共教育经费[①]

单位：百万埃镑

财年	政府总支出	公共教育经费	大学前教育经费
2012—2013	533 784.8	64 034.5	42 686.5
2013—2014	689 327.4	80 859.7	55 029.3
2014—2015	789 431.0	94 354.6	67 801.6
2015—2016	864 564.1	99 262.9	69 303.8
2016—2017	974 794.0	103 962.2	72 402.4
2017—2018	1 207 138.0	107 075.4	70 512.3
2018—2019	1 424 019.6	115 667.5	74 916.6
2019—2020	1 574 559.2	132 038.5	81 399.6

---

① 根据埃及中央公共动员与统计局发布的数据整理制成。

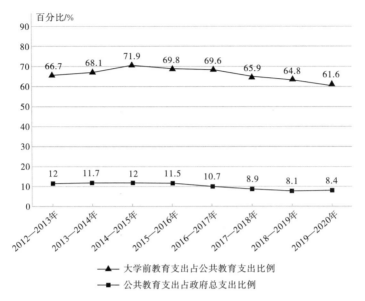

图 4-3　埃及公共教育支出占政府总支出比例和大学前教育支出占公共教育支出比例[①]

但教育经费投入绝对值的增加并不能代表教育投入的实际增长，如埃及政府在 2018—2019 财年的公共教育支出约为 1 157 亿埃镑，仅比前一个财年（1 071 亿）增加 8%。但考虑到约 8% 的 GDP 增长率，以及 2017 年约 33% 的通货膨胀率，与上一年相比，埃及政府对教育的实际投入并没有增加。[②]

国际上通常用一个国家公共教育经费占国内生产总值（GDP）的比例作为衡量一国教育的重要指标，该指标与公共教育经费占公共财政支出比例指标一起，可以较为全面地反映一国政府对教育的实际投入。2003 年，埃及公共教育支出占国内生产总值比例为 5.4%，达到历史最高水平。随后呈现下降趋势。2011 年，这一比例为 3.5%，2018 年，这一比例为 2.6%。[③]与其他经济发展水平相似的阿拉伯国家相比，埃及公共教育支出占国内生

---

①　根据埃及中央公共动员与统计局发布的数据整理制成。

②　The Tahrir Institute for Middle East Policy. Egypt's long road to education reform［EB/OL］.（2018-02-10）［2021-09-25］. https://timep.org/commentary/analysis/egypts-long-road-to-education-reform/.

③　MOHAMED R A, EL-AZIZ A I A, RAMADAN H N, et al. Impact of human capital on economic growth in Egypt: an ARDL approach［J］. European journal of economics, finance and administrative sciences, 2021（108）: 65-80.

产总值比例低了近 1%。2008 年，埃及公共教育支出占国内生产总值的比例
为 3.76%，而阿尔及利亚为 4.34%，摩洛哥为 5.56%，突尼斯为 6.51%。^①

具体到每个学生，2005—2006 财年，埃及学前教育经费生均支出为
839 埃镑，小学教育经费生均支出为 986 埃镑，初中教育经费生均支出为
1 527 埃镑，普通高中教育经费生均支出为 1 582 埃镑。学前教育阶段生均
公共开支占 2005 年人均 GDP 的 11.2%，小学阶段这一比例为 13.1%，初中
阶段为 20.4%，普通高中阶段为 21.3%。与经济合作与发展组织国家相比，
埃及的生均教育经费支出较低。2009 年经济合作与发展组织国家学前教
育阶段生均公共开支占人均 GDP 的 20%，小学阶段为 23%，中学阶段为
27%。^②

2. 公共教育经费预算编制。

与埃及国家财政制度有关，埃及大学前教育部门的预算编制过程是复
杂且分散的。一方面，埃及预算编制过程中存在大量的职能部门和机构。
大学前教育经费预算主要涉及三类部门（机构）：一是中央层面的教育部；
二是 27 个地方教育局；三是其他有关大学前教育的公共服务机构，如国家
教育考试和评估中心、国家教育研究与发展中心、教育建筑总局、扫盲和
成人教育总局、成人教育区域中心、教师专业发展学院、教育发展项目基
金等，其中最重要的是教育建筑总局。上述三类部门（机构）在埃及国家
预算编制中被视为独立预算机构，能够与国家财政部和计划部就其自身的
预算进行独立谈判。这就使得在预算编制过程中，特定部门内的各个预算
机构之间的协调较弱，不同机构提交的预算提案之间很可能存在矛盾和利
益纠纷。具体来看，27 个地方教育局的预算通常集中在经常性预算方面，
尤其是教学和行政人员的薪酬，这几乎占到了其预算的 90% 以上，而诸如
教育建筑总局在内的公共服务机构通常倾向于投资性预算，占到其预算的
80% 以上。^③另一方面，整个大学前教育的预算编制分别由财政部和计划部

①　QUTB R. The evaluation of public education financing policy in Egypt［C］. London：The IRES
17th International Conference，2015：13-16.

②　OECD. Schools for skills：a new learning agenda for Egypt［R］. Paris：OECD，2015：177.

③　HUSSEINY I A E. Budgetary institutions and fiscal performance in Egypt：is there a link？［J］.
Public budgeting & finance，2016（1）：85-105.

这两个不同的中央部门来决定。财政部对无形资产（包括消耗品）的支出具有管辖权，而有形资产（如学校建筑和设施）则由计划部管辖。[①] 除此之外，埃及国家财政预算编制中没有硬性的预算上限，因此，埃及大学前教育相关部门（机构）的预算提案往往要高于财政部的预算框架，在财政部与计划部同大学前教育相关部门（机构）进行谈判后，最终批复的实际额度往往要比申请的低得多。[②] 这些都在一定程度上影响了埃及大学前教育预算的编制效率。

3. 公共教育经费构成。

关于埃及大学前教育经费构成，根据经济分类科目，2008—2014 年，约 83.5% 的大学前教育预算分配给了"薪资"，其他经常性支出和投资支出的平均比例分别为 8.6% 和 7.9%。（图 4-4）

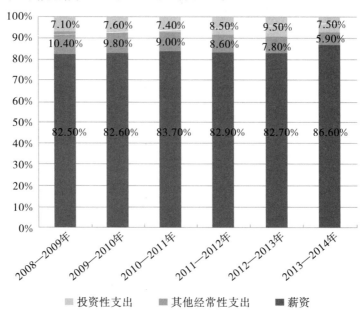

图 4-4　2008—2014 年大学前教育公共预算明细（经济分类科目）[③]

① Japan International Cooperation Agency, INTEM Consulting Inc. The Arab Republic of Egypt detailed study for Egypt Japan School（EJS）dissemination final report［R］.［S.l.：s.n.］，2017：2-55.

② HUSSEINY I A E, AMIN K Z. Pre-university education outputs in Egypt：does money matter？［J］. International journal of education economics and development，2018（3）：210-235.

③ HUSSEINY I A E, AMIN K Z. Pre-university education outputs in Egypt：does money matter？［J］. International journal of education economics and development，2018（3）：210-235.

图 4-5 显示，根据行政部门分类，2008—2014 年，地方教育局预算在埃及大学前教育预算中占比最高，平均占比 84.35%，这主要是由于地方教育局要为当地的教师和行政人员发放薪资。中央教育部和公共服务机构的预算占大学前教育预算的平均比例分别为 9.1% 和 6.6%。在所有公共服务机构中，教育建筑总局的经费预算最多。

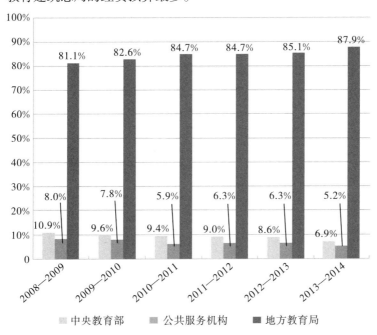

图 4-5　2008—2014 大学前教育公共预算明细（行政部门分类科目）①

（二）社会力量

埃及政府强调要充分发挥社会力量在教育经费筹措方面的作用，鼓励社会力量以捐资、设立基金等方式兴办教育。1985 年，埃及第 143 号部长决议批准各省教育局可接受社会资金和物资捐赠，以推动教育发展。随后，1989 年，埃及建立教育项目融资支持基金会，该基金会在国家教育发展战略框架下资助兴建和修缮学校。根据规定，教育项目融资支持基金会的集资途径有：教育法中规定的相关费用和罚款；学生升入普通高中和技术高

---

① 　HUSSEINY I A E, AMIN K Z. Pre-university education outputs in Egypt: does money matter？［J］. International journal of education economics and development，2018（3）：210-235.

中时交的 4 埃镑额外费用；在学生结业考试时收取的 2 埃镑额外费用，以及领取证书时候收取的 2 埃镑费用；向私立学校颁发许可证的费用以及更新许可证的费用，不少于 100 埃镑但不超过 1 000 埃镑，具体由教育部长决定；学生转学时收取的费用，不低于 5 埃镑但不超过 20 埃镑；根据工业管理和鼓励法向工业企业颁发许可证的费用，不少于 50 埃镑但不超过 500 埃镑，由教育部长决定；相关表格、证书、文件的盖章费用，每份 1 埃镑；发行的学校债券；每年征收工程罚款收入的 10%；公民自愿向基金提供的资金和物资捐助；国家的财政拨款；基金会的投资收益等。①

埃及慈善基金会也为埃及大学前教育发展做出了贡献。埃及慈善基金会是非营利组织，目标是促进埃及公民的全面发展，重点关注健康、教育、科学研究、社会团结等领域，致力于消除失业、文盲、疾病和贫穷。埃及慈善基金会的合作伙伴包括政府、企业和国际组织。在大学前教育方面，埃及慈善基金会致力于提高教育质量，消除文盲和辍学现象，增加弱势群体接受优质教育的机会。在提供教育机会方面，埃及慈善基金会重点关注两个方面：（1）社区教育，让失学和辍学儿童能够有机会进入社区学校学习，确保他们完成小学阶段学业。埃及慈善基金会协助运营了 1 078 所社区学校，使 3.3 万名埃及学生受益，1.3 万名学生完成小学学业。（2）建立和发展公立学校，包括在偏远的教育资源匮乏的地区建立学校，完善现有公立学校的基础设施，协助提升管理能力，改善教学质量。埃及慈善基金会资助新建了 23 所学校，改善了 67 所学校，使 181 059 名学生受益。②除此之外，埃及慈善基金会尤其支持 STEM 教育，资助了埃及最初的两所 STEM 资优生高中。第一所是位于十月六日城的男子 STEM 资优生高中，资助 900 万埃镑，包括学校的建立和三年的运营费。第二所是位于迈阿迪的女子 STEM 资优生高中，资助一年运营费用 200 万埃镑。同时，埃及慈善基金会为这两所学校毕业的学生提供奖学金，帮助他们在国内外大学完

---

① 七日网. 依法设立的教育基金项目的资金来源和运营目标（阿拉伯文）［EB/OL］（2021-07-08）［2020-10-07］. https://m.youm7.com/amp/2021/7/8 موارد-وأهداف-صندوق-دعم-للقانون-وفقا-التعليمية-عات المشرو-موبيل 5382774/.

② Misr El Kheir Foundation. Scopes-Education［EB/OL］.［2020-10-07］. https://mekeg.org/scopes/7#projects.

成学业。[①]

私营企业是埃及大学前教育多样化办学的重要力量来源。例如，世界上最大的 K12 私立学校运营商迪拜环球教育集团（Global Education Management Systems, GEMS）的子公司 GEMS 埃及集团在埃及运营 4 所学校，其中两所是英国国际学校——麦迪纳蒂英国国际学校和雷哈卜英国学校，还有两所提供埃及国家课程的私立学校，但是用英语和法语教学，分别是麦迪纳蒂语言学校和麦迪纳蒂综合语言学校。2021 年，GEMS 宣布将扩大在埃及的运营，在新开罗建立一所美国国际学校，提供从幼儿园到中学的国际文凭课程。新学校计划于 2022 年 9 月开放。[②]

（三）国际援助

埃及也接受世界银行、联合国儿童基金会、联合国教科文组织等的帮助。在这里，笔者选取了世界银行、欧盟以及美国进行介绍。

1. 世界银行对埃及大学前教育发展的资金支持。[③]

世界银行从 20 世纪 70 年代起开始向埃及教育改革和发展提供资金援助，其中涉及大学前教育改革的项目有：（1）1993—2003 年，世界银行在基础教育提升计划（Basic Education Improvement Project）下向埃及提供 5 550 万美元的教育经费，用于提升基础教育入学率、改善教育质量并提升教育系统工作效率。（2）1999—2012 年，世界银行在中等教育提升计划（Secondary Education Enhancement Project）下向埃及提供 5 000 万美元的教育经费，用于提升中等教育的入学率，改善教育质量，完善基础设施建设，培训校长、教师和管理人员。（3）2005—2014 年，世界银行在幼儿教育提升计划（Early Childhood Education Enhancement Project）下向埃及提供 2 000 万美元的教育经费，用于建设新的幼儿园和改善现有幼儿园，

---

① Misr El Kheir Foundation［R/OL］.［2020-10-07］. http：//ict-learn.org/presentations/Day%201/Session%201/5_Nashwa%20Ayoub.pdf.

② GEMS Education. GEMS education expands in Egypt establishing its first purpose-built school in Cairo［EB/OL］.（2021-03-07）［2021-10-10］. https://enterprise.press/wp-content/uploads/2021/03/Press-Release-GEMS-Education-expands-in-Egypt-establishing-its-first-purpose-built-school-in-Cairo.pdf.

③ The World Bank. Projects［EB/OL］.［2021-10-04］. https://projects.worldbank.org/en/projects-operations/projects-list? countrycode_exact=EG&os=0.

并进行教材研发和相关人员培训。（4）2018 年，世界银行发起支持埃及教育改革计划（Supporting Egypt Education Reform Project），宣布向埃及提供 5 亿美元的经费支持，帮助埃及实现其国内教育改革目标。该项目将增加约 50 万名儿童进入优质幼儿园，培训 50 万名教师和教育官员，同时为 150 万名学生和教师提供数字化学习资源。具体的措施包括：提高学生入学机会和保证教育质量；建立学生考评制度；增强教师、教育领导者和监督员的能力；使用现代技术进行教学，评估学生，收集数据，扩大数字学习资源的使用范围。[①]

2. 欧盟对埃及大学前教育发展的资金支持。

2014 年 7 月，欧盟出资 6 000 万欧元同联合国世界粮食计划署（World Food Programme）合作在埃及开展增加儿童受教育机会和打击童工（Enhancing Access of Children to Education and Fighting Child Labour）项目，尤其关注女童群体。该项目旨在通过向儿童及其家庭提供奖励，使 10 万名从事工作或有可能从事工作的儿童离开劳动力市场进入学校学习。在该项目的支持下，埃及 16 个省份的社区学校儿童每天会得到一根富含维生素和矿物质的能量棒，满足 25% 的每日营养需求。为确保儿童定期上学，该项目为出勤率不低于 80% 的 400 000 名学生家庭提供每月 10 千克大米和 1 升油的粮食作为奖励。此外，该项目还帮助修复埃及 3 500 所社区学校，为学生提供良好的学习环境。[②]

2015—2020 年，欧盟同埃及教育与技术教育部、联合国儿童基金会合作，在增加埃及处境危险儿童教育机会和保护（Expanding Access to Education and Protection for at Risk Children in Egypt）项目下向埃及提供 3 615 万欧元经费，用于增加埃及处境危险儿童的受教育机会，以及加强儿童保护系统。具体的实施路径包括推广社区学校模式，使失学儿童重返校园，将残疾儿童纳入公共教育系统，并在埃及儿童法背景下建立儿童保护的国家机制。该项目计划在埃及建立 1 200 所社区学校，使 30 000 名儿童受益，按照"全

① 董海青 . 世界银行向埃及提供 5 亿美元教育改革经费［J］. 世界教育信息，2018（11）：73.
② Enhancing access of children to education and fighting child labour［EB/OL］.［2020-10-05］. https://www.wfp.org/eu-projects/enhancing-access-children-education-fighting-child-labour.

纳学校"模式对 200 所公立学校进行改造和升级，以容纳 6 000 名残疾儿童，并在埃及 15 个省建立有效的儿童保护机制，使 20 000 名儿童受益。①

3. 美国对埃及大学前教育发展的资金支持。

教育是继社会治理和经济之后美国对埃及的第三大援助领域。2017年，美国共向埃及提供 3.7 亿美元的援助，其中教育领域 5 300 万美元，包括基础教育领域 1 500 万美元，高等教育领域 3 500 万美元以及其他教育领域 300 万美元。② 以下列举部分美国对埃及大学前教育的支持项目：（1）2008—2013 年，美国国际开发署（USAID）在埃及开展女童学习成果改善（Girl's Improved Learning Outcomes，GILO）项目，作为对埃及《国家大学前教育改革战略计划 2007—2012》（National Strategic Plan for Pre-University Education Reform 2007—2012）的支持，向埃及提供约 3857 万美元的教育经费。GILO 项目的重点是通过对目标学校的直接援助来改善女童入学率和出勤率，赋予女童更多的学习机会，并支持埃及教育部进行财政和行政分权。③（2）2007—2013 年，USAID 在埃及开展提升学习成果的技术（The Technology for Improved Learning Outcomes，TILO）项目，向埃及提供资金和技术支持，旨在通过技术的进步与变革来提升教育质量。（3）USAID 协助埃及加强 STEM 教师教育和学校建设，项目期限为 2018年 4 月至 2023 年 4 月，预估费用 2 427 万美元，将帮助埃及五所公立大学建立 STEM 职前教师教育和学位课程，为 STEM 学校的教师和管理人员提供在职培训。（4）STEM 学校实验室建设项目，项目期限为 2017 年 6 月至 2021 年 6 月，预估费用 447 万美元，项目将为埃及 STEM 学校提供生物、化学和物理实验室设备，并提供设备使用和维护的相关培训。（5）低年级学习（Early Grade Learning）项目，项目期限为 2017 年 9 月至 2023 年 4 月，预估费用为 1 500 万美元，项目旨在确保埃及学生在三年级及之前能够学

① Japan International Cooperation Agency，INTEM Consulting Inc. The Arab Republic of Egypt detailed study for Egypt Japan School（EJS）dissemination final report［R］.［S.l.：s.n.］，2017：2-63.

② Foreign assistance by country［EB/OL］.［2021-10-04］. https://explorer.usaid.gov/cd/EGY? fiscal_year=2017&measure=Obligations.

③ USA Agency for International Development，RTI International. Girl's Improved Learning Outcomes：final report［R］.［S.l.：s.n.］，2014：1-2.

习阅读、写作、数学和英语，并为 4～9 年级学生提供补习。该项目将惠及 1 700 所学校的 15 万名教师和 720 万名 1～9 年级儿童。（6）为明天而教（Teach for Tomorrow）项目，项目期限为 2020 年 6 月至 2024 年 5 月，预计费用为 1 580 万美元，项目将与埃及教育与技术教育部合作开发包括线上培训和线下培训的教师培训包，帮助埃及建立能够支持小学教师发展的专业系统。（7）识字村（Literate Village）项目，项目期限为 2017 年 3 月至 2023 年 9 月，预估费用总额为 2 680 万美元，将为埃及 1 796 个母亲文盲率高、儿童入学率低的经济贫困村建立社区学校，开展母亲识字计划。①

三、师资保障

埃及政府通过对大学前教育教师任职条件的严格规定来提高教师专业地位，其中受教育程度（学历）是教师任职标准的重要内容。1990 年起，中小学教师的准入门槛提升至本科及以上学历，2000 年后，学前教育教师任职标准也提升至本科及以上学历。教师在入职前需要接受相应的考核，在入职后有规范的职称评定制度。埃及教师职称设有 6 个等级，依次是助理教师、教师、一级教师、一级教师（A）、专家教师和特级教师。具体的晋升条件和流程详见本书埃及教师教育章节。

总体来看，埃及大学前教育的师资保障不足，教师缺口较大，埃及大学前教育阶段的生师比较高，呈现逐年上升趋势。2016—2017 学年，埃及学前教育阶段生师比为 27.2∶1，小学教育阶段生师比为 26.3∶1，初中教育阶段生师比为 18.6∶1，普通高中教育阶段生师比为 15.4∶1。②2019—2020 学年，学前教育阶段的生师比为 24.8∶1，小学教育阶段为 29.1∶1，初中教育阶段为 20.6∶1，普通高中教育阶段为 17.1∶1。③ 相比之下，经济合作与发展组织国家小学阶段平均生师比为 15∶1，初高中教育阶段的平均生师

---

① USAID. Egypt basic education［EB/OL］.［2020-10-05］. https://www.usaid.gov/egypt/basic-education.

② 埃及中央公共动员与统计局 . 数字埃及 2018（阿拉伯文）［R］.2018：152.

③ 埃及中央公共动员与统计局 . 数字埃及 2018（阿拉伯文）［R］.2018：144.

比为 13∶1。^①与经合组织国家相比，埃及小学教育阶段的生师比较高。此外，埃及教师的增长速度不及与日俱增的教育需求。根据埃及教育部的统计，2010—2011 年度，共有 28 955 名学生从教育学院毕业，其中包括爱资哈尔大学的毕业生，但 2010 年共有 25 214 名教师退休，这意味着当年教师的实际增长少于 3 741 名，因为有一部分毕业生将来不会从事教师职业。^②截至 2021 年，埃及大学前教育阶段的 57 000 所学校中共有学生超过 2 400 万人，教师 118.7 万，教师缺口达 32 万。^③

此外，埃及大学前教育部门仍然面临着缺乏合格教师的挑战。由于埃及政府暂停了对公立学校教师的长期聘用，埃及教师中季节性合同用工比例达 45%^④，这些临时性教师缺乏系统的职前培训和长期的专业评估。根据联合国教科文组织的数据，2008 年埃及公立教育系统中 35 岁以下的永久雇员不超过 4.5%。^⑤由于教师数量短缺，埃及教育与技术教育部宣布，在 2021—2022 学年招聘兼职教师。^⑥

①　OECD.Education at a Glance 2021［R/OL］.（2021-09-16）［2021-10-10］. https://www.oecd-ilibrary.org/education/education-at-a-glance-2021_e2fba260-en.

②　OECD. Schools for skills：a new learning agenda for Egypt［R］. Paris：OECD，2015：48.

③　Ahramonline. Dealing with shortages：temporary teachers［EB/OL］.（2021-09-30）［2021-10-10］. https://english.ahram.org.eg/News/423999.aspx.

④　TARAMAN S. Improving the quality of primary education in Egypt，between hopes and reality［R］. Cairo：American University in Cairo，2018：15.

⑤　Mada. With no new hires，teacher shortfall widens in government schools［EB/OL］.（2021-10-05）［2021-10-12］. https://www.madamasr.com/en/2021/10/05/feature/politics/with-no-new-hires-teacher-shortfall-widens-in-government-schools/.

⑥　Ahramonline. Dealing with shortages：temporary teachers［EB/OL］.（2021-09-30）［2021-10-10］. https://english.ahram.org.eg/News/423999.aspx.

第五章

埃及高等教育

埃及高等教育的发展是一个曲折复杂的过程。早在古埃及时期就出现了培养专门人才的机构，如宫廷学校、职官学校、文史学校等。希腊罗马时期的亚历山大城博物馆，是研究高深学问的场所，堪称当时世界上规模最大、设施最先进的高等学府。伊斯兰时期，埃及高等教育是以宗教教育的形式呈现的，爱资哈尔清真寺是高等教育的机构。历史上这些具有高等教育性质的机构并不等同于现代意义上的高等教育机构，直至穆罕默德·阿里时期，埃及高等教育才算真正起步。

第一节　埃及高等教育的使命与发展目标

高等教育作为一种具有知识、思想和文化传递功能的特殊教育形式，一直与国家、民族的前途命运紧紧联系在一起。总的来说，埃及高等教育的使命是通过人才培养来满足国家的发展需求。

一、纳赛尔时期的高等教育使命与目标

纳赛尔时期，埃及高等教育的使命和发展目标可以总结为以下几点：（1）维护政权稳定。具体体现在：一方面，埃及高等教育实现了纳赛尔政权奉行的阿拉伯社会主义的主要目标，即实现社会机会均等，高等教育就由少数人的特权转变为全体公民的权利。1962年起，埃及高等教育正式实施免费政策，旨在为更多的公民提供高等教育机会，从而为政权合法性提供支持。另一方面，大学成为政府宣传、推行阿拉伯社会主义思想的主要阵地，大学开设了"国家课"，要求所有学生都要学习"阿拉伯社会主义""七·二三革命"相关内容。[1]（2）为培养国家经济建设所需的技能人才，高等教育培养模式从西方式的自由人文主义转向重视理工科教育。纳赛尔重新强调科学技术在国家发展中的重要作用，并提出"科学是革命胜利的武器"。为适应国家对技术人才的需求，政府改变了以人文学科为中心的办学思想，调整了文理科比例，突出了理工科的教育地位，具体体现在理科的招生分数线高出文科很多，同时出国深造的机会大部分留给理科生。[2]（3）推动阿拉伯民族主义的实现。埃及高等教育在注重对内建设的同时还注重对外输出，具体体现在，纳赛尔政府承诺所有阿拉伯人和穆斯林都可

---

[1]　王素，袁桂林.埃及教育［M］.长春：吉林教育出版社，2000：110.

[2]　季诚钧，徐少君，李旭.埃及高等教育研究［M］.北京：中国社会科学出版社，2010：22.

以在埃及接受免费教育，并向其他阿拉伯国家派遣教师，支援其教育事业发展。

在微观层面，纳赛尔政府还制订了具体的高等教育人才培养目标。就公民与国家的关系而言，高等教育要培养信奉社会主义民主原则的公民，培养了解自身权利和义务的公民，培养尊重劳动并能够用劳动为国家创造价值的公民。就公民自身的能力建设而言，高等教育要培养公民基本的生活技能、在工作中所需要的能力、能够合理利用空闲时间进行自我提升的能力、重视并保持健康的能力、建立稳固家庭和提升家庭成员生活水平的能力、处理和解决问题的能力以及与同胞合作的能力。①

二、改革开放时期的高等教育使命与目标

萨达特时期，埃及于 1972 年颁布了《大学组织法》，构建了高等教育发展的基本框架。该法在序章中开宗明义地指出了埃及高等教育的使命和发展目标是服务社会、培养人才、维系民族认同和促进国际交流与合作，"大学是专门从事高等教育与科学研究的场所。大学教育的目的是服务社会，提升文明水平，为思想和科学的进步以及人类价值观的发展做出贡献。大学教育还要为国家各个领域输送专家、技术人员和学者，培养具备知识资本、先进研究方法和高尚品德的人才，为支持社会主义建设、创造国家的未来以及人类的发展服务。因此，大学被认为是人类思想的最高殿堂，也是社会最为重要和宝贵的财富——人力资源的源泉。同时，大学还致力于复兴阿拉伯文明，保护埃及文化遗产和历史传统，高度关注宗教、道德与爱国教育，加强与国内外其他大学及学术机构之间的文化与科学联系"。②

20 世纪 80 年代后，随着经济全球化和信息技术革命的推进，科技创新能力成为国家综合竞争力的决定性因素。埃及政府开始在全球化背景下重新考量高等教育的发展，高等教育的使命和发展目标除推动国家经济发展，还重点强调推动技术进步，提升埃及的区域和国际竞争力。当时的埃及教

---

① 菲戈.埃及教育文化史（阿拉伯文）［M］.开罗：格莱姆出版社，1996：294.

② 埃及人民议会.1972 年第 49 号法令：大学组织法（阿拉伯文）［R/OL］.（2021-11-17）
［2022-04-01］. https://moe.gov.eg/media/kvdnk1eb/universitiesactno49of1972.pdf.

育部部长侯赛因·卡迈勒·巴哈丁博士就指出："大学要注意提高对于科技新发展的理解，特别是新的学科，诸如遗传工程、航天科学等。大学要扮演自己的角色，规划未来的世界振兴，勾画它的蓝图。同时，大学还要有以技术发展为基础的科学理想。"[1]20世纪90年代，埃及发布了"大学与未来"文件，该文件的核心是要保证未来科学的发展，涉及的学科主要有能源、生物工艺学、遗传工程学、信息技术、海洋学、太空物理学、环境科学、生物工程学、医学工程学等。[2]

三、塞西时期的高等教育使命与目标

2011年后，塞西政府将经济改革作为执政的首要任务。在改革理念方面，提出建设"知识型经济"，期待通过建立可持续发展的经济模式使埃及社会更具凝聚力和竞争力，以帮助埃及完成重大的政治过渡任务。在这一背景下，政府强调知识、科研和创新在经济发展中的作用，要求大学要从知识的消费者逐渐向生产者转变，提出高等教育的发展目标是培养具有持续科技创新能力的人才，满足本地、区域和国际劳动力市场的需求，从而推动经济的可持续发展。[3]具体措施主要包括以下几个方面：（1）在教育供给方面，推动高等教育机会均等，促进社会公平。到2030年，将高等教育入学率提升至40%，即需要在2020年之前增加26.2万个高等教育名额，在2020—2030年增加90万个。同时促进各省市之间教育资源的合理分配，在教育资源匮乏的地区建立4所公立大学，分别是马特鲁大学、新河谷大学、卢克索大学、红海大学。（2）在教育质量方面，完成50%的高校和科研院所的认证，提升高等教育和科学研究机构的全球排名；在招生方面综合考虑学生能力与专业的匹配度；加强高等教育师资建设，改善教师的健康状况、工资待遇和社会地位，加强与美国、德国、日本、中国和俄罗斯等国家的联合培养和联合科研以发展教师能力，鼓励教师参加国际会议以及在国际学术期刊上发表文章。（3）在学生关怀方面，依照国际标

---

① 巴哈丁.教育与未来［M］.王道余，等译.北京：人民教育出版社，1999：106-107.

② 季诚钧，徐少君，李旭.埃及高等教育研究［M］.北京：中国社会科学出版社，2010：35.

③ 祖国报网.高等教育部部长回顾2030年高等教育战略（阿拉伯文）［EB/OL］.（2017-01-15）［2022-04-01］.https://www.elwatannews.com/news/details/1780901.

准对资优生和在某一领域有特殊才能的学生给予关照；建立大学生创业孵化基地，并为优秀学生提供支持与激励措施；关注有特殊需求的学生和残疾学生，并对来自贫困家庭的学生给予特别关照。（4）在社会服务方面，增强大学附属医院的社会服务能力，加强对医护人员的培训，建立干细胞和器官移植国际治疗研究中心；通过完善法律法规体系支持产学研合作。（5）在国际交流合作方面，提高阿拉伯和非洲国家学生的录取率，恢复埃及在阿拉伯和非洲国家的教育领导地位；支持稀缺专业发展，将稀缺专业的赴外交流名额增加一倍，增加对联合科研项目的资助，鼓励埃及大学与国外大学之间建立伙伴关系。①

第二节　埃及高等教育的实施机构

高等教育大众化以及高等教育属性和功能的分化，共同造就了当今世界高等教育形态的多样性和高等教育系统的复杂性，这一点在埃及也得到了印证。埃及高等教育机构类型非常多元，既可分为宗教大学和世俗大学，也可分为公立大学和私立大学；既有学术型大学，也有应用型大学；既有传统大学，也有开放大学。埃及官方对于高等教育机构的划分没有一个固定的标准。埃及中央公共动员与统计局在统计报告中将埃及高等教育的实施机构分为公立大学和爱资哈尔大学、私立大学、私立高等学院、科研院所、中等技术学院以及其他私立学院六大类。根据中央公共动员与统计局的数据，2020—2021 学年埃及高等教育在学人数为 340 万人，其中公立大学和爱资哈尔大学共有学生 250 万人，是埃及高等教育的中坚力量；私立大学共有学生 22.17 万人；私立高等学院共有学生 51.69 万人；各类研究院所共有学生 3.18 万人；中等技术学院共有学生 17.09 万人；其他私立学院共有学生 2.38 万人。② 可以说，埃及中央公共动员与统计局对于埃及高等

---

① 埃及高等教育与科学研究部 . 2030 高等教育愿景（阿拉伯文）［EB/OL］.（2017-07-17）［2022-04-01］. https://com.sohag-univ.edu.eg/main/?p=4459.
② 埃及独立报网站 . 高等教育和私立大学学生数据（阿拉伯文）［EB/OL］.（2021-11-15）［2022-04-02］. https://www.almasryalyoum.com/news/details/2462551.

教育机构的统计最为全面，既包括了隶属于高等教育与科学研究部监管的机构，也包括了不在高等教育与科学研究部监管范围内的机构，如由爱资哈尔最高委员会监管的爱资哈尔大学，隶属于其他部委的科研机构或私立学院。本章主要梳理由高等教育与科学研究部监管的机构。

埃及高等教育与科学研究部将其下监管的机构分为公立大学、私立大学、民办大学、国际协议大学、外国大学分校、技术大学、私立高等学院以及中等技术学院。其中，中等技术学院实则属于中等后教育层次，非高等教育层次，只是由高等教育与科学研究部监管，因此将在第六章埃及职业技术教育和培训部分进行讨论。

一、公立大学

公立大学是非营利性的高等教育机构，从国家预算中获得财政拨款，受政府直接管理，并受 1972 年《大学组织法》的约束，其首要目标是为公民提供教育服务，促进国家经济社会发展。埃及公立大学的历史最早可以追溯到 1908 年民办埃及大学的成立。20 世纪初，埃及民族主义情绪高涨，要求民族独立的呼声日益高涨，埃及的民族主义者把建立埃及国立大学作为努力的目标之一。1925 年 5 月 19 日，埃及国王正式颁布诏书，将民办埃及大学并入新成立的国立埃及大学，成立第一所国立大学，也就是今天开罗大学的前身。[①]

1953 年埃及共和国成立后，埃及推行高等教育大众化政策，将免费教育扩展至高等教育领域，公立大学迎来了快速发展时期。纳赛尔掌权初期，埃及仅有三所公立大学，分别是开罗大学、亚历山大大学和艾因夏姆斯大学。在此基础上，政府决定通过在其他地区建立附属于这三所公立大学的院系来扩展高等教育规模，如亚历山大大学在西部省坦塔市先后开设了医学院、商学院、理学院、师范学院，在卡夫拉·谢赫省开设了农学院；开罗大学在达卡利亚省曼苏拉市设立了医学院；艾因夏姆斯大学先后在东部省扎加齐克市设立农学院、商学院、兽医学院、医学院、教育学院和理学院。1957 年，埃及开办第四所公立大学——艾斯尤特大学，成为上埃及地

---

① 季诚钧、徐少君，李旭．埃及高等教育研究［M］．北京：中国社会科学出版社，2010：16．

区的第一所大学，侧重于科学技术人才的培养。

萨达特时期，埃及又相继成立了 7 所公立大学，分别是坦塔大学、曼苏拉大学、扎加齐克大学、赫勒万大学、米尼亚大学、曼努菲亚大学和苏伊士运河大学。这其中大部分是在原来大学基础上经过合并重组建立的，如坦塔大学是在原亚历山大大学坦塔医学院、商学院、理学院、师范学院的基础上合并而成的，曼苏拉大学是在原开罗大学曼苏拉医学院的基础上建立的，扎加齐克大学是在艾因夏姆斯大学扎加齐克农学院、商学院、兽医学院、医学院、教育学院和理学院的基础上建立的。① 随后，在穆巴拉克执政的 30 年间，埃及又建立 8 所公立大学，分别是南河谷大学、本哈大学、法尤姆大学、贝尼·苏夫大学、卡夫拉·谢赫大学、索哈杰大学、塞得港大学、达曼胡尔大学。

2011 年后，埃及又建立了 8 所公立大学，分别是阿斯旺大学、杜姆亚特大学、萨达特城大学、苏伊士大学、阿里什大学、新河谷大学、马特鲁大学和卢克索大学，这些新建大学大多位于教育资源匮乏的偏远省份，政府希望以此促进教育资源公平分配。截至 2022 年 5 月，埃及公立大学数量达 27 所，基本能够保证 27 个省份中每个省份都有一所公立大学，在个别没有独立公立大学的省份，政府通过设立公立大学分校来实现公共教育资源的覆盖。

二、私立大学和民办大学

私立大学和民办大学受埃及《私立大学和民办大学法》的约束。公立大学、私立大学和民办大学最主要的区别在于资金来源和办学目的。公立大学的经费由国家财政部全权负责，是不以营利为目的的高等教育机构；私立大学是由私人或私立机构出资建立的营利性机构；民办大学是埃及在 21 世纪进行的一种全新的尝试，它是由民间公益机构或政府基金会集资建立的非营利性机构。与私立大学一样，民办大学不受政府直接管理，但国家会根据民办大学的需要向其提供包括土地、资金和物质在内的援助。根

---

① 贾迈厄. 埃及大学的电子出版（阿拉伯文）［M］. 开罗：欧鲁姆出版发行社，2018：95-98.

据《私立大学和民办大学法》，私立大学可以申请转为民办大学。[①] 根据埃及高等教育与科学研究部的数据，截至 2021 年，埃及共有私立大学和民办大学 30 所。[②]

随着埃及高等教育需求的不断增长，以及公立大学资源的不足，加之国家市场化政策的推动，埃及政府于 1992 年颁布法令，允许在埃及境内开办私立大学，并由私立大学最高委员会负责管理和监督。1996 年，4 所私立大学在埃及落成，分别是十月六日大学、文学及现代科学十月大学、埃及科技大学和埃及国际大学。21 世纪以来，埃及产生了一批同国外资本合作建立的大学，分别是开罗德国大学、埃及法国大学、埃及英国大学、加拿大金字塔大学、埃及俄罗斯大学和埃及中国大学。与公立大学相比，这些私立大学拥有较好的教学基础设施，更广阔的国际视野，更多的国际合作机会，在专业设置上也更贴近市场需求。

民办大学是近年来埃及向学生提供的介于公立大学和私立大学之间的另一种选择。从办学条件上来看，民办大学可与私立大学相媲美，但费用却只有私立大学的一半。从学校定位来看，民办大学致力于成为埃及本土的国际大学，为想要出国留学却未能成行的学生提供了一种平价代替方案。在埃及民办大学中，有 4 所由政府集资建立的学校，分别是杰拉莱大学、萨勒曼国王国际大学、阿拉曼国际大学和新曼苏拉大学。它们也被称为民办埃及大学。其中两所建立在边境省份，分别是位于苏伊士省的杰拉莱大学和位于南西奈省的萨勒曼国王国际大学，旨在为教育资源匮乏地区学生提供多样化的选择。其中，萨勒曼国王国际大学是埃及国家西奈发展计划的重要组成部分，该大学在西奈半岛的图尔、拉斯赛德尔和沙姆沙伊赫三个地方设有校区，所设专业涵盖医学、科学、工程、媒体、艺术、酒店和通信等领域。

[①]　埃及 2010 年第 302 号法令关于 2009 年 12 号《私立大学和民办大学法》执行条例（阿拉伯文）[N].官方公报，2010-10-26（42）.

[②]　此部分的私立大学和民办大学是指受埃及 2009 年《私立大学和民办大学法》约束的高等教育机构。不包括受其他法律约束的私立大学，如国际协议大学、外国大学分校、技术大学。

三、国际协议大学

国际协议大学是埃及政府与外国政府在特定协议上建立的私立大学，一般不受《私立大学和民办大学法》的约束。这些大学都或多或少地受到外国资助，同时得到埃及政府的支持。截至 2021 年，这样的大学共有 6 所，分别是开罗美国大学、桑戈尔大学、阿塞尔斯卡大学、埃及—日本科技大学、古纳德国柏林大学和德国国际大学。

四、外国大学分校

2018 年 8 月 2 日，塞西政府出台关于外国大学在埃及设立分校的法案，填补了外国大学在埃及建立分校的法律空缺。该法案明确了外国大学分校的建立流程、审批手续、质量监管、组织结构、权利及义务、注销与处罚等细则。根据法案，外国大学可在埃及境内设立一所或多所分校，也可与埃及大学合作建立分校，颁发联合学位。[①] 目前，埃及的外国大学分校采用集群模式创建。首先由私人或私人机构投资建立校区，这个校区也就是法案中提到的"大学机构"，它可以邀请一个国家或一个地区的多所大学分校入驻，从而形成分校集群。大学机构只向母校提供管理服务，不参与学术事务，无权授予学位。目前埃及这样的大学机构有 4 个，分别是加拿大大学机构、知识中心大学机构、全球学术基金会机构、埃及欧洲大学机构。其中，加拿大大学机构中已有加拿大爱德华王子岛大学分校和加拿大瑞尔森大学分校入驻，知识中心大学机构承接了英国考文垂大学分校，全球学术基金会机构中已有英国赫特福德大学入驻，埃及欧洲大学机构中已有伦敦大学和中央兰开夏大学入驻。除此之外，奥地利维也纳大学、约翰内斯·开普勒大学、维也纳农业与科学大学，西班牙加泰罗尼亚理工大学也与埃及在建立分校方面签署了协议。

五、技术大学

2019 年 6 月 3 日，塞西政府颁布《技术大学法》，迈出了埃及职业技

---

① 埃及 2018 年第 126 号关于外国大学在埃及设立分校法令（阿拉伯文）［N］. 官方公报，2018-08-02（31）.

术教育改革的重要一步。根据法案，埃及的技术大学将根据劳动力市场需求开设专业，为学生提供中等后教育、本科和研究生层次的技术教育学位，向国内和国际劳动力市场输送训练有素的技术人员。技术大学的设立以学位教育为支点，完善埃及职业教育的培养体系，提升职业技术教育在埃及教育体系中的地位，同时，以就业市场为导向，使学生所获得的文凭更具价值，从而逐渐改善民众对职业教育"低人一等"的刻板印象，吸引更多优秀学生接受职业教育，为埃及经济转型提供支持。截至 2021 年，埃及已经成立三所技术大学，分别是贝尼·苏夫技术大学、新开罗技术大学和三角洲技术大学（详见表 5-1）。在建设中的技术大学有六所，分别是新艾斯尤特技术大学、新卢克索技术大学、十月六日技术大学、阿拉伯堡技术大学、东塞得港技术大学、萨曼努德技术大学。技术大学主要面向职业技术学校毕业的学生招生，也接收普通高中学生。2021—2022 学年，技术大学分配给普通高中的招生名额占总招生人数的 20%，剩余名额则分配给三年制技术高中、五年制技术高中以及中等技术学院。

表 5-1　埃及技术大学一览表 [①]

机构名称	建立时间	专业设置
新开罗技术大学	2019 年	机电一体化、自动化、石油生产、加工和运输技术、可再生能源、信息通信技术、假肢与矫形器技术
三角洲技术大学	2019 年	可再生能源、信息通信技术、自动化、机电一体化
贝尼·苏夫技术大学	2019 年	机电一体化、自动化、信息通信技术、可再生能源

六、高等学院

高等学院是只提供本科教育的高等教育机构。当前，埃及高等学院都为私立性质。根据埃及高等教育与科学研究部的数据，截至 2021 年，埃及共有 189 所私立高等学院。其中工程学院 54 所，商业学院以及计算机和信

---

① 根据三所技术大学官网信息整理制成。

息技术学院 72 所，语言学院和新闻学院 20 所，旅游和酒店管理学院 18 所，社会服务学院 17 所，卫生与护理学院 5 所，农业学院 2 所，伊斯兰研究院 1 所。[1]

第三节　埃及高等教育的培养体制

一、培养类别

根据生源的不同，埃及高等教育的培养类别可分为正规制和从属制、开放教育和混合教育。

（一）正规制和从属制

正规制是埃及高等教育最基本的培养模式，生源是高考成绩达到学院录取分数线的学生，在大学中接受全日制教育。正规制学生享受免费高等教育政策，只需要象征性地交一些学杂费。与正规制相对应的从属制生源分为两种：一是降分录取的学生；二是已经获得第一个本科学位，申请修读第二学位的学生。部分埃及大学的学院每年可以通过降分录取一定比例的学生，由大学最高委员会确定有资格招生的学院、录取人数以及最低分数后，通过录取协调办公室操作。同时，埃及高校的一些学院还面向已经取得学士学位，但在其他专业领域仍有学习需求的毕业生提供修读第二学位的机会。从费用来看，从属制学生的学费要高于正规制学生，其中修读第二学位的学习费用最高。自 2010 年以来，埃及大学最高委员会将第二学位的收费标准提升至 5 000～8 000 埃镑。[2] 以南河谷大学法学院为例，2021—2022 学年正规制学生学费在 694～983 埃镑，降分录取学生的学费在 961～1 333 埃镑，而修读第二学位学生的费用高达 5 611～5 983 埃镑（详

① 埃及高等教育与科学研究部 . 获得埃及高等教育与科学研究部认证的大学 / 学院名单（阿拉伯文）[R/OL].（2021-08-08）[2022-04-04]. https://gate.ahram.org.eg/media/News/2021/8/8/2021-637640174615301319-530.pdf.

② 七日网 . 大学最高委员会决议将提升从属制学费（阿拉伯文）[EB/OL].（2010-10-16）[2022-04-05]. https://www.youm7.com/story/2010/8/16/ الأعلى-للجامعات-يرفع-مصاريف-الا نتساب-إلى- 5000-جنيه-للعام-الدراسى/266696 .

见表 5-2）。从课程设置上来看，正规制学生和从属制学生的课程内容并没有太大区别，但从属制学生的课时量要少于正规制学生。从毕业证书的效力来看，正规制学生和从属制学生取得的毕业证书上并不会注明生源区别，因此具有同等效力。此外，从属制降分录取的学生如果在期末考试中取得良好及以上等级的成绩，可以申请转入正规制培养模式。在埃及高校中，一般只有人文类学院具有从属制培养资格，主要集中在商学院、法学院和文学院。

表 5-2　南河谷大学法学院 2021—2022 学年收费标准[①]

单位：埃镑

培养类别		第一学年	第二学年	第三学年	第四学年
正规制		694	611	611	983
从属制	降分录取	1 044	961	961	1 333
	第二学位	5 694	5 611	5 611	5 983

（二）开放教育和混合教育

埃及的开放教育是埃及发展全民教育，提高国民整体素质的重要途径。开放教育主要面对具有高中学习背景且愿意接受高等教育的学习者开放，为各个行业的从业者学习其他专业领域的知识提供机会。一方面，帮助不同领域的工作者掌握自己专业发展与创新所需要的知识与技能；另一方面，提供跨学科的课程服务和学位教育。同时，开放教育同样面向现役军人和在职警察开放。军官入学应得到武装部队训练局的批准，其他军队人员要提供相应的成绩单及得到武装部队注册局（机关、部门）的批准。警官入学应由内政部军官事务局批准，其他警务人员要提供相应的成绩单及得到内政部安全局的批准。此外，开放教育也面向在海外工作的埃及人和归国侨民，使他们能够获得更好的学习机会。[②]

---

① 祖国报网. 南河谷大学各学院收费标准（阿拉伯文）[EB/OL].（2021-09-25）[2022-04-05]. https://www.elwatannews.com/news/details/5711746.
② 王淑娟，张少刚. 埃及开罗大学的远程开放教育 [J]. 中国远程教育，2003（11）：66-68.

埃及开放教育最早开始于 1989 年，在埃及大学最高委员会的授权下，开罗大学、亚历山大大学、艾斯尤特大学和艾因夏姆斯大学正式建立开放教育中心，主要通过远程教育手段提供紧俏专业的学士和硕士学位课程，受到社会的广泛欢迎。伴随着高等教育的扩张，埃及社会对开放教育的需求也日渐增长，开放教育随之迎来大发展时期，在学习类型、学习层次、专业数量和规模上急剧发展。几乎所有的埃及公立大学都设有开放教育中心，埃及还建立了许多专业性的远程和开放教育机构，如穆巴拉克教育中心、阿拉伯开放大学。[①]

但开放教育的急剧发展也引来了一定争议。一是对开放教育质量的争议，有人认为开放教育的入学门槛不高，生源把关不严，导致学生能力与课程难度不匹配，从而降低了教育质量。二是对开放教育文凭效力的争议。一方面，根据大学最高委员会的规定，开放教育学生所获得的学士和硕士学位文凭与普通大学文凭等值，可以继续进行学业深造，或用于申请晋升和加入工会。但在实际操作中，一些工会和单位并不承认开放教育文凭，这引起部分开放教育学生的不满。[②]另一方面，普通高校学生认为，开放教育文凭与普通大学文凭等值抢占了他们的就业资源，因此反对扩大开放教育规模。

鉴于此，埃及大学最高委员会近年来致力于开放教育的政策改革，提出逐步以混合教育代替开放教育。混合教育系统与开放教育系统在教学方式上并没有太大区别，都是基于现代信息技术开展教学活动。混合教育采用视频教学与面对面辅导相结合的方式，其中 75% 的教学时间通过线上授课，25% 的时间由教师当面对学生进行辅导，教师辅导也可以通过视频进行。混合教育与开放教育的区别在于入学资格和文凭性质。持有高中文凭的学生在毕业 5 年后才能进入开放教育系统，而混合教育系统则将时间间隔缩短为 2 年。同时，开放教育制度下学生获得的文凭为专业学士或硕士学位文凭，以实际应用为导向，以职业需求为目标，与普通大学的学术学

---

① 季诚钧，徐少君，李旭.埃及高等教育研究［M］.北京：中国社会科学出版社，2010：81.

② 七日网.开放教育的失败：证书不过是纸上谈兵（阿拉伯文）［EB/OL］.（2015-10-26）［2020-04-06］.https://www.youm7.com/story/2015/10/26/عامًا -25- التعليم-المفتوح/ 2409395/حبر-على-ورق -من-الفشل-وشهادات.

位相区别。① 目前，埃及正处于开放教育系统向混合教育系统的过渡阶段，在一些大学中，远程教育已经被混合教育所取代，远程教育中心也更名为混合教育中心。例如，开罗大学远程教育系统已停止招收新生，并启用混合教育系统。开罗大学混合教育系统提供商学院的工商管理、会计、保险，学前教育的学前教育教师、特殊教育教师，文学院的英语翻译、心理学、世界历史和文明研究、社会学、数字出版和存储，达尔·欧鲁姆学院的阿拉伯语言文学和伊斯兰文化等学习项目。面向四类学生招生，一是具有高等教育文凭的毕业生，可随时加入混合教育系统，无时间间隔要求；二是具有中等后教育文凭的毕业生，也可随时加入混合教育系统，无时间间隔要求；三是具有高中文凭的毕业生，自取得学历之日起满两年后，方可申请加入混合教育系统；四是具有高中文凭的埃及海外侨民。②

二、管理制度 ③

埃及《大学组织法》对埃及公立大学的教学、课程和考核制度做了基本规定。

一是教学安排。第一学期从 9 月的第三个星期六开始，全年课程为 30 周，年中假期一般为 2 周，但各大学委员会可以根据情况适当缩短或延长。在实际情况中，埃及的教学安排具有较大的灵活性，一般年中假期可以持续 1 个月左右，年末假期为 2 ～ 3 个月。

二是教学语言。阿拉伯语是受法律保护的课程教学语言，除外语科目外，所有科目必须使用阿拉伯语进行教学，若在特殊情况下使用其他语言进行授课，需要获得大学委员会的批准。同时，考试也应当以相应的授课语言进行作答，在特殊情况下，院务委员会可在听取系务委员会意见后，允许

① Masrawy 新闻网. 混合制教育的录取条件（阿拉伯文）［EB/OL］.（2021-06-26）［2022-04-06］. https://www.masrawy.com/news/education-universityeducation/details/2021/6/26/2046590/-المطلوبة-للالتحاق-به-
-التعليم-المدمج-ماذا-نعرف-عن-شروطه-و الأوراق.

② 开罗大学混合教育中心. 新生申请公告开启（阿拉伯文）［EB/OL］.（2022-02-28）［2022-04-12］. http://ou.cu.edu.eg/NewsDetails.aspx?NewNumber=2257.

③ 埃及人民议会. 1972 年第 49 号法令：大学组织法（阿拉伯文）［R/OL］.（2021-11-17）［2022-04-01］. https://moe.gov.eg/media/kvdnk1eb/universitiesactno49of1972.pdf.

学生使用其他语言作答。研究生阶段的毕业论文由院务委员会在征求系务委员会意见后，指定相应的写作语言，但不论以何种语言进行写作，论文中必须包含一篇阿拉伯语摘要。

三是课程管理。根据埃及《大学组织法》的规定，学院应在内部规定中明确学生的课程安排，并为每一门课程制订具体的指南。学生须按照规定按时参加理论学习、实践练习及研究讨论。若学生出勤率不达标，系务委员会可以向院务委员会申请，取消该生参加考试的资格。本科生可以申请免修（考）部分课程（大四课程和考试除外），但必须能够向学校提供修读过相关课程的证明。研究生在申请课程免修时，应至少保证一学年的学习时长，否则将影响毕业。若学生因特殊原因无法继续学业，可向学校提交申请，经大学委员会批准后，可保留两年的学籍，如有必要，也可适当延长。

四是考核制度。除随堂测试外，埃及高校每年组织期中和期末两场考试。学生每学年的最终成绩由平时表现（包括随堂测试）、期中和期末成绩共同决定，具体权重分配由各院系自行决定。考试形式有笔试、口试和实践三种类型，分别考查学生对课本知识的理解和掌握、思维和表达能力以及实践应用技能。考试工作由院长或系主任领导的考试委员会主持。该委员会根据需要可下设一个或多个分委员会，由一名教授或副教授领导，负责各科的监考、阅卷和成绩评定。考核结果分为极差、差、合格、中等、良好和优秀6个等级。其中，"极差"和"差"视为未通过考试，其他等级视为顺利通过考试。若学生想要在毕业时获得荣誉学位，则必须保证每学年各科成绩至少在中等以上等级。

三、教学与课程

在此以研究型大学兹韦勒城科学技术大学为例，介绍埃及大学的教学与课程。兹韦勒城科学技术大学的办学理念体现了埃及高等教育机构积极肩负科研与创新使命，大力探索产教融合发展之路，培养高层次人才的发展趋势，是埃及新时期新型研究型大学的重要代表。

（一）大学概况

兹韦勒城科学技术大学是一所专攻 STEM 教育的研究型大学，致力于响应国家和社会发展需求，积极应对来自国内、地区和全球的挑战。该校的使命是"充分发挥科学、研究、技术和学术的价值，通过在创造、交流和知识应用方面的卓越表现服务埃及人民，致力于培养具有领导力、敢于挑战当下、能够充盈未来的埃及公民"，具体的办学目标为"在科学和工程领域奠定坚实的基础；提供个人事业发展和通向成功所必备的知识和技能；整合教学、研究和服务，提升学习体验；营造创新、开放和充满活力及创造力的环境；通过先进的技术不断满足变化的教育需求，并与国际社会建立联系；在商业、工业、教育和政府领域建立广泛的伙伴关系"。[①]

兹韦勒城科学技术大学提供工程和科学两大门类的本科和研究生学习项目。其中，科学门类本科学制为 4 年，下设纳米科学、材料科学、生物医学科学、地球与天体物理学 4 个专业，每个专业下又会分不同的方向，如纳米科学分为纳米医学、生物纳米技术、纳米化学和纳米物理 4 个研究方向。工程门类本科学制为 5 年，下设可再生能源工程、环境工程、航空航天工程、纳米技术与纳米电子工程、通信与信息技术工程 5 个专业。该校面向所有埃及学生招生，除了对高中毕业考试总成绩以及数学和科学成绩有特定要求，学校还会组织专门的入学考试，包括 STEM 学术能力测试、英语能力测试、心理测试和面试几个部分，根据成绩择优录取。

（二）课程方案

1. 课程类型

兹韦勒城科学技术大学本科生的课程分为通识课程、基础课程、专业课程和方向课程（仅科学门类）4 个模块。每个模块的课程又分为必修课程和选修课程，课程内容由理论讲解和实践练习两部分组成。

（1）通识课程

通识课程是学校层面要求的课程，包括科学历史和哲学、阿拉伯文学、高效口语与写作、哲学思维等（见表 5-3）。兹韦勒城科学技术大学的目标是培养符合全球标准和有能力参与全球竞争的人才，加之英语是科学和工程领域的通用语言，因此学生必须学习英语。但他们也必须掌握母语，具

---

① Zewail City. University mission［EB/OL］.［2022-04-07］. https://www.zewailcity.edu.eg/main/content.php?lang=en&alias=university_mission.

备民族自豪感，因此阿拉伯语也是通识课程的重要组成部分。同时，该校致力于创造对埃及进步有重大影响的新产品，弥合学术界和产业界的鸿沟，这就需要培养学生的创新和批判性思维，使他们能够具备将基础研究成果转化为可销售产品的能力，因此，如何处理知识产权问题，如何制订成功的商业计划也都是需要学习的内容。除此之外，批判性阅读和写作是从事科学研究必不可少的基本能力，这是开通文学课程的原因。

表 5-3　兹韦勒城科学技术大学通识课程目录 ①

课程类型	课程名称	学分	理论课时／周	实践课时／周
必修课程（6 学分）	高效口语与写作	2	1	2
	科学写作	2	1	2
	哲学思维	2	1	2
选修课程（10 分）	环境法、政策和经济	3	3	—
	世界文学	2	1	2
	音乐美学	2	1	2
	视觉艺术导论	2	1	2
	分析哲学	2	1	2
	心理学导论	2	1	2
	工程经济分析	3	3	—
	科学历史和哲学	3	3	—
	创造性思维	3	2	—
	阿拉伯文学	2	1	2

---

① University of Science and Technology in Zewail City. Curricula and study plans for undergraduate science programs［EB/OL］.［2022-04-08］. https://www.zewailcity.edu.eg/media-library/PDFs/Science_Programs_Study_Plan_and_course_catalogue_2018-2019_July_2020_after_adding_BMS_499_Elective_course.pdf.

（2）基础课程

基础课程，也称为衔接课，是学生通往专业学习的过渡课程，也是必修课程，旨在使学生为未来的专业学习做好充分的准备。所有学生，不论是工程门类还是科学门类，都必须学习数学、物理、生物和化学四门理科基础课程，并配合相应的实践练习。此外，工程门类学生还需要修读工程设计导论、工程制图和工业培训等工程基础课程。（详见表5-4、表5-5）

表 5-4　兹韦勒城科学技术大学基础课程目录（科学类）[①]

课程类型	课程名称	学分	每周理论课时	每周实践课时
必修课程	生物（1）	3	3	——
	生物（2）	3	3	——
	生物（1）实验课	1	——	3
	生物（2）实验课	1	——	3
	实习	2	——	6
	化学（1）	3	3	——
	化学（2）	3	3	——
	化学（1）实验课	1	——	3
	化学（2）实验课	1	——	3
	微积分（1）	3	3	——
	微积分（2）	3	3	——
	经典力学导论	3	3	——
	电磁学导论	3	3	——
	经典力学导论实验课	1	——	3
	电磁学导论实验课	1	——	3

① University of Science and Technology in Zewail City. Curricula and study plans of undergraduate science programs［EB/OL］.［2022-04-08］. https://www.zewailcity.edu.eg/media-library/PDFs/Science_Programs_Study_Plan_and_course_catalogue_2018-2019_July_2020_after_adding_BMS_499_Elective_course.pdf.

表 5-5 兹韦勒城科学技术大学基础课程目录（工程类）[1]

课程类型	课程名称	学分	每周理论课时	每周实践课时
必修课程	生物（1）	3	3	—
	生物（1）实验课	1	—	3
	化学（1）	3	3	—
	化学（1）实验课	1	—	3
	计算机科学导论	2	1	3
	工程设计导论	2	1	3
	工程制图	2	1	3
	工业培训	2	—	6
	高级设计项目（1）	1	—	3
	高级设计项目（2）	3	—	9
	微积分（1）	3	3	—
	微积分（2）	3	3	—
	线性代数与向量几何	3	3	—
	常微分方程	3	3	—
	经典力学导论	3	3	—
	电磁学概论	3	3	—
	经典力学导论实验课	1	—	3
	电磁学概论实验课	1	—	3

（3）专业课程和方向课程

学生在修读完所有基础课程后，会进入专业课程和方向课程的学习。由于工程门类的各专业没有再细分方向，因此，所有工程门类的学生只需

---

[1] University of Science and Technology in Zewail City. Curricula and study plans of undergraduate engineering programs［EB/OL］.［2022-04-08］. https://www.zewailcity.edu.eg/media-library/PDFs/Engineering_Programs_Curricula_&_Study_Plans_2018-2019.pdf.

学习专业课程。而科学门类的各专业学生还需要再选择相应的方向课程，如科学门类下的生物医学专业分为计算生物学与基因组学、分子细胞生物学、医学、药物研发四个方向，这四个方向的学生在学习相同的专业课程时，还需要进行方向课程的学习。

2.课程安排

工程类专业的本科学位要求为不低于 162 个学分，其中通识课 20 个学分，基础课 40 个学分，专业课 102 个学分。科学类专业的本科学位要求为至少 130 个学分，其中通识课 16 个学分，基础课 32 个学分，专业和方向学分为 82 个，不同方向的专业学分和方向学分比例不同。（详见表 5-6）

表 5-6　兹韦勒城科学技术大学课程方案 [①]

单位：学分

学科门类	通识课程	基础课程	专业课程	方向课程	合计
工程	20	40	102	—	162
科学	16	32	82		130

第一学年也被称为基础学年，旨在让学生为以后的专业学习奠定基础。所有学生在第一学年第一学期学习相同的课程，包括数学、物理、化学和生物，以及一门通识课。同时，学校在第一学年第一学期还会向学生提供研讨服务，帮助他们确定适合自己的专业。第一学年第二学期伊始，学生必须在科学门类和工程门类中做出选择，并修读相应的基础课程。第一学年结束时，学生必须根据所选择的门类确定专业方向，然后在之后的几年中学习相应的专业课程和方向课程。

---

① 根据兹韦勒城科学技术大学公布的课程方案整理。

第四节　埃及高等教育的保障体系

为保障埃及高等教育目标的实现以及高等教育的可持续发展，埃及从管理和运行体系、经费筹措、师资队伍建设方面入手，构建了一套相对完善的保障体系。但其中也不乏一些问题，具体体现在：森严的管理体系导致高等教育发展缺乏活力，经费结构单一导致高等教育资金支持不够充足也不够稳定，教师晋升周期较长在一定程度上打击了教师专业化发展的积极性。

一、管理和运行体系

（一）外部管理和运行体系

埃及高等教育的外部管理涉及多个部门的良性互动和有机合作。在这些部门中，有的是实质性地直接参与了管理，有的则是通过提供咨询和相关政策支持间接地提供服务，它们共同确保了埃及庞大的高等教育体系的平稳运行。

在直接管理机构中，埃及高等教育与科学研究部监管着绝大多数高等教育机构，爱资哈尔最高委员会负责监管爱资哈尔大学，国防部负责监管其下设立的军事学院、海军学院和航空学院，内政部负责管理向各部门提供警官人才的警察学院，埃及工会联合会则负责管理其下的工人大学。

间接管理机构主要分为三类：一是具有政策咨询功能的机构，如进行高等教育数据统计与分析的中央公共动员与统计局，对埃及高等教育机构进行资质评审和质量保障认证的国家质量保障与认证局，参与埃及职业技术教育发展政策制定的人力资源部和贸易与工业部，负责公共就业管理的行政发展部；二是为高等教育发展提供资金支持的机构，包括财政部、经济发展与规划部、教育发展基金会等；三是具体的执行机构，包括负责高考组织工作的教育与技术教育部，负责高等教育国际交流与合作的国际合作部等。这三类机构的职能划分并非泾渭分明，一些机构同时承担着双重或多重职能，如教育与技术教育部既是高考工作的组织者，同时又具有政策咨询的功能，还通过同高等教育与科学研究部合作协商，不断推动着埃及大学入学考试政策的改革。

（二）内部管理和运行体系

埃及大学主要实行校长负责制，采取校、院、系三级管理相结合的体系架构。主要的行政领导职务有校长、副校长、秘书长、院长、副院长、系主任和系副主任，领导着包括大学校务委员会、教学与学生事务委员会、研究生与科研事务委员会、社会服务与环境发展委员会、院务委员会和系务委员会在内的管理机构。

1. 领导职务。

校长是大学的法定代表人，主管大学的教学、科研、行政和财务工作，也是大学最高委员会决议和学校规章制度的执行负责人。大学校长由高等教育与科学研究部部长提名，总统任命，候选人必须拥有至少 5 年的大学教授工作经验，任期一般为 4 年，可以连任。任职期间将为其保留教授职位，卸任后可回归。大学校长应在每学年末向高等教育与科学研究部部长提交一份报告，说明学校的教育、科研及其他各项活动的情况，并就相关情况做出评价、反思，提出建议，之后交由大学最高委员会审核。

埃及每所大学设有 3 名副校长，协助校长管理学校事务，分管教学与学生事务、研究生与科研事务、社会服务与环境发展事务。在校长缺席的情况下，由资历最深的副校长代替其行使职能。副校长由高等教育与科学研究部部长在征求校长意见后提名，总统任命，任期 4 年，可连任。与校长一样，副校长候选人也必须拥有至少 5 年的大学教授工作经验，任职期间为其保留教授职位，卸任后可回归。

埃及每所大学设有 1 名秘书长，由高等教育与科学研究部部长在征求校长意见后提名，总统任命，候选人需在大学管理领域拥有丰富的经验。秘书长的职能是在校长与副校长的监督下管理大学的行政和财务工作，并在其职权范围内落实学校的各项规章制度。秘书长下设 2 名助理秘书，在秘书长缺席情况下由较为资深的助理秘书代其行使职权。

学院院长（或附属研究所所长）由大学校长在在职教授中任命，任期 3 年，可以连任 1 次。院长负责管理学院的教学、科研、行政、财务等各项事务，是学院内执行院务委员会、校务委员会和大学最高委员会决议的责任人。每学年末在向院务委员会述职后，院长需向校长提交工作报告，并交由大学委员会审核。副院长是学院内部除院长外的最高领导职位，由院长推荐，校长任命，任期 3 年，只可连任 1 次。

一般情况下，每所学院下设 2 名副院长，其中一人负责管理本科生的培养工作，以及学生文化、体育和社会事务，另一人负责研究生与科研事务，以及维护与其他学院、研究所（中心）等科研机构的关系。除此之外，一些院系还可以加设 1 名管理社会服务和环境发展事务的副院长，一些规模较小的院系可以只设 1 名副院长。

系主任由大学校长征求学院院长意见后任命，候选人应至少具备 3 年的教授工作经验。若系内没有任职满 3 年的教授或没有教授，则从资历最深的教师中选拔。系主任一届任期为 3 年，可连任 1 次。在专业较多的院系，每个专业资历最深的教授可担任系副主任，负责本专业的具体事务。

2. 管理委员会。

大学委员会或大学校务委员会，是大学内部的最高管理机构。由大学校长担任主席，成员包括大学副校长、学院院长与附属研究所所长，以及最多 4 名在大学和公共事务方面具有丰富经验的专家。专家组成员由总统听取大学委员会的意见后任命，任期 2 年。大学委员会负责校内各项工作的规划、协调、组织与实施。

教学与学生事务委员会主要负责本科阶段的教学管理工作，由主管本科教学工作的副校长担任主席，成员包括大学下属学院或研究所主管教学与学生事务的副院长或副所长，3～5 名在大学与公共事务领域经验丰富的专家。专家组成员由校长听取教学与学生事务委员会的建议，并征得大学委员会同意后任命，任期 2 年，可连任。

研究生与科研事务委员会主要负责研究生教育与科研工作，由主管研究生与科研事务的副校长担任主席，成员包括大学下属学院或研究所主管研究生与科研工作的副院长或副所长，3～5 名在大学与公共事务领域经验丰富的专家。专家组成员由校长在听取研究生与科研事务委员会的建议，并征得大学委员会同意后任命，任期 2 年，可连任。

社会服务与环境发展委员会主要负责推动大学在社会服务与环境发展中发挥积极作用。委员会由主管社会服务与环境发展事务的副校长担任主席，成员包括校内负责社会服务与环境发展事务的学院副院长或研究所副所长，5～10 名在公共服务领域具有丰富经验的专家。专家组成员由校长在听取社会服务与环境发展委员会的建议，并征得大学委员会同意后任命，任期 2 年，可连任。

院务委员会是各学院（研究所）内部的最高管理机构，负责制订学院的总体发展规划，以及管理具体的教学、科研、行政和财务工作。院务委员会由院长担任主席，成员包括：2 名副院长；各系主任；各系 1 名教授，名额需每年轮转；1 名助理教授和 1 名讲师，在超过 10 个系的学院中，名额可增至 2 名助理教授和 2 名讲师；1～3 名学科带头人。

系务委员会是学院下设各系内的最高管理机构。系务委员会主席从系内 3 位资历最深的教授中产生，由校长在听取院长意见后任命，任期 3 年，可连任 1 次。系务委员会成员由系内所有教授、助理教授和部分讲师组成，讲师最多不超过 5 人，且不能超过系中剩余讲师人数，任期 3 年，可连任 1 次。

二、经费筹措

高等教育经费不仅包括政府财政性经费，还包括学费、科研成果转化收入、投资者出资、捐赠集资等各种收入。一直以来，政府财政投入都是埃及高等教育办学经费的主要来源，但这种单一化的经费格局不利于高等教育的健康可持续发展。自 20 世纪 90 年代起，埃及积极探索高等教育融资渠道，促进高等教育经费来源的多元化发展。

（一）政府财政

免费高等教育是埃及高等教育的基本政策，政府拨款是埃及高等教育办学经费的主要来源。但随着埃及高等教育大众化进程背景下高等教育规模的不断扩大，政府财政对高等教育的支持就显得力不从心，具体体现在：虽然政府对高等教育的投入非常可观，但是生均教育经费以及高等教育公共支出占 GDP 的比例却不容乐观。事实上，在 2011 年前，埃及政府对整个教育体系的经费投入就呈现出一定的疲软现象。相关数据显示，尽管 2000—2007 年埃及高等教育经费占公共教育预算的比例基本维持在 27% 上下，与包括经济合作与发展组织国家在内的一些国家相比，这个数据并不算低，这充分体现了埃及政府对高等教育的支持和重视。但鉴于公共教育支出占 GDP 的比例从 6% 下降至 3.7%，教育经费占公共预算的比例从将近

18%下降至12.7%，事实上政府对高等教育投入的总额是下降的（详见表5-7、表5-8）。自2002年之后，埃及高等教育公共支出占GDP的比例从1.64%跌至1.06%。^①

表5-7　2000—2007年埃及公共教育支出情况^②

单位：%

年份	公共教育支出占GDP比例	教育经费占公共预算比例	高等教育经费占公共教育预算比例
2000	—	14.7	28.9
2001	—	14.7	27.8
2002	6.0	14.3	27.3
2003	4.7	17.9	27.7
2004	4.3	16.3	27.7
2005	4.1	13.2	26.1
2006	3.8	12.6	28.1
2007	3.7	12.7	—

表5-8　部分国家高等教育经费占公共教育预算的比例^③

单位：%

国家	高等教育经费占公共教育预算比例
丹麦	23.0
芬兰	29.0
德国	21.4

---

① OECD, The World Bank. Reviews of national polices for education: higher education in Egypt [R]. Paris: OECD, 2010: 260.

② OECD, The World Bank. Reviews of national polices for education: higher education in Egypt [R]. Paris: OECD, 2010: 258.

③ OECD, The World Bank. Reviews of national polices for education: higher education in Egypt [R]. Paris: OECD, 2010: 259.

续表

单位：%

国家	高等教育经费占公共教育预算比例
爱尔兰	25.3
韩国	33.5
瑞典	25.5
英国	21.6
美国	37.1
土耳其	26.0
经济合作与发展组织国家平均值	24.2
俄罗斯	21.1
约旦	36.3
埃及	28.1

注：埃及和约旦的数据来源于联合国开发计划署 2007 年的报告；其他国家数据来源于经济合作与发展组织 2018 年教育概览。

2011 年后，尽管在塞西政府的经济改革措施下，埃及经济显示出复苏迹象：国内生产总值增长率从 2016—2017 财年的 4.2% 升至 2017—2018 财年的 5.3%；同期，失业率降至个位数，为 2011 年以来最低水平；政府债务总额占 GDP 比例从 103% 下降至 93%。①但由于各种因素，埃及经济下行压力较大，政府财政依旧紧张。在这一背景下，政府难以保障对教育领域的投入。根据埃及中央公共动员与统计局的数据，2018—2019 财年埃及公共教育支出为 1 156 亿埃镑，与上一财年的 1 070 亿埃镑相比仅增长了 8%；高等教育支出为 265.40 亿埃镑，仅比上一财年的 257.54 亿埃镑增长了 3%。②

---

① 财经观察：埃及经济向好但挑战犹存［EB/OL］.（2019-04-22）［2020-06-24］. http：//www.xinhuanet.com/world/2019-04/20/c_1124392808.htm.

② Egypt in figures 2019，education.［EB/OL］.［2020-06-27］. https://www.capmas.gov.eg/Pages/StaticPages.aspx?page_id=5035.

考虑到 2017 年 33% 的通货膨胀率[①]，这种增长实际上可以忽略不计。因此，埃及高等教育未来的发展仅依靠政府的财政拨款是远远不够的。

（二）私营资本

埃及推动私营资本参与高等教育发展的举措主要有两个方面。

一方面，政府鼓励私营资本投资创办高等教育机构。在 20 世纪 90 年代以前，埃及的大学几乎都是国有化的，只有一所私立大学，即开罗美国大学。1992 年埃及颁布的《私立大学法》赋予了私立大学在埃及的合法地位，开启了私营资本投资高等教育的新时代。埃及政府一般不给予私立高校财政支持，私立高校几乎完全依赖于学生的学费来维持运作，顶级私立大学学费每年可达 3 万～4 万埃镑，同时这些私立大学也会通过从公立大学聘请兼职教师来降低成本。[②] 随着私营资本投资高等教育机构的模式日趋多元化，开罗德国大学、埃及法国大学、埃及英国大学、加拿大金字塔大学等外国资本投资建立的私立大学，以及民间资本与政府合作建立的民办大学，私人或私人机构投资建立的海外分校园区等得到发展。其中一些由私营资本建立的大学，资金来源非常多元化。以兹韦勒科学技术大学为例，该校及其研究机构的资金来源于民间个人捐款、企业资助、学生学费、银行贷款和政府年度研发资金等。该校所在的兹韦勒市设立了教育振兴发展基金，面向海内外进行资金筹措，同时埃及国家银行承诺提供 2.5 亿埃镑用于包括大学在内的兹韦勒科技城的发展。

另一方面，开展公立大学收费制改革。从理论上讲，埃及高等教育实行免费政策，因此公立大学是不允许收取学费的，学生只需支付少量（每年约 120 埃镑）的注册费和其他管理费用。在埃及拓宽高等教育资金筹措渠道的背景下，公立大学设立了几种收费项目进行成本分摊：（1）以外语授课的课程。在政府的支持下，埃及一些公立大学的专业开设了以英语或法语授课的课程。这些课程在劳动力市场上具有广阔就业前景，加之招生名额有限，因此竞争非常激烈。进入这些课程项目学习的要求与普通课程

---

① The Tahrir Institute for Middle East Policy. Egypt's long road to education reform［EB/OL］.（2018-02-10）［2020-06-24］. https://timep.org/commentary/analysis/egypts-long-road-to-education-reform/.

② OECD, The World Bank. Reviews of national policies for education: higher education in Egypt［R］. Paris: OECD, 2010: 266.

类似，但是学生每年需支付高达 5 000 埃镑的学费。2006—2007 学年，埃及公立大学中运行的此类项目共 47 个，主要集中在开罗大学、艾因夏姆斯大学和亚历山大大学的工程、农业和法学院。[①]（2）收费的学历学位项目，包括上文培养类别中提到的从属制、修读第二学位、远程教育和混合制教育，这些都是公立大学创收的重要渠道。（3）私人辅导。私人辅导是在埃及教育体系中盛行的一种现象，虽然私人辅导在高等教育中并不普遍，但在开罗和亚历山大一些大型公立大学的院系中，尤其是技术学院中确实存在，通常通过出售教师编写的教科书来获取资金。[②]

（三）国际渠道

同大学前教育领域一样，国际援助也是埃及高等教育经费来源的重要渠道。援助方有国际非政府组织、政府间组织、主权国家以及外国民间资本等。在众多援助项目中，埃及高等教育提升计划（Higher Education Enhancement Project，HEEP）具有典型的代表性，该计划的实施得到了国际社会的积极参与和广泛支持，项目资金来源渠道非常多元化。2002 年 3 月，埃及政府和世界银行签署合作协议，共同实施 HEEP 计划，由世界银行提供 5 000 万美元的国际贷款，根据计划实施进展情况分期支付，直到 2008 年 12 月。同时埃及政府提供配套资金约 1 000 万美元，并划拨教育学院发展计划专项资金 1 300 万美元。此外，欧盟、美国国际开发署、联合国教科文组织、福特基金会、英国国际发展部、阿拉伯海湾基金会都为该项目的实施提供了大量的资金支持。为落实 2002—2007 年第一阶段的实施计划，埃及政府和国际组织筹集的各类资金总额高达 12 130 万美元。[③] 此外，近年来美国国际开发署与埃及高等教育与科学研究部合作签署了美—埃高等教育发展倡议，计划在 2010 年 5 月至 2024 年 9 月投入 1.43 亿美元，

---

① OECD，The World Bank. Reviews of national policies for education：higher education in Egypt［R］. Paris：OECD，2010：268.

② OECD，The World Bank. Reviews of national policies for education：higher education in Egypt［R］. Paris：OECD，2010：268.

③ 季诚钧，徐少君，李旭 . 埃及高等教育研究［M］. 北京：中国社会科学出版社，2010：138.

资助埃及优秀学生在国内或美国完成高等教育学业[①]；沙特发展基金为埃及西奈半岛萨勒曼国王大学的建立提供 1.408 亿美元的援助，意大利还提供了 250 万美元用于扩大学校教学中的应用技术和教师培训，韩国提供 290 万美元用于建设自动化知识产权系统[②]。这些国际援助虽然为埃及高等教育的发展提供了资金保障，但手续较为复杂，稳定性也不高。

三、师资队伍建设

（一）埃及高校教师的学衔及其聘用标准

学衔是高等学校根据教师的学术水平和教学科研工作水平，经评定而授予教师的学术称号。埃及高等学校教师的学衔有 5 个等级，分别是教学助理、助理讲师、讲师、助理教授和教授。各级教师的聘用由院务委员会在充分考虑系务委员会的建议下向学校提出申请，并由校长宣布最终任命结果。各级教师学衔授予的资料审查由常设学术委员会负责。各高校的常设学术委员会由高等教育与科学研究部部长在听取大学委员会的建议，并取得大学最高委员会的同意后宣布建立，成员一般由任职 5 年以上的教授或助理教授组成。

教学助理需拥有学士学位，通常为专业排名第一的毕业生，且必须在 5 年内取得硕士学位，否则将面临转岗或辞退。助理讲师相当于高级教学助理，需拥有硕士学位并在 5 年内取得博士学位方能继续留校任职，在申请成为讲师后，方能独立授课。讲师主要从院系内部的助理讲师中选拔，在职位空缺的情况下可以公开招聘。除必须取得博士学位外，对讲师的聘用还包括工作能力与个人品行考察。助理教授优先从内部讲师中选拔，需在高校担任讲师 5 年以上，或取得博士学位 5 年及学士学位 13 年以上，在所属领域公开发表具有创新性的科研论文或主持重大项目，并在担任讲师期间具有良好的履职表现。从助理教授晋升为教授，需在高校担任助理教

---

① USAID. Higher educaiton［EB/OL］.［2022-04-14］. https://www.usaid.gov/sites/default/files/documents/USAIDEgypt_Education-Higher_Fact_Sheet_2020_EN.pdf.

② Egypt signs $252M financing agreements for education in 2020［EB/OL］.（2020-12-24）［2022-04-14］. https://www.egypttoday.com/Article/3/95719/Egypt-signs-252M-financing-agreements-for-education-in-2020.

授 5 年以上，或取得博士学位 10 年及学士学位 18 年以上，在所属领域公开发表具有创新性的科研论文或主持重大项目，在担任助理教授期间具有良好的履职表现。

此外，埃及《大学组织法》还规定了其他类型教师的聘用标准：（1）外籍专家的聘用标准。《大学组织法》规定，各高校可以根据需求聘请外籍专家，由大学校长在采纳大学委员会和院系委员会的意见后宣布任命。外籍专家一次聘期不得超过 2 年，但可以续聘，享受每 2 年一次的公费假期，由学校负担包括本人和家属在内的国际往返费用。（2）兼职教授的聘用标准。所有高校教授在退休后自动转为兼职教授直到 70 岁（除非主动要求离任），院系在缺乏教授的情况下，可向学校申请从外部聘请兼职教授。（3）语言教师的聘用标准。《大学组织法》规定，高校可根据需要外聘语言教师，但此类教师不属于正式的教职员工行列，一次聘期不得超过 2 年，可续聘。特殊情况下，语言教师的学历要求可放宽至高中，但必须提供能够证明其语言能力的资质证书。

（二）埃及高校教师的责任与义务

教学助理与助理讲师的职责主要是协助讲师、助理教授或教授的教学工作。教学助理和助理讲师应分别在任职期间取得硕士、博士学位，以便继续留校任教，在未经院系委员会同意的情况下，教学助理和助理讲师不得在其他院系攻读学位。教学助理和助理讲师应遵守学校各项教学规章制度，并积极参与院系组织的各项学术会议，不得在任职高校外的其他场合授课。

讲师、助理教授和教授应认真履行教学和科研职能，建立良好的课堂教学秩序，推动科学、文学或技术领域的学术创新；应继承和弘扬文化传统，坚守和传播正确的价值观念；在未经学校批准的情况下，不得私自在其他学校进行授课和指导，不得开办任何形式的（免费或收费）课程，不得从事贸易活动，或参与商贸、金融、工业企业的管理。教师每年应向所属系的系主任提交一份年度工作报告，并由系务委员会进行公示。

第六章
埃及职业技术教育和培训

职业技术教育和培训（Technical and Vocational Education and Training，TVET）是指一系列与工作有关的学习经验，包含在多种不同环境下进行的正规、非正规和非正式学习。[①]TVET 在帮助青年为未来工作做好准备方面发挥着重要作用，是促进经济社会发展和提高国家竞争力的重要支撑，因此成为埃及国家教育的重要议题。埃及 TVET 教育层次已经扩展到高等教育阶段，本章侧重于对大学前教育体系以及非正规教育体系中的 TVET 进行研究。

---

① 联合国教科文组织 . 联合国教科文组织国际职业技术教育与培训中心（UNESCO-UNEVOC）概述［EB/OL］.（2015-09-23）［2021-12-05］. https://unevoc.unesco.org/fileadmin/up/unevoc_in_brief_chinese-online.pdf.

第一节 埃及 TVET 的实施机构及其培养目标

埃及 TVET 实施机构呈现类型多样化、管理分散化的特点，大致可分为三种类型：一是隶属于教育与技术教育部的中等 TVET 机构，二是隶属于高等教育与科学研究部的中等后教育及高等教育机构，三是由其他部委、工会联合会、其他公共或私营部门管理和运营的机构。（详见图 6-1）

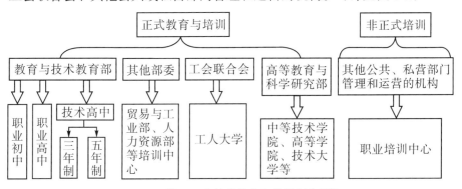

图 6-1 埃及职业技术教育和培训机构概览

一、隶属于教育与技术教育部的机构及其培养目标

埃及 TVET 体系中，职业教育和技术教育相区别。职业教育最早开始于初中阶段，旨在培养技能型人才，使其具备胜任某些职业、行业或工作岗位的基本能力。技术教育最早开始于高中阶段，包括理论、科学和技术的学习及相关技能的训练，旨在培养技术型人才。埃及教育与技术教育部监管着包括职业初中、职业高中和技术高中在内的中等教育层次机构。

（一）职业初中

职业初中最早成立于 1988 年，主要面向在小学毕业后有意愿进入职业教育领域学习的学生，或小学毕业考试不及格的学生。同时，在初中第一和第二学年连续两学年考试不及格的学生，或未通过初中结业考试的学生，均可转入职业初中学习。毕业后学生将获得由各省教育局颁发的基础教育职业证书，可以申请进入职业高中继续学习。大多数职业初中学校没有独立的教学场所，而是附属于普通初中学校。截至 2019—2020 学年，埃及共有 275 所职业初中。[①]

（二）职业高中和技术高中

在高中阶段，TVET 机构分为职业高中和技术高中，职业高中的录取分数低于技术高中，学制为三年，通常与技术高中共用教学设施。技术高中分为三年制和五年制，三年制技术高中学生毕业后获得三年制技术高中文凭（工、农、商、酒店管理），大致相当于我国的中等职业教育层次。五年制技术高中学生毕业后将获得五年制高级技术高中文凭（工、农、商、酒店管理），属于中等后非高等教育层次。三年制和五年制技术高中的学生都有机会进入高等教育学习，但与普通高中毕业生相比，他们的高等教育入学率极低，绝大部分技术高中学生毕业后会直接进入劳动力市场。

职业高中和技术高中按领域可分为工业高中、商业高中、农业高中、酒店管理高中。其中工业高中的数量和就读人数最多，其次是商业高中、农业高中和酒店管理高中（表 6-1）。

表 6-1　2019—2020 学年埃及职业高中和技术高中统计数据[②]

类型	学校 / 所	班级 / 个	学生 / 人	教师 / 人
工业高中	1 235	25 613	943 046	92 592
农业高中	251	4 971	240 615	12 944
商业高中	863	16 810	799 487	38 221
酒店管理高中	123	1 983	70 357	2 940

[①] 埃及教育与技术教育部 . 大学前教育统计摘要（2019—2020 学年）（阿拉伯文）［R/OL］.（2020-02-28）［2021-12-14］. http://emis.gov.eg/Site%20Content/matwaya/2020/matwaya2020.pdf.

[②] 埃及教育与技术教育部 . 大学前教育统计摘要（2019—2020 学年）（阿拉伯文）［R/OL］.（2020-02-28）［2021-12-14］. http://emis.gov.eg/Site%20Content/matwaya/2020/matwaya2020.pdf.

　　埃及有两类特殊的技术高中学校，分别是双元制技术高中和应用技术学校。这两类学校是埃及为提升技术教育质量、促进技术人才就业进行的有益尝试。

　　1. 双元制技术高中。

　　20 世纪 90 年代，埃及引入德国双元制职业教育经验，开始建立双元制技术学校，即在学校与企业之间建立伙伴关系，学生在读期间，一部分时间在学校进行理论学习，另一部分时间在企业进行实践培训。

　　双元制技术高中拥有专门的管理体系和运行机制。在政府层面，埃及教育与技术教育部下设职业教育与培训总局作为执行机构，专门负责双元制技术学校的事宜。职业教育与培训总局和地方教育局及其下属部门合作负责双元制学校的选址、建设、招生、课程安排、质量保障、考核评价、学位授予等工作。在企业层面，各地区企业组成投资者协会联盟，投资者协会联盟是企业层面双元制学校的最高管理机构。投资者协会联盟的职责包括加强双元制教育的宣传，鼓励企业参与双元制教育培训，与政府合作制订企业选拔的条件，根据市场需求确定双元制教育的专业，确保企业培训的质量等。国家人力资源开发中心与教育与技术教育部下的职业教育与培训总局平级。地区单位是地区投资者协会的一个执行单位，接受国家人力资源开发中心的领导。地区单位在双元制教育体系中发挥着重要的作用，它既是学生与学校和培训机构之间的桥梁，也是以学校为代表的政府方同承担培训的企业方之间的联络协调者。地区单位的工作非常琐碎，如学生的招生工作，督促学生与企业签订培训合同，追踪评估企业的培训质量（学生出勤、培训时间、培训安全、是否履行合同等），处理突发事件等。此外，在政府与企业层面之上存在着一个执行委员会，监管着整个双元制教育体系的运作。（图 6-2）①

① 埃及国家人力资源开发中心. 双元制下的技术教育运作体系（阿拉伯文）［R/OL］.（2021-12-11）［2021-12-14］. https://nchrdegypt.com/wp-content/uploads/2019/10/DS-User-Manual-Second-Draft-AR.pdf.

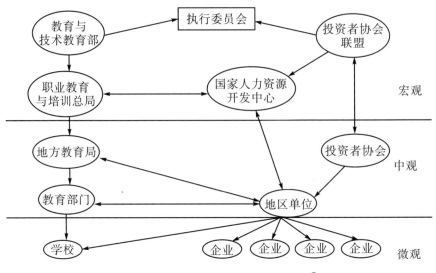

图 6-2　双元制技术高中的管理框架 [①]

　　双元制技术高中学制 3 年，在读期间，学生每周有 2 ～ 3 天在学校学习理论知识，3 ～ 4 天在工厂进行实践培训。毕业后，学生将获得教育与技术教育部颁发的 3 年制技术教育文凭，以及企业颁发的实践培训证书，并成为企业优先招聘的人选。申请双元制技术高中的学生必须具备以下条件：身体健康；本省或邻近省份的初中应届毕业生；年龄在 14 ～ 18 岁；不得低于报考学校的最低分数线。符合条件并有意向报考的学生需要先向地区单位提出申请，学生随后会收到一份报考材料，填写好后交回地区单位，审核通过后学生会收到笔试、面试和体检的通知。学校根据考试结果和招生名额择优录取。学生专业分配由学生意愿、考试成绩、企业需求等多方面因素决定。录取后学生与企业签订培训合同，一式四份（地区单位、学校、培训机构和学生本人各一份），学生在地区单位进行登记和认证后方可入学。

　　参与双元制教育培训的企业必须是在埃及境内的合法经营实体，能够提供相关专业和职业领域的培训机会，有合格的培训教师能够对学生进行指导；接受培训的学生人数应不超过该企业员工人数的 30%，且要采取合理措施保障学生的安全与健康。企业向学生提供通勤服务，并向学生支付

① ADAMS A V. The Mubarak Kohl Initiative-Dual System in Egypt：an assessment of its impact on the school to work transition ［R］.Cairo：［s.n.］，2010：19.

津贴以及绩效奖励。企业向学生支付津贴的最低额度为：一年级学生 150 埃镑 / 月（夏季 175 埃镑 / 月）；二年级学生 175 埃镑 / 月（夏季 200 埃镑 / 月）；三年级学生 200 埃镑 / 月。①

　　双元制技术高中可细分为三种类型。第一种类型是独立双元制学校，整个学校的所有专业和所有班级都实施双元制教育体系。第二种类型是部分双元制学校，即在传统技术高中的部分班级实施双元制教育体系。这两种学校都是双元制教育的传统类型，培养模式都是 2 ～ 3 天在学校学习理论知识，3 ～ 4 天前往企业或工厂进行实践。埃及双元制技术高中的第三种类型是工厂内学校，是在工厂内部开办的技术高中。工厂内学校是在传统双元制学校基础上演变出的新形式，参与工厂内学校建设的私营企业大多数都参与了独立双元制学校或部分双元制学校的运作，但由于企业对学生需求的增加，一些学校选择同教育与技术教育部合作建立自己的专属学校。工厂内学校与传统双元制学校的培养模式和融资结构类似，但工厂内学校的专业和课程设置以企业的需求为导向，学生理论学习和实践训练都在工厂内进行。截至 2019—2020 学年，埃及有 23 个省份设有双元制技术高中，其中独立双元制学校 22 所，工厂内学校 59 所，部分双元制学校 231 所，在学人数 53 096 人。②

　　2. 应用技术学校。

　　应用技术学校是埃及政府与私营企业合作，在技术教育领域打造的全新教育机构，被认为是埃及技术教育的示范学校。应用技术学校由教育与技术教育部同私营部门共同出资和运营，其目标是采用国际教育质量标准，为国内和国际输送高质量的技术教育人才。自 2018—2019 学年首批应用技术学校建立以来，截至 2020—2021 学年，埃及 7 个省共建立 21 所应用技

---

① 埃及国家人力资源开发中心 . 双元制下的技术教育运作体系（阿拉伯文）［R/OL］.(2021-12-11).
［2021-12-14］. https://nchrdegypt.com/wp-content/uploads/2019/10/DS-User-Manual-Second-Draft-AR.pdf.
② 哈米德 . 双元制在提升工业高中学生能力方面的作用（阿拉伯文）［J］.教育杂志，2020（78）：
1383-1469.

术学校。[1] 埃及计划在 2030 年将应用技术学校数量扩展至 100 所。

埃及应用技术学校的学制普遍为 3 年，少数提供 5 年制技术教育，实施理论教学与实践教学并重的双元制教育体系。除了传统技术教育专业，应用技术学校迎合时代发展和埃及就业市场，开设了一些新颖的专业，如人工智能、信息安全、电子游戏、信息技术、农业生产技术、珠宝首饰等。申请就读应用技术学校的学生需为应届初中毕业生，年龄不超过 18 岁，中考分数不低于各省应用技术学校招生的最低分数线。埃及应用技术学校的招生分数要高于传统技术高中和双元制技术高中。符合申请条件的学生需要接受教育与技术教育部组织的笔试、面试和体检，学校根据成绩择优录取。与双元制技术高中类似，学生学习期间可在企业进行实践培训，并获得津贴补助，毕业后学生有机会留在企业就业。应用技术学校的最大特色是与国际伙伴合作，打造全新课程体系，采用国际教育标准，旨在全面提升埃及职业技术教育的质量和竞争力。学生毕业后将获得经国际教育质量认证的埃及技术教育文凭，可获得进入国际劳动力市场就业和外国教育机构学习的机会。

二、隶属于高等教育与科学研究部的机构及其培养目标

由高等教育与科学研究部管理的职业技术教育机构主要有中等技术学院、高等学院、技术大学，以及公立大学中的护理技术学院和工业教育学院。中等技术学院在办学层次上属于中等后非高等教育水平，但一直由高等教育与科学研究部管理。而高等学院、技术大学以及公立大学中的护理技术学院和工业教育学院在办学层次上都属于高等教育水平。因此，本章只介绍中等技术学院，其他机构在高等教育章节进行介绍。

埃及共有 45 所中等技术学院，既有公立的也有私立的，提供 2 年制学习项目，主要涉及工业、商业、旅游和酒店管理三个领域，其目标是培养熟练工人而非技术人员。中等技术学院面向普通高中毕业生招生，学生毕业后获得中等技术学院文凭，属于中等后非高等教育层次。2000 年，埃及

---

[1] 埃及国家信息服务中心.应用技术学校概况（阿拉伯文）[EB/OL].（2021-07-09）[2021-12-11]. https://www.sis.gov.eg/Story/221359/ فى-بمدارس-التكنولوجيا-التطبيقية-التعليم-ومؤسسة-غبور-للتنمية نظام-يوم-تعرب؟lang=ar.

将分布在 18 个省的 45 所中等技术学院整合成 8 所区域技术学院，以改善中等技术学院的管理，切实提升教育质量。这 8 所区域技术学院分别是马塔里亚技术学院、萨哈夫技术学院、古维斯纳技术学院、迈哈莱技术学院、亚历山大技术学院、塞得港技术学院、河谷中部技术学院、南河谷技术学院。①

三、隶属于其他公共和私营部门的机构及其培养目标

埃及 TVET 机构还包括由其他部委、私营部门运营的职业培训中心。根据世界银行 2014 年的报告，埃及共有 823 所职业培训中心，其中 600 所隶属于公共部门，223 所由私营部门管理和运营。② 以下例举贸易与工业部、人力资源部以及工会联合会下属的 TVET 机构。

（一）贸易与工业部下属的职业培训中心

埃及贸易与工业部下设生产力与职业培训局（Productivity and Vocational Training Department，PVTD），负责该部门的职业培训事宜。PVTD 的目标是为企业培养合格的技术工人，促进工业产能的提升和管理体系的发展，为国民职业培训做出贡献。PVTD 下属的培训机构分布在全国 17 个省，共计 46 个职业培训中心和 68 个培训站，涉及 45 个行业的培训项目。③

职业培训中心提供的项目有为期 3 年的正式学徒制计划、为期 2 年的高级培训项目和短期培训项目。其中，正式学徒制计划是 PVTD 的主要运营项目，参与者年龄应不小于 15 岁，采用双元制教育培养模式，前两年在培训中心学习，最后一年大多数时间在企业中工作和培训。企业向学徒发放少量津贴，约为正式工人工资的 15% ～ 25%，具体金额由 PVTD 同企业

---

① 埃及高等教育与科学研究部.技术学院名单（阿拉伯文）［EB/OL］.［2021-12-23］. http://portal.mohesr.gov.eg/ar-eg/Pages/Technical-Colleges.aspx.

② Workforce development［R/OL］.［2021-12-24］. https://documents1.worldbank.org/curated/en/766501468234315148/pdf/901050WP0Box0300Egypt0CR0Final02014.pdf.

③ 埃及贸易与工业部.生产力与职业培训局相关活动（阿拉伯文）［EB/OL］.（2018-03-05）［2021-12-24］. http://www.mti.gov.eg/Arabic/aboutus/Sectors/Entities/ProductivityandVocationalTrainingDepartment/Pages/Activities.aspx.

协商决定。PVTD 为所有参与正式学徒制计划的学员组织统一考试，考试合格者将获得由 PVTD 颁发的工业学徒文凭，该文凭同埃及教育与技术教育部颁发的中等技术教育的文凭具有同等效力，因此正式学徒制计划也被视为正规职业技术教育。

培训站是 PVTD 同企业合作，在企业内部建立的培训中心，类似教育与技术教育部管理的工厂内学校，即所有的理论和实践学习都在企业内进行。培训站面向初中毕业生招生，学制为 3 年，根据合作企业的不同，学生有可能需要支付学习费用，也有可能不用支付学费并从企业获得一定补助。PVTD 负责为培训站中的学员组织结业考试，考试合格者将获得由 PVTD 颁发的工业学徒文凭。

（二）人力资源部下属的职业培训中心

人力资源部是埃及促进和协调就业的主要官方机构，下设职业培训中心和流动站，共计 41 个，分布在 22 个省（表 6-2），面向辍学学生、下岗员工以及需要特定职业培训的人群提供服务。流动站是移动的培训中心，穿梭于省内的贫困村庄和街区之间，为有需求的人提供短期职业培训。这类职业培训中心提供的培训项目主要有 5 类：一是学徒培训，面向 12 ～ 18 岁的辍学学生，提供 1 ～ 2 年免费培训；二是职业初成培训，面向 12 ～ 20 岁的辍学学生，提供 7 个月的免费培训，学生获得每天 1.2 埃镑的补贴和一套培训服；三是机械电子领域的基础培训，面向初中毕业生，提供 10 个月的培训；四是针对不同职业的速成培训，面向 20 ～ 40 岁人群，提供为期 4 个月的免费培训，同时学员每日会获得一定的补助；五是就业辅导，面向中等后教育毕业生和高等教育毕业生，提供 3 ～ 4 个月特定领域的职业培训，同时提供英语和电脑课程。[①]

---

① USAID. Technical vocational education and training in Egypt［R］.Washington D.C.：USAID，2010：33.

表 6-2　人力资源部下属的职业培训中心 [①]

省份	数量	培训中心	培训专业
开罗	1	沙拉贝亚培训中心	家电、焊接、制冷和空调、电子产品、汽车、语言实验室、裁剪缝纫
卡夫拉·谢赫	2	夫哈培训中心	制冷和空调、家电、电子产品、精密仪器、汽车机械、焊接、语言实验室
		流动站	制冷机械
吉萨	2	布拉格·杜克鲁尔培训中心	车床、机械操作、汽车机械、焊接、金属家具、木工、家用电器、语言实验室、卫生管道、油漆和装潢、裁剪缝纫、建筑工
		曼恩施艾·布克拉培训中心	油漆装饰、金属家具、焊接、制冷和空调、电子产品、语言实验室、裁剪缝纫
索哈杰	3	索哈杰培训中心	汽车机械、金属加工、印刷、木工、焊接、卫生管道、家电、语言实验室、裁剪缝纫
		巴尼·塔赫塔培训中心	木匠、卫生管道、电路连接、焊接、家电、汽车机械、制冷和空调、裁剪缝纫
		流动站	卫生管道、电力
塞得港	1	塞得港培训中心	焊接、裁剪缝纫、锁扣眼、语言实验室
北西奈	2	阿里什培训中心	木工、机械操作、焊接、制冷和空调、家用电器、电机装配、语言实验室、裁剪缝纫、刺绣珠饰、蔓藤雕刻
		比尔·阿比德培训中心	汽车机械、焊接、木工、家用电器、卫生管道、裁剪缝纫
布哈拉	1	流动站	机械打磨
东部	2	纳哈尔培训中心	焊接、制冷和空调、电路连接、汽车、机械加工、家用电器、语言实验室
		萨亚丁培训中心	木工和家具、裁剪缝纫

---

① 根据埃及人力资源部网站公布的信息整理制成。

续表

省份	数量	培训中心	培训专业
曼努菲亚	2	阿什蒙培训中心	木工和家具、汽车机械、家用电器、电脑、电梯、制冷和空调、电路连接、电子产品、语言实验室、裁剪缝纫
		流动站	电路连接、旋转电机
米尼亚	1	米尼亚培训中心	电路连接、家电、制冷和空调、语言实验室、木工、裁剪缝纫
杜姆亚特	1	新杜姆亚特培训中心	制冷和空调、汽车、电子产品、焊接、起重机
马特鲁	1	马特鲁培训中心	汽车机械、汽车电气、电路连接、金属焊接、卫生管道、机械、裁剪缝纫
南西奈	1	图尔培训中心	机械加工、制冷和空调、卫生管道、电路连接、油漆和装潢、语言实验室、裁剪缝纫
法尤姆	1	流动站	机械打磨
盖勒尤比	2	汉卡培训中心	家电、焊接、制冷和空调、电路连接、木工和家具、语言实验室
		流动站	机械打磨
亚历山大	4	巴布·沙尔格培训中心	机械加工、旋转电机、卫生管道、语言实验室、家电、电路连接、裁剪缝纫
		赫德拉培训中心	汽车电器、金属车削、收音机和电视、制冷和空调、焊接、裁剪缝纫、家电
		穆哈拉姆·贝克培训中心	汽车机械、制冷和空调、电路连接、油漆和装潢、家电、焊接、语言实验室、裁剪缝纫、收音机和电视、卫生管道
		哈努菲勒培训中心	裁剪缝纫、铝合金（安装焊接）
贝尼·苏夫	2	东尼罗河培训中心	普通车削、数控车削、包装、汽车机械和拖拉机、制冷和空调、油漆和装潢、家电、语言实验室
		流动站	金属车削

续表

省份	数量	培训中心	培训专业
达卡利亚	5	曼扎拉培训中心	电脑、汽车机械、木工、制冷和空调、电路连接、收音机和电视、家电维修、语言实验室、裁剪缝纫
		森布拉维培训中心	机械加工、焊接、制冷和空调、电器组装、家电维修、电脑、裁剪缝纫
		阿扎培训中心	木工和家具、制冷和空调、电路连接、家电维修、汽车机械
		梅伊特·哈姆尔培训中心	金属加工、计算机、制冷和空调、家电维修、电路连接、收音机和电视、裁剪缝纫
		流动站	家电、金属焊接
伊斯梅利亚	1	未来城培训中心	制冷和空调、裁剪缝纫、电脑、手机修理、木工、汽车机械、焊接、电路连接
艾斯尤特	1	艾斯尤特培训中心	木工、裁剪缝纫
阿斯旺	2	马哈茂德区培训中心	制冷和空调、电器组装、裁剪缝纫、淋浴维修、语言实验室
		流动站	金属焊接
新河谷	3	哈里贾培训中心	汽车、车削、制冷和空调、焊接、木工、电路连接
		流动站	汽车电路
		流动站	家电

（三）埃及工会联合会下属的工人大学

埃及工会联合会是埃及独立的工会组织，其管理的工人大学是一所专门从事技术发展和劳资关系研究的教育机构。自 1985 年成立以来，工人大学在全国发展了 11 个校区，就规模而言，工人大学是埃及第二大的大学。

埃及工人大学共有三个学院，分别是劳资关系学院、技术开发学院和酒店管理学院。劳资关系学院下设管理、会计和对外贸易三个专业，技术开发学院下设电力、机械、电器设备和质量控制专业，酒店管理学院下设服务、烹饪和内部监管三个专业。工人大学是一所私立大学，其收费高于

公立大学，但低于其他私立大学，具体费用为：劳资关系学院 3 600 埃镑 /
学年，技术开发学院 4 160 埃镑 / 学年，酒店管理学院 3 000 埃镑 / 学年。①

第二节　埃及 TVET 的课程与教学

埃及 TVET 教育机构类型多样，各阶段不同机构的课程与教学安排不
尽相同。总体来看，大学前教育阶段的 TVET 采用文化课和专业课并重的
课程体系，文化课与专业课学时基本持平；中等后教育阶段的 TVET 更加
注重专业课程的学习和实践。以下例举技术高中和中等技术学院的课程。

一、技术高中课程与教学

埃及技术高中（工、农、商、酒店管理）的课程可分为文化课和专业
课两大类。一年级不分专业方向，所有学生学习统一的文化和专业课程。
在二年级和三年级，学生学习的文化课程基本一致，但是专业课程会根据
所选择的方向而有所区别。以三年制商业技术高中 2014—2015 学年的课程
为例。

（一）一年级课程

一年级课程不分专业方向，所有学生遵循统一的课程大纲，每周共计
37 课时，其中文化课 19 课时，专业课 18 课时。文化课科目有阿拉伯语（4
课时）、英语（4 课时）、第二外语（3 课时）、埃及经济地理（2 课时）、
普通数学（2 课时），宗教教育（1 课时）、公民教育（1 课时）、艺术活
动（1 课时）、体育（1 课时）。其中，阿拉伯语、英语、第二外语、埃及
经济地理和普通数学的考试分数将计入总成绩，关系到学生能否顺利进入
下一学年。宗教教育和公民教育考试分数不计入总成绩，艺术活动和体育
不举行专门的考试，教师根据学生表现打分，计入总成绩。

专业课科目有计算机（2 课时）、经济学原理（2 课时）、阿拉伯语文秘（3

---

① 工人大学的相关信息（阿拉伯文）［EB/OL］.（2021-09-27）［2021-12-24］. https://www.
elwatannews.com/news/details/5714992.

课时）、外语文秘（2 课时）、管理学原理（2 课时）、财务会计学原理（3 课时）、营销学原理（2 课时）、商业法原理（2 课时），所有专业科目考试分数计入总成绩。

（二）二年级课程

从二年级起，学生开始分专业方向进行学习，4 个专业方向分别是商业保险、法务、市场营销和管理。每个专业方向 36 课时 / 周，其中文化课 16 ～ 18 课时不等，专业课 18 ～ 20 课时不等。同样，宗教教育和公民教育考试分数不计入总成绩，艺术活动和体育不举行专门的考试，教师根据学生表现打分，计入总成绩，其他科目考试分数计入总成绩。具体科目及课时分配见表 6-3。

表 6-3　三年制商业技术高中二年级课程安排（2014—2015 学年）[①]

课程类别	商业保险		法务		市场营销		管理	
	课程	课时	课程	课时	课程	课时	课程	课时
文化课	阿拉伯语	4	阿拉伯语	4	阿拉伯语	4	阿拉伯语	4
	第一外语	4	第一外语	4	第一外语	4	第一外语	4
	第二外语	3	第二外语	3	第二外语	3	第二外语	3
	商业心理学	2	商业心理学	2	—	—	—	—
	宗教教育	2	宗教教育	2	宗教教育	2	宗教教育	2
	公民教育	1	公民教育	1	公民教育	1	公民教育	1
	体育	1	体育	1	体育	1	体育	1
	艺术活动	1	艺术活动	1	艺术活动	1	艺术活动	1

[①]　埃及教育与技术教育部 . 三年制商业技术高中二年级课程计划（2014—2015 学年）（阿拉伯文）[R] . [出版地不详：出版者不详]，2014.

续表

课程类别	商业保险		法务		市场营销		管理	
	课程	课时	课程	课时	课程	课时	课程	课时
专业课	计算机	3	计算机	3	计算机	3	计算机	3
	空运和海运保险	2	仲裁	2	仲裁	2	计量金融学	2
	统计学	2	统计学	2	广告学	2	统计学	2
	阿拉伯语文秘	2	商业法	2	经济学	2	阿拉伯语文秘	2
	意外险	2	民事法	2	外语文秘	2	外语文秘	2
	计量金融学	2	刑法	2	计量金融学	2	项目管理	2
	经济学	2	诉讼法	2	证券	2	经济学	2
	财务会计学	3	财务会计学	3	财务会计学	3	财务会计学	3
	—	—	—	—	市场营销	2	仓储管理	2

（三）三年级课程

三年级每周 35 课时。文化课减少，每周 14 课时，不再开设公民教育和商业心理学课程。专业课每周 21 课时，保留了部分二年级的专业科目，并增加了新的科目。（表 6-4）

表 6-4　三年制商业技术高中三年级课程安排（2014—2015 学年）[①]

课程类别	商业保险		法务		市场营销		管理	
	课程	课时	课程	课时	课程	课时	课程	课时
文化课	阿拉伯语	4	阿拉伯语	4	阿拉伯语	4	阿拉伯语	4
	第一外语	4	第一外语	4	第一外语	4	第一外语	4
	第二外语	2	第二外语	2	第二外语	2	第二外语	2
	宗教教育	2	宗教教育	2	宗教教育	2	宗教教育	2
	体育	1	体育	1	体育	1	体育	1
	艺术活动	1	艺术活动	1	艺术活动	1	艺术活动	1
专业课	计算机	3	计算机	3	计算机	3	计算机	3
	人寿保险数学	2	财务和行政法规	3	股份公司会计	3	税务	3
	保险企业会计	3	诉讼法基本原则	3	市场营销	2	项目管理	2
	统计学	2	政府会计	2	统计学	2	统计学	2
	劳动法	2	刑事法基本原则	2	劳动法	2	劳动法	2
	工程保险	2	个人地位法	2	外语文秘	2	外语文秘	2
	个人保险	2	刑事诉讼法	2	证券	2	采购管理	2
	阿拉伯语文秘	3	民事法原则	2	计量金融学	3	阿拉伯语文秘	3
	保险营销艺术	2	经济学	2	商事仲裁	2	经济学	2

[①]　埃及教育与技术教育部.三年制商业技术高中三年级课程计划（2014—2015 学年）（阿拉伯文）［R］.［出版地不详：出版者不详］，2014.

二、中等技术学院课程与教学[①]

以古维斯纳工业技术学院为例。古维斯纳工业技术学院成立于埃及曼努菲亚省古维斯纳市，隶属于 8 个区域技术学院之一——古维斯纳技术学院。古维斯纳工业技术学院下设电力系、机械系和土木建筑系。电力系下设电力网络、计算机和网络、电子设备 3 个专业，机械系下设机械加工技术、制冷与空气调节技术、农业装备技术、汽车机械 4 个专业，土木建筑系下设建筑施工、建筑设计 2 个专业。中等技术学院的学制为 2 学年，共 4 个学期，每学期开设的课程不同。

（一）课程设置

以古维斯纳工业技术学院土木建筑系建筑设计专业的课程为例。

第一学期每周共计 32 课时，开设 7 门课程，分别是英语（2 课时）、信息技术（5 课时）、数学和统计（4 课时）、建筑绘图（7 课时）、建筑材料（5 课时）、技术报告撰写（2 课时）、建筑技术（7 课时）。

第二学期每周共计 32 课时，开设 7 门课程，分别是技术英语（土木建筑方向，2 课时）、互联网办公应用（4 课时）、计算机工程绘图（6 课时）、测绘（5 课时）、手绘建筑图纸（6 课时）、法律法规和职业行为规范（4 课时）、建筑专业技术（5 课时）。

第三学期每周共计 32 课时，开设 7 门课程，分别是建筑地点规划（3 课时）、钢筋混凝土结构原理和分析（4 课时）、建筑与雕塑透视（4 课时）、建筑技术及施工工艺（4 课时）、建筑技术规范和测算规范（5 课时）、施工图绘制原则（7 课时）、高级建筑技术（5 课时）。

第四学期每周共计 32 课时，开设 7 门课程，分别是建筑阴影与透视（4 课时）、施工图纸（7 课时）、建筑设备安装（4 课时）、建筑设计历史和设计基础（2 课时）、工程项目管理和合同签订（3 课时）、职业健康与环境管理（3 课时）、学习成果交流与展示（9 课时）。

（二）教学方式

中等技术学院课程教学方式遵循理论与实践相结合的原则。教学方式

---

① 古维斯纳工业技术学院.学习计划（阿拉伯文）［EB/OL］.［2021-12-31］. https://indq2012. ucoz.com/index/0-23.

可分为纯理论教学（讲座授课）、课堂练习（做题）、实验室操作和实践训练。学院根据课程的不同，对以上教学方式进行自由组合。以古维斯纳工业技术学院土木建筑系建筑设计专业第一学期课程为例，每周共计 32 个学时，其中有 10 个学时的纯理论学习，10 个学时的课堂练习，4 个学时的实验室操作，8 个学时的实践训练。技术报告撰写课采用纯理论教学的方式；英语科目全部采用互动式课堂练习方式，而非以教师为主导的讲座授课方式，更加注重语言的实践应用；信息技术课采用理论教学与上机操作相结合的方式；数学和统计、建筑绘图等课采用讲座和课堂练习相结合的方式；建筑材料课采用讲座、实验室操作和实践练习结合的方式进行。

第三节 埃及 TVET 的保障体系

埃及 TVET 在资金筹措方面依赖于非政府部门和国际社会资助。在师资保障方面，根据教师职能的不同，TVET 系统对教师进行了细致的分类，制订了每个类型教师的基本准入资格，并成立了培养职业技术教师的专门机构，确保教师专业能力的发展。在《埃及 2030 愿景》和大学前教育改革背景下，TVET 领域备受关注，埃及政府出台了一系列政策来保障 TVET 未来的发展。

一、政策保障

埃及重视发展职业技术教育和培训。埃及 2014 年宪法第 20 条规定：国家要根据劳动力市场需求，依照全球标准，鼓励和发展各种形式的技术教育和职业培训。《埃及 2030 愿景》提出，埃及职业教育和培训要实施紧跟世界标准的质量和认证体系，使学习者和培训者掌握就业市场所需的技能；发展教师和培训师全面可持续的职业规划；不断改进学习和培训的课程和计划；发展完善的职业教育（职业、技术和培训）组织机构体系以适应发展规划和就业市场需求。[①]

为推动《埃及 2030 愿景》中教育发展战略的落实，2019 年，埃及教育与技术教育部制定了埃及职业技术教育发展的具体规划性文件《技术教育 2.0 时代：基本原则、关键支柱、工作重点及行动计划》（以下简称"TE2.0 愿景"），提出了职业技术教育 2.0 时代的转型愿景。[②]

宏观层面，TE2.0 愿景从营造职业技术教育整体生态系统角度出发，提出了转型重点：建立国家级认证机构和制订职业技能标准；制订国家职业技能资格框架；支持立法并出台新规新政，为所有利益相关方提供制度保障；开发职业技术教育融资模式；建立职业技术类高等院校，完善职业教育贯通体系；建立国家劳动力市场信息系统，保证技术教育与职业的相关性；改善职业技术教育形象和社会认知。

中观层面，TE2.0 愿景指出技术教育转型主要围绕以下关键支柱开展：推动技术教育质量转型；通过构建能力本位课程及广泛应用数字技术来提高技术教育与职业相关性；通过培训与资格认证促进教师职业转型；通过提高雇主参与度及发展基于工作导向的学习促进学校转型；通过建立卓越中心推进学校转型；通过改变社会认知推进技术教育形象转型。

微观层面，TE2.0 愿景明确了如何实现 6 个方面转型的路径及其工作重点。

（1）技术教育质量转型的路径：建立权威的质量保障管理机构；确保权威质量保障管理机构的能力建设；为质量保障机构制订可持续发展战略；差距分析；技术教育内部重组；数字化解决方案；教育与技术教育部内部动态数据库建设；为学生确立新的技术教育准入系统；建立和维护教育与技术教育部内部的质量控制和保障体系；建立监管评估体系；为出色的学生、教师和学校建立竞争机制；建立并持续发展内部核查人员和评估人员资料数据库；为技术教育最佳实践学校提供一个高质量的典范；优化公私合营校的内部运行结构；截至 2030 年，大多数学校和项目取得国家教育质

---

① 孔令涛，沈骑. 埃及"2030 愿景"教育发展战略探析［J］. 现代教育管理，2018（10）：110-114.

② 王娟，李晓彤. 需求导向下中国职业教育走进非洲的路径探析：以埃及鲁班工坊建设为例［J］. 中国轻工教育，2021（4）：25-30.

量保障和认证管理局（NAQAAE）的官方认证。

（2）通过构建能力本位的课程提高技术教育与职业相关性的路径：将所有课程转变为能力本位课程；审查所有行业现有的专业与劳动力市场需求的相关性；审查并逐步发展商业技术教育；引进能够解决未来就业的专业；将就业指导、创业和创新纳入新课程框架；将软技能、公民身份和语言学习纳入一般性课程框架；增强课程包容性；促进职业技术教育课程与普通教育课程相协调；对课程开发人员进行培训；对教师进行能力本位制教学的培训；对能力本位制评估员进行培训；与私营企业协商课程建设；审查确保教育项目名称的相关性和吸引力；对课程进行追踪研究。

（3）通过培训与资格认证促进教师职业转型的路径：成立职业技术教师教育学院；提高职业技术教师教育学院的人力资源和基础能力建设；为技术教师和培训师提供专业培训；发展高级技师的专业技能并为其提供专业认证；确定能力本位的基本意识和工作方法；明确教师资格体系，确保教师持续进行职业发展；保障教师和管理人员的语言教育和培训；保证对评估员和内部审核员的培训；在职业技术教师教育学院内部建立职业技术教育培训研究所或类似机构；在职业技术教师教育学院之间建立结对协议；制订技术教师的初始教育标准以及实际岗位中教员要求的上岗标准；为工厂教师提供专业培训。

（4）通过提高雇主参与度及发展基于工作导向的学习促进学校转型的路径：扩大应用技术学校规模；争取到 2030 年，与中小企业合作，将双元制教育系统内学生人数扩大到技术教育学生人数的 10%；发展能力本位的双元制系统课程；支持实习 / 学徒计划的实施；工作重心向就业过渡；系统地将私营部门纳入技术教育体系；审查"高产院校"这一理念的运作。

（5）通过建立卓越中心推进学校转型：在优先发展地区设立 25 个行业内的卓越基地作为发展的灯塔；将卓越基地与职业技术教师教育学院的区域分支机构紧密联系起来；与多个国际合作伙伴开展卓越基地试点；推进卓越基地在科研、教师培训和以学生为中心的教学方式等多方面成为区域技术教育发展的创新中心；引入绿色学校这一创新性概念；确立基础设施修缮、更新维护或升级换代计划；确保新课程的基础设施配备；在非洲建立埃及卓越基地。

（6）通过以上 5 个支柱的努力，最终实现第 6 个关键支柱目标，即改变社会对技术教育的认知，推进技术教育的形象转型。

二、资金保障

埃及 TVET 系统的资金来源有四个方面。

一是学费。学费对埃及 TVET 的资金贡献是非常小的。埃及规模最为庞大的 TVET 机构，即中等技术学院通常是免费的，其他教育机构虽向学生收取费用，但是费用归财政部所有。各院校还会向学生提供津贴补助。因此，在大多数情况下，TVET 机构是将更多的资金投入学生身上，而不是通过学生来获得发展资金。

二是预算分配。2006—2007 学年，教育部分配给技术高中学生的预算不超过 5 570 万埃镑，生均预算不超过 23 埃镑。根据埃及经济研究中心的数据，分配给三分之一普通中学生的预算，相当于分配给三分之二的职业技术教育学生的预算。[①] 贸易与工业部、人力资源部、旅游部等为众多的培训计划提供补贴。

三是非政府部门。根据埃及 2003 年第 12 号法令劳动法的规定，设立国家培训基金，致力于设立和改进培训中心。国家培训基金的收入由以下部分组成：（1）受劳动法管辖的员工人数在 10 人以上的企业净利润的1%；（2）国家批准的收入；（3）基金会管理委员会根据基金会实施条例规定的原则接受的捐赠；（4）基金会投资的收入。[②] 此外，一些非政府组织为就业计划提供的补贴也是埃及职业教育培训的资金来源。

四是国际援助。国际社会以向埃及政府提供赠款或贷款的形式与埃及政府合作对 TVET 进行资助，国际援助资金主要来自欧盟、世界银行、加拿大、美国等。

---

① SHERIF A M. The dual education program in Egypt：a qualitative study on challenges and opportunities［D］. Cairo：American University in Cairo，2013：20.

② The World Bank. SABER Country Report 2014：Arab Republic of Egypt workforce development ［R］.［S.l.：s.n.］，2014：23.

三、师资保障

（一）TVET 教师类型及教师资格

埃及 TVET 教师分为四种类型。一是核心课程教师，主要负责教授数学、科学、社会科学、语言、宗教等所有 TVET 学生都需要学习的文化科目。二是技术教师，主要负责教授专业课程的理论知识。三是实践培训师，主要负责培训学生对车间或实验室内相关设备和仪器的使用。四是资深培训师，负责对 TVET 教师的培训。资深培训师是来自中央层面的教师培训人员，没有特定的学历要求。2014—2015 学年埃及部分 TVET 机构的教师统计数据显示，教育与技术教育部下属的机构，以及高等教育与科学研究部下属的机构，更注重理论的学习，因此更倾向于招聘核心课程教师和技术教师，而招聘实践培训师人数较少；相反，贸易与工业部生产力与职业培训局（PVTD）下属的学徒计划项目以实践为主，因此更倾向于招聘实践培训师。（表 6-5）

表 6-5　2014—2015 学年埃及部分 TVET 机构教师统计数据 [1]

TVET 机构	学生人数	教师人数	核心课程教师、技术教师占比	实践培训师占比
技术高中（3 年制、5 年制）	1 800 000	142 056	63.5%	36.5%
PVTD 学徒计划（3 年制）	25 000	1 278	15.5%	84.5%
中等技术学院（2 年制）	70 000	1 232	75.0%	25.0%

埃及技术高中的核心课程教师须获得大学教育学院的本科学位，或相关专业（阿拉伯语、英语、数学等）的本科学位；技术教师必须获得相关技术专业的本科学位，如大学工程、农业、商业学院的学位，或四所工业教育学院的学位；实践培训师大多为 5 年制技术高中的毕业生，以及高等

---

[1]　European Commission. TVET college lecturer education annex report［R］.［S.l.：s.n.］，2015：148.

教育与科学研究部下属的技术学院的优秀毕业生。教师在任职之前并不需要相关行业的工作经验。中等技术学院的教师须持有高等教育文凭，其中大多数为本科毕业生，30% 的教师获得硕士学位。同时，中等技术学院还可面向自己学校的毕业生招聘实践培训师。PVTD 学徒计划中的教师通常为 5 年制技术高中毕业生、PVTD 学徒计划优秀毕业生、中等技术学院毕业生以及大学工程学院的毕业生。PVTD 教师招聘条例中明确规定受聘者至少需要拥有 3 年的行业工作经验，但在实践中并未严格执行。PVTD 招聘的教师在正式上岗前，由 PVTD 下属的员工培训学院对其进行教学能力评估，如未通过评估，教师将转入管理岗，顺利通过评估的教师在接受职前培训后方可上岗。①

（二）TVET 教师教育的机构

TVET 教师教育机构主要有公立大学教育学院和工业教育学院，以及 PVTD 下属的员工培训学院。

1. 公立大学教育学院。

公立大学的教育学院兼顾普通教师与 TVET 教师的培养，提供本科和研究生教育文凭。大多数教育学院毕业的 TVET 教师为核心课程教师，主要教授外语、数学、社会科学等文化科目。但一些教育学院开设技术教育专业，培养 TVET 技术教师，如赫勒万大学专门设有工业教育学院，开设的专业有建筑、装潢设计、木工、金属工业、纺织、成衣制造等 6 个专业，为 TVET 的发展提供师资支持和研究基础。

2. 工业教育学院。②

工业教育学院是 20 世纪 90 年代在埃及工程和技术教育计划背景下建立起来的培养理论和实践相结合的技术类教师的后备力量机构。起初，工业教育学院以独立形式存在，之后逐渐并入公立大学。截至 2021 年，埃及共有四所工业教育学院，分别是：① 1989 年成立的赫勒万工业教育学院，于 2006 年并入赫勒万大学，设有制冷和空调技术系、生产技术系、汽车技

---

① European Commission. TVET college lecturer education annex report［R］.［S.l.：s.n.］，2015：149-150.

② 注：2019 年起，四所工业教育学院陆续更名为工业教育与技术学院。

术系、电力技术系、电子技术系。②1992年成立的贝尼·苏夫工业教育学院，于2006年并入贝尼·苏夫大学，设有工业过程控制系、纺织技术系、建筑系、精密仪器系、电子系、生产系和基础科学系。③1995年成立的苏伊士大学工业教育学院，于2012年归入苏伊士大学，设有土木建筑系、动力机械系、生产系等。④2006年成立的索哈杰大学工业教育学院，设有机械系、电力系和土木建筑系。工业教育学院为学生提供工业教育学士学位课程、工业教育硕士学位课程和工业教育博士学位课程。其中，工业教育学士学位课程面向技术高中和普通高中招生，90%的学生来自技术高中，10%的学生来自普通高中。前两年学生都在学校里学习，从第三年开始，学生假期会在工厂里进行实训，在第四年，学生每周会在技术高中进行一天的教学实践。①除职前教育，工业教育学院还提供在职教师培训项目。如贝尼·苏夫工业教育学院向教龄不低于3年，持有3年或5年工业技术高中文凭，以及中等后工业技术教育文凭的在职技术教师提供工业教育本科教育项目。

---

① European Commission. TVET college lecturer education annex report［R］.［S.l.：s.n.］，2015：156.

第七章
埃及教师教育

阿拉伯埃及共和国成立以来，伴随着国家教育事业的蓬勃发展，埃及教师数量和质量亟待提高。在这一背景下，政府强调教师的重要地位，重新定义教师教育的目标与方向，通过扩大教师教育的机构、发展教师教育的课程与培训项目、保障教师权益、提升教师社会福利等措施来推动教育事业的发展。

第一节 埃及教师的职业标准与培养机构

《埃及国家教育标准》定义了埃及教师应该具备的八项基本能力，包括教学规划、教学策略与班级管理、学科知识、教学技术、社区参与、评估、职业道德、可持续职业发展。最初，教师教育由专门的教师培训学校承担，随着国家对教师的需求由数量增长转为质量提高，教师教育的实施机构逐渐由独立设置的教师培训学校向综合大学转变，教师教育的培养层次由大学前教育提升至本科及以上水平，培养理念由单纯的职前教育向职前职后教育一体化转变。

一、21世纪埃及教师的职业标准

2003年，埃及在《埃及国家教育标准》文件中从规划、教学策略与班级管理、学科知识、评估、教师专业水平等五个方面对教师能力做出了要求，并在每个领域下设置了细化的维度。2005年，埃及对教师职业标准进行修订，但变化不大，保留了规划、教学策略与班级管理、学科知识、评估、教师专业水平这五大能力标准，仅对细化的维度和指标做了更新。2009年，埃及国家教育质量保障与认证机构在2003年和2005年版本的基础上对教师职业标准进行进一步修订，将原有的五大能力标准扩展至八大能力标准（表7-1）。

表 7-1　埃及教师职业标准（2009 年）

八大能力标准	维度
教学规划	明确学生的学习需求 制订目标 设计教学活动
教学策略与班级管理	通过各种途径激发学生的学习动力 促进学生的有效学习 鼓励学生参与问题的解决，培养学生的批判思维和创新思维 创造公平的环境 高效管理学习时间
学科知识	充分了解学科基础和性质 充分掌握学科研究方法 能够进行知识生产 能够将本学科同其他学科进行融通
教学技术	能够在教学过程中应用现代化技术 能够在教学过程中使用有效的沟通技巧
社区参与	熟悉学校周围的社区文化 加强与社区成员的联系 参与和引领教育的变革与发展
评估	全面评估 反馈
职业道德	与同事建立良好的关系 遵守职业操守
可持续职业发展	不断推动自我职业发展 能够与同行积极互动，交流经验，推动集体职业发展

此外，埃及教育部前部长巴哈丁博士指出，21 世纪埃及需要的是创新型人才，需要的是能够运用数学、计算机、各种传输工具和语言并具有决策能力的人。因此，教师的职能不应是照搬或灌输知识，教师应该成为学生学习的协调员和鼓动者，成为激发学生与志向对话的主持人，应关注学生的天赋，使学生有能力提出建设性的批评，进行严肃的对话和发表不同的见解。埃及需要付出巨大的努力和大量的时间来培养教师，改变教育工作者的观念、行为、经验和培养方式，对他们进行良好的培训，使他们承

担起新的任务和职责。这就需要在教育机构内协调好全球化的考量、需求，同时深化民主参与。由此便显现出培训的重要性，它是改变教师观念和行为的一种手段。[①]

二、教师教育的实施机构

埃及教师教育机构的历史最早可以追溯到 1871 年，埃及教育振兴事业的先驱、时任教育部部长阿里·穆巴拉克在一个被称为"知识之家"的圆形剧场定期举办学术讲座，并邀请爱资哈尔学校的学生前来参加。1872 年，"知识之家"正式转变为一所教师教育机构，其使命是为公共教育体系培养优秀的阿拉伯语教师（主要是小学教师），以改善公共教育体系中阿拉伯语教师语法水平不高的情况。"知识之家"的学生主要来自宗教学校，课程也与宗教学校相似，但其以公共学校的模式运作，以帮助有深厚宗教教育背景的未来教师提前了解和适应公共教育体系。1872—1880 年，"知识之家"是埃及唯一一所为公立世俗学校培养教师的机构。[②]

1880 年，埃及建立了中央男子教师培训学校，提供 2 年制教育，培养古兰经、阿拉伯语、数学、科学、历史、地理、外语等科目的教师。1900 年，埃及成立了第一所女子教师培训学校。1922 年后，政府着力扩大中小学教育，教师培训机构也有所增加。据统计，1927 年埃及已有 25 所男子教师培训学校，18 所女子教师培训学校。[③]

1953 年埃及共和国成立后，埃及教育面临着两个迫切任务：一是实现教育机会均等，兑现人人受教育的承诺；二是为国家发展输送合格的劳动力。在这一背景下，国家需要更多的教师，同时也对教师质量提出了更高要求，教师教育被置于重要的教育战略位置，原来单独设立的教师培训学校开始归入综合大学，或在综合大学中设立新的教育学院，教师教育层次由此提

① 巴哈丁. 十字路口 [M]. 朱威烈，丁俊，译. 上海：上海外语教育出版社，2005：110.

② BOOTH M, GORMAN A. The long 1890s in Egypt：colonial quiescence，subterranean resistance[M]. Edinburgh：Edinburgh University Press，2014：93-94.

③ MEGAHED N, GINSBURG M. Teacher education and the construction of worker-citizens in Egypt：historical analysis of curricular goals in national / international political economic context [J]. Comparative education and teacher training，2006（4）：161-171.

升至本科及以上水平。与此同时，教师职后培训机构与项目也如雨后春笋般建立，教师教育从单纯的职前教育走向职前教育与职后培训一体化。

（一）职前教育机构

大学教育学院致力于为埃及培养专业的师资力量，并在教育学领域开展研究，为解决国家教育发展问题提供智力支持。教育学院提供本科教育和研究生教育。本科学制为 4 年，面向高中毕业生招生，除了高中统考成绩要达到相应分数，学生还需要参加学院组织的面试、性格测试和体检。研究生教育分为高级教育文凭（普通、专业、特殊）、硕士和博士三个培养层次。普通高级教育文凭学制为 1～2 年，面向本科非教育学院的毕业生招生，使他们为未来从事教学工作做好准备。普通高级教育文凭是埃及教师连续性培养模式的重要组成部分。专业高级教育文凭学制为 1 年，面向教育学院本科毕业生以及持有普通高级教育文凭的非教育学院毕业生招生，为他们提供可持续的专业发展机会。特殊高级教育文凭学制为 1 年，面向持有专业高级教育文凭的学生招生，旨在加深学生对某一专业领域的学习，奠定教育研究的基础，为攻读硕士和博士学位做好准备。

根据培养教师类型的不同，埃及大学教育学院细分为教育学院、素质教育学院、学前教育学院和技术教育学院。

教育学院主要培养文化课教师，并在教育原理、教育心理、比较教育、教育管理、课程与教学法、特殊教育等领域开展人才培养和学术研究。以亚历山大大学教育学院为例，该学院下设阿拉伯语系、英语系、法语系、数学系、社会科学系、物理与化学系、生物地质系，同时开设教育管理与教育政策系、比较教育系、教育心理学系、教育技术系、课程与教学法系。从 1956 年埃及第一所大学教育学院——艾因夏姆斯大学教育学院诞生之日起，截至 2021 年，埃及共有 27 所大学设立了教育学院。

根据学校的不同，素质教育学院可设有音乐教育系、艺术教育系、教育技术系、教育传媒系、家政系、教育学与心理学系，主要培养音乐教师、艺术教师、家政教师、计算机教师以及大学前教育的心理专业人士、技术专业人士、新闻媒体专业人士。截至 2021 年，埃及共有 18 所大学设立了素质教育学院。

虽然一些大学教育学院开设了学前教育专业，但也有 14 所大学设立了专门的学前教育学院，集中进行学前教育的人才培养和学术研究。此外，为弥补职业技术教育师资缺口，埃及有 4 所公立大学设立了工业教育学院，专门培养职业技术教师，分别是赫勒万大学工业教育学院，贝尼·苏夫大学工业教育学院、苏伊士大学工业教育学院、索哈杰大学工业教育学院。

（二）职后培训机构

职后培训是促进教师专业发展的重要途径。埃及教师职后培训机构呈现多元化的特点，地方教育行政部门、大学教育学院、中小学校、国家课程开发中心、国家教育质量保障与认证机构、国际组织等众多国内外机构都参与了埃及教师的职后培训。

2008 年，埃及成立教师专业学院作为促进教师专业发展的核心机构。该机构隶属于教育与技术教育部，总部设在吉萨省十月六日城，在全国 27个省设有分支机构。教师专业学院的目标是通过为教师提供专业发展的机会，可持续地促进教师专业能力的提高，支持和确保埃及教师的专业发展，从而提升教育水平。围绕这一目标，教师专业学院开展的工作包括：制订教师专业发展规划、政策以及培训质量标准；制订和认证教师培训方案；认证教师培训的教材和资料；参与教师晋升、考核评价制度的制订；推动教育教学研究，分析国际教师教育发展的前沿趋势，并从中吸取经验；同教育学院、研究和培训中心等专业发展机构开展广泛的合作，共同促进埃及教师素质的提高。

教师专业学院实行理事会领导下的院长负责制，领导层主要成员包括一名院长、一名副院长和一名秘书长。院长由教育与技术教育部部长从具有人力资源管理和培训经验的专业教授中提名，由总理任命。副院长由教育与技术教育部部长从具有人力资源开发和培训经验的专业教授中提名，经院长同意后，由总理任命。副院长负责协助院长工作，并在院长缺席时代表院长执行工作。秘书长由教育与技术教育部部长直接任命，接受院长的领导，主要负责财务和行政工作。

学院理事会是教师专业学院的最高权力机构，管理着学院的行政、财政和各项专业事务，根据国家战略确定学院的发展方向、工作计划和政策方针。学院理事会由教育与技术教育部部长领导，成员包括教师专业学院院长、副院长、秘书长、教师代表、教师工会代表、国务委员会高等教育和科学研究咨询处负责人、爱资哈尔谢里夫代表、国家教育研究与发展中心主任、国家考试和教育评估中心主任、教育与技术教育部代表（普通教育部门负责人、技术教育部门负责人、部长办公室负责人）、三名大学教授以及若干名教育领域的专家，成员任期为三年，可连任。

第二节　埃及教师教育的教学与课程

培养模式是教师教育体系中的核心内容和运行手段。埃及教师职前培养模式具有较强的统一性和规范性，拥有相对完善的课程体系。在职培训模式则呈现灵活性和多样性的特点，因承办机构和项目而异。

一、教师职前教育的培养模式

埃及教师职前教育主要由大学教育学院承担，在培养理念上推崇文化、学科和教育学三个维度的统一，注重理论知识与教学实践能力的整合，针对教育学院学生和非教育学院学生采取不同的培养模式。

（一）教师职前教育的培养理念

埃及教师职前教育强调文化、学科和教育学的三维一体培养。文化维度关注的是为何而教。教师群体承担着传承社会文化的重要责任，因此，要注重对师范生的文化教育，提升他们的社会道德修养、内在价值意识、文化素养和社会服务意识，将教师的职业价值与社区发展、国家发展联系起来。学科维度解决的是教什么的问题。教师的教学水平在很大程度上与他们的专业基础知识密切相关，因此学科专业知识始终是教师教育的核心。培养师范生的学术性既要帮助他们获得前沿的学科知识，还要帮助他们建立学科思维方式，培养批判性思维和解决问题的能力，以及进行深入研究的能力。教育学维度主要解决的是如何教的问题，旨在帮助师范生了解教育基本理论，学习教育基本规范，掌握教育教学规律，了解教育教学方法，提升教育教学水平。

同时，教师职前教育注重理论知识与实践能力的整合，教学实践是培养方案的重要组成部分，教育学院考核规定未完成教学实践的学生将不能顺利进入下一学年，或将不能顺利毕业。重视教学实践的主要目的是为师范生提供一个真实的课堂教学情境，使他们能够在实践中发现不足，解决问题，积累教学经验，为走向教师岗位做好准备。

（二）教师职前教育培养模式

教师职前教育培养模式分为整体性培养模式和连续性培养模式，分别面向教育学院全日制本科生和非教育学院毕业但有意从事教学工作的人群。

1. 整体性培养模式。

整体性培养模式是大学教育学院全日制的培养模式。整体性培养模式将构成教师重要基础的文化课程、学术专业课程和教育学课程进行整合，在学习顺序上不分先后，综合进行。三类课程比例为专业学术课程75%、教育学课程20%、文化课程5%。在此以米尼亚大学教育学院本科生课程为例，详细阐述埃及职前教育整体性培养模式的教学体系。

米尼亚大学教育学院开设本科生和研究生课程。本科生课程有6个不同的项目：①小学教育文学学士学位，设有阿拉伯语、英语、社会学专业；②小学教育理学学士学位，设有数学和科学专业；③小学教育理学学士学位（英语授课），设有数学和科学专业；④中等教育文学学士学位，设有阿拉伯语、英语、法语、德语、历史、地理、教育心理学专业；⑤中等教育理学学士学位，设有数学、化学、生物地质学、农学专业；⑥中学教育理学学士学位（英语授课），设有数学、物理、化学和生物地质学专业。

（1）课程设置。

教育学院本科学制为4年，每学年2个学期，每学期17周，其中15周为教学周，最后2周为考试周。课程类型包括文化类、教育类、专业类以及教学实践。每门课程根据需要采用理论、实践、练习的授课方式。从三年级开始，学生每周去合作学校进行为期1天的教学实践，并在每学期期末进行连续1周的教学实践。表7-2至表7-5列举了米尼亚大学教育学院小学教育文学学士学位阿拉伯语专业2017—2018学年课程安排，其中的文化课程和教育学课程适用于所有专业。

表 7-2　米尼亚大学教育学院 2017—2018 学年第一学期
阿拉伯语专业本科生课程设置（文化课和教育学课）

年级	课程名称	周学时				备注
		理论	练习	实践	合计	
一年级	教师职业发展	2	—	—	2	—
	文化选修课	2	—	—	2	从以下课程中任选一门：教育人口学、科学文化课、学习与记忆技能、（心理学专业除外）
	阿拉伯语	2	—	—	2	阿拉伯语专业除外
二年级	教育与当代问题	2	—	—	2	—
	学校与班级管理	2	—	—	2	—
	学习心理学	2	—	2	4	—
三年级	教学法（1）	2	1	—	3	
	计算机	1	—	1	2	数学专业除外
	教育技术	1	—	2	3	
四年级	教学法（2）	2	1	—	3	
	心理健康	2	—	—	2	
	课程论	2	—	—	2	

表 7-3　米尼亚大学教育学院 2017—2018 学年第二学期
阿拉伯语专业本科生课程设置（文化课和教育学课）

年级	课程名称	周学时				备注
		理论	练习	实践	合计	
一年级	个体差异研究	2	—	1	3	—
	英语	2	2	—	4	英语专业学生将学习法语
	发展心理学	2	—	—	2	—

续表

年级	课程名称	周学时				备注
		理论	练习	实践	合计	
二年级	微格教学（1）	—	—	2	2	—
	教育学选修课	2	—	—	2	从以下课程中任选一门：学校与社会、国际教育、社会心理学、记忆与遗忘（心理）、环境教育
	教育技术	2	—	2	4	
三年级	教育思想及其实践	2	—	—	2	
	特殊群体心理学	2	—	—	2	数学专业除外
	特殊群体教学法	2	—	—	2	—
	微格教学（2）	—	—	2	2	
四年级	心理测量学	2	1	—	3	
	教育制度与教育发展前沿趋势	2	—	—	2	
	教育原理	2	—	—	2	—

表 7-4　米尼亚大学教育学院 2017—2018 学年第一学期
阿拉伯语专业本科生课程设置（专业课）

年级	课程名称	周学时			
		理论	练习	实践	合计
一年级	语法和动词变位（1）	2	2	—	4
	走进阿拉伯语	2	2	—	4
	古兰经（释义与朗诵）	2	3	—	5
	阿拉伯典籍	2	3	—	5
	走进阿拉伯文学（1）	2	2	—	4

续表

年级	课程名称	周学时			
		理论	练习	实践	合计
二年级	诗歌（1）	2	3	—	5
	语言技能（读）	2	3	—	5
	贾希利叶时期文学	2	2	—	4
	应用语言学	2	2	—	4
	修辞学	2	2	—	4
三年级	语法和动词变位（4）	2	2	—	4
	阿巴斯时期文学	2	2	—	4
	修辞学	2	3	—	5
	圣训和先知传记	2	2	—	4
	教学实践一天				
四年级	语法和动词变位（6）	2	2	—	4
	词汇语义学	2	3	—	5
	文体学	2	3	—	5
	现代阿拉伯文学（诗歌）	2	2	—	4
	埃及伊斯兰文学	2	2	—	4
	教学实践一天				

表 7-5　米尼亚大学教育学院 2017—2018 学年第二学期
阿拉伯语专业本科生课程设置（专业课）

年级	课程名称	周学时			
		理论	练习	实践	合计`
一年级	语法和动词变位（2）	2	2	—	4
	伊斯兰史	2	—	—	2
	阿拉伯语语音	2	3	—	5
	走进修辞学	2	2	—	4
	走进阿拉伯文学（2）	2	2	—	4

续表

年级	课程名称	周学时			
		理论	练习	实践	合计
二年级	语法和动词变位（3）	2	2	—	4
	语义学	2	2	—	4
	古兰经	2	2	—	4
	伊斯兰初期和伍麦叶时期文学	2	2	—	4
	诗歌（2）	2	2	—	4
三年级	语法和动词变位（5）	2	2	—	4
	语言技能（写）	2	3	—	5
	阿巴斯时期文学（2）	2	2	—	4
	安达卢西亚文学	2	2	—	4
	阿拉伯批判思想研究	2	2	—	4
	伊斯兰哲学	2	2	—	4
	教学实践一天				
四年级	文学文本分析	2	3	—	5
	现代阿拉伯文学（散文）	2	2	—	4
	现代文学批评	2	2	—	4
	语法和动词变位（7）	2	2	—	4
	语言技能（听、说）	2	2	—	4
	教学实践一天				

（2）考核评价。

课程考核由出勤率和课程成绩共同决定。若学生出勤率低于75%，则不能参加该门课程的考试，视为未通过考核。每门课程的总分由理论学习学时和实践（练习）学时共同决定，理论学习周学时1小时相当于50分，实践（练习）周学时1小时相当于25分。例如，阿拉伯语专业大一第一学期语法和动词变位课每周2个小时的理论学习，2个小时的课堂练习，那么这门课的考核总分应为150分。纯理论性课程成绩由学期表现（包括期中测试、随堂作业等，20%）和期末笔试（80%）两个部分构成。理论与实践（练习）授课相结合课程的成绩由学期表现（15%）、实践或练习表现（15%）以及期末笔试（70%）三个部分构成。每门课成绩不低于总分的60%，且笔试成绩不低于笔试总分的30%，视为通过考试。学生必须顺利通过所有科目考试才可毕业。

教学实践考核每学年总分100分，每学期50分。考核由学科专业指导教师、教育学指导教师和校长共同进行，其中学科专业指导教师有20分权限，教育学指导教师有20分权限，校长有10分权限。学生每学年总分低于60分视为考核不合格，不能进入下一学年学习。

2. 连续性培养模式。

连续性培养是指将学术课程和教师教育课程分阶段进行，即先对学生进行学科专业的培养，再进行教育学相关知识的教学。连续性培养模式向非教育学院毕业但有意从事教学工作的学生提供在教育学院进行1～2年课程学习的机会，毕业时取得普通高级教育文凭，即获得任教资格。连续性培养模式的优势在于学生在本科阶段对学科专业课程的学习广泛、深入，有利于提高学术水平，之后在教育学院的学习可以全方位夯实并扩充教育学基础知识。在此以本哈大学教育学院普通高级课程为例，详细阐述埃及连续性培养模式的教学体系。

本哈大学教育学院设有教育原理、教育心理学、课程与教学法、心理健康教育、比较教育与教育管理五个系，获得普通高级教育文凭条件为：持有非教育学院文学学士或理学学士学位证书；通过体检以及教师职业测试（是否适合从事教学工作）；通过教育学院的测试（口试和笔试）。

（1）课程设置。

普通高级教育文凭学制为1年，分为上下2个学期。课程分为必修和选修两大模块，其中必修模块包含了3个学分的教学实践。第一学期教学实践形式为微格教学（1学分），每周2个小时；第二学期教学实践形式为学校实习（2学分），每周去合作学校进行1天的教学实践，并在学期末进行连续1周的教学实践。（表7-6）

表 7-6　本哈大学教育学院普通高级教育文凭课程设置

学期	必修模块	选修模块（任选一门）
第一学期	教育历史（2学分） 比较教育（2学分） 教育心理学（2学分） 课程论（2学分） 发展心理学和社会心理学（3学分） 走进特殊教育（2学分） 微格教学（1学分）	教育与社会问题（2学分） 教育与人类发展（2学分） 学校质量认证与保障（2学分） 教育监管（2学分） 教材开发（2学分） 测试与评估（2学分） 学习技巧（2学分） 思考与决策方法（2学分） 早期干预（2学分）
第二学期	教育原理（2学分） 学校与班级管理（2学分） 个体差异与教育评价（3学分） 教学法（2学分） 教育技术（2学分） 心理健康指导（2学分） 学校实习（2学分）	走进国际教育（2学分） 走进现代教学法（2学分） 特殊群体教学法（2学分） 埃及教育的未来（2学分） 人格心理学（2学分） 行为矫正（2学分） 多元智能理论（2学分） 融合教育（2学分） 教师专业发展制度（2学分）

（2）考核评价

本哈大学教育学院课程普遍采用学分制，学生在一学年中需要完成 16 门课程（33 学分）的学习方可毕业，包括 14 门必修课程（29 学分）和 2 门选修课程（4 学分）。课程绩点是课程学习质量的评价指标，学生是否通过考试由课程绩点决定。平均学分绩点（GPA）是衡量学生是否能够毕业和获得学位的标准。绩点等级由高到低依次为 A+、A、B+、B、B-、C+、C、C-、D+、D、F，C 为及格。（表 7-7）

表 7-7　本哈大学教育学院普通高级教育文凭课程绩点等级

评价		分数	绩点	评定等级
通过	优秀	90%～100%	4.0	A+
		85%～90%	3.7	A
	良好	80%～85%	3.3	B+
		75%～80%	3.0	B
	一般	70%～75%	2.7	B-
		65%～70%	2.3	C+
	及格	60%～65%	2.0	C
未通过	差	55%～60%	1.7	C-
		50%～55%	1.3	D+
	极差	40%～50%	1.0	D
		40%以下	0	F

二、教师职后培训模式

埃及教师职后培训项目非常多元，根据培训目的大致可分为晋升培训、学科培训、技能培训和管理岗专项培训，根据培训方式可分为面对面培训、在线培训及赴外培训。

（一）教师职后培训的目标

教师职后培训致力于为在职教师的成长提供帮助，向他们提供知识、技能和发展方向的指导，使他们能够更好地履行职能。具体来看，埃及政府期望通过对在职教师进行培训实现以下目标：一是帮助教师建立学术思维能力，包括批判思维、创新思维以及解决问题的能力；二是对教师进行教育理论、教育心理、教学法以及现代教育技术培训，使他们能够运用最新的教育方式和方法开展工作；三是在教师教育工作者与一线教师之间建立对话机制，促进理论与实践的结合。

（二）教师职后培训的类型

根据培训的目的，埃及教师职后培训项目可分为：晋升培训，为教师向更高职位的晋升做好准备；学科培训，重点面向基础教育阶段教师，旨在增加教师的学科知识和提升教师能力；技能培训，帮助教师了解文化和教育领域的最新动态，包括前沿的教学理念、教学方法和教学工具等；管

理岗专项培训，面向承担一定监管职能的高级别教师开展培训，帮助他们
分析教学过程中可能出现的问题，并提供解决方案。

（三）教师职后培训的方式

从培训的方式来看，埃及教师职后培训既有传统的面对面培训方式，
如举办讲座、研讨会、研究小组活动、学术会议等，也有不受时间和空间
限制的在线培训方式，或是两者结合。位于开罗郊区的穆巴拉克教育城是
中东地区规模最大的教师培训基地之一，主要职能是面向埃及中小学教师
开展业务培训，同时负责开发教学课程软件。教育城以利用现代网络资源
开展远程教育为主，同时接收教师到城内进行培训。

此外，赴外学习和进修也是埃及教师职后培训的重要模式。自 1993 年
以来，埃及教育部每年 1 月、4 月和 9 月会分批派遣教师赴发达国家进行培
训，学习科学、数学、英语和法语等学科的前沿教育策略。1993—1999 年，
埃及共向国外派遣 5 188 人进行培训，表 7-8 显示了这期间埃及对外派遣教
职工的详细情况。此外，1993 年世界银行在埃及开展的基础教育提升计划
（Basic Education Improvement Project）中包含了对教师现代教学技能的培训，
鼓励教师在教学中使用教育技术，并在教师和校长的培训中应用远程学习
技术。该项目得到了英国开放大学、美国宾夕法尼亚大学和荷兰开放大学
的远程教育专家的支持。

表 7-8　埃及公派教职员工统计表 [①]

单位：人

学年	国家	科学	数学	英语	法语	学前教育	特殊教育	督导	校长	合计
1993—1994	英国	126	94	119	—	—	—	—	—	339
	美国	—	—	—	—	—	—	—	—	—
	法国	—	—	—	—	—	—	—	—	—

---

① Arab Republic of Egypt National Center for Educational Research and Development. National report of Arab Republic of Egypt from 1990 to 2000[R]. Cairo：NCERD，2001：37.

续表

学年	国家	科学	数学	英语	法语	学前教育	特殊教育	督导	校长	合计
1994—1995	英国	137	136	86	—	—	—	—	—	359
	美国	86	68	63	—	—	—	—	—	217
	法国	—	—	—	20	—	—	—	—	20
1995—1996	英国	216	227	72	—	—	—	—	—	515
	美国	—	—	149	—	—	—	—	—	149
	法国	25	14	—	20	—	—	—	—	59
1996—1997	英国	336	249	136	—	—	—	—	—	721
	美国	35	36	228	—	—	—	—	—	299
	法国	8	8	—	40	—	—	—	—	56
1997—1998	英国	338	249	204	—	—	—	—	—	791
	美国	65	64	99	—	—	—	—	—	228
	法国	—	—	—	80	—	—	—	—	80
1998—1999	英国	339	249	180	—	—	—	15	105	888
	美国	84	85	119	—	—	—	—	—	288
	法国	—	—	—	99	—	—	—	—	99
	爱尔兰	—	—	—	—	60	20	—	—	80

第三节　埃及教师教育的保障体系

为确保教师队伍质量，埃及对教师的招聘、准入资格、晋升条件和流程、福利待遇等都做了明确规定，主要体现在埃及 1981 年第 139 号法案教育法的第 7 章，以及 2007 年第 155 号法案教师法中。[①] 本节内容以 1981 年教育法和 2007 年教师法为基础，并参考之后颁布的修订条例，对埃及教师教育的保障体系进行介绍。

---

① 2007 年第 155 号法案是对 1981 年教育法第 7 章 "教职工" 章节的修订，并明确了其中一些问题的具体执行条例，因此 2007 年第 155 号法案也被认为是埃及的教师法。

一、教师的招聘与任职标准

规范教师招聘流程，明确任职标准，是教师专业化运动的重要组成部分。

（一）招聘流程

埃及每年的教师招聘从 7 月开始，在新学年开始前结束。首先由各省进行统计，确定省内各学科所需的新教师人数，由省级相关部门上报国家财政部，财政部审批后提供相应的教师经费。在教育行政部门正式批准教师招聘，并通知教师专业学院后，教师招聘信息将会刊登在两份广泛发行且具有影响力的报纸上，以确保机会平等。教师聘用按照择优录取原则对应聘者进行选拔，评定时主要考虑资质是否符合岗位条件、学历、测试分数、毕业年限、年龄等因素。

（二）任职标准

埃及政府通过对教师任职条件的严格规定来提高教师的专业地位，其中受教育程度即学历是教师任职标准的重要内容。具体来看，教师法规定，埃及教师必须具备以下条件：具有埃及国籍或在担任公职方面给予埃及人同本国公民同等待遇的国家的国籍（本条不适用于外籍教师）；教育学院毕业，或持有教育专业高等教育学历文凭，非教育类毕业生需要获得教育部认可的教师资格证书；通过相应的入职考核。

外籍教师的聘用须符合如下规定：持有岗位所要求的最低学历；拥有埃及教师所不具备的独特教育经验和能力；外籍教师人数不得超过学校教师总人数的 10%；需遵守埃及内政部、人力资源和移民部的相关法律法规，实行一年一聘制。

二、教师的职称与晋升

埃及教师职称设有 6 个等级：助理教师、教师、一级教师、一级教师（A）、专家教师和特级教师。教师的晋升条件如下。

（一）从助理教师到教师的晋升

助理教师的合同期限为 2 年。助理教师需在合同期内通过教师专业学院的考核，获得合格证书。对于未在 2 年内取得合格证书的助理教师，经教育部部长同意后，可将合同期再延长一年，若一年后仍未取得合格证书，则合同自动终止。在助理教师岗位任职一年以上，并获得合格证书，经过综合评定符合条件者，可晋升为教师。综合评定主要参考以下标准：是否能够保质保量地完成工作任务；是否具有良好的外形、道德和品格；是否能够与学生、家长进行良好的沟通和互动；是否能够与同事、领导融洽相处，具有合作精神；是否积极参加学校、部委举办的课程研讨会，不断提升专业技能。

（二）从教师到特级教师的晋升

1. 晋升条件。

从教师到特级教师，每一级的晋升都需要满足以下三个基本条件：一是具备相应的岗位资质；二是要在低一级岗位中至少任职五年（硕士可减免一年，博士可减免两年）；三是要获得教师专业学院颁发的晋升资格证书。

要取得晋升资格证书，就需要参加相应的考核。考核满分为 100 分，从教师晋升至一级教师，从一级教师晋升至一级教师（A）需获得 60 分以上的考核成绩。从一级教师（A）晋升至专家教师，以及从专家教师晋升至特级教师，需获得 65 分以上的考核成绩。考核由四个方面构成：

（1）教师专业学院组织的培训计划，培训考核满分 50 分，25 分为合格。

（2）教师成就档案表，由 10 个评分项构成，每项 3 分，共计 30 分。评分参考资料包括教师提供的各类关于职业发展的证明：参加教师专业学院举办的培训班证明；最高学历证明；参加学术研讨会、论坛、工作坊活动的相关证明；国内或国外出访学习证明；国际计算机使用执照、外语培训证明；参加其他机构举办的培训班证明；参与省级或学校质量与培训部门举办的活动证明；示范课展示或引入新教学法的证明；参与社区服务的证明；参加新课程和新教学方法培训的合格证书等。

（3）校长对教师的绩效评价，共计 10 分。

（4）督导对教师的绩效评价，共计 10 分。

教师绩效评价包含三个维度，分别是工作表现、管理和技术能力、行为表现，每个维度下又细分了不同的指标，共计 100 分（详见表7-9）。评价结果分为较弱（低于 50 分）、中下（50～60 分）、中等（60～75 分）、中上（75～90 分）、胜任（90～100 分）五个等级。在绩效评价中，至少两年获得中等以上水平的教师才有资格申请晋升。若教师在绩效评价年度未成功通过相关培训项目，或受到扣除工资、一次停职 5 天以上、累计停职 10 天以上以及更为严重的处罚，则无法在评价中获得"胜任"等级；若教师在绩效评价年度无故不参加培训，或受到扣除工资、一次停职 10 天以上、累计停职 15 天以上或更为严重的处罚，则无法在评价中获得"中等"以上等级。

表 7-9　埃及教师绩效评价标准 [①]

维度	指标	分值
工作表现	工作量	15
	工作熟练程度	15
管理和技术能力	对学校工作的参与度	20
	持续专业发展能力	10
	领导力	10
	学历和培训项目	10
行为表现	教学管理行为	10
	工作纪律	10

2. 晋升流程。

教师晋升工作启动后，教师专业学院公布提交晋升申请的具体日期。符合晋升要求的教师首先需将相关材料提交至学校层面进行审核，学校审核完毕后将材料提交至教师专业学院。教师专业学院对教师材料进行评审，确定符合晋升条件的人员名单。教育部部长做出最后决议，公布晋升人员名单，并启动晋升程序。最后由各省负责任命工作的省长发布决议，落实晋升教师的法定薪酬和福利。

---

① 埃及 2007 年第 2840 号内阁决议：1981 年第 139 号教育法第七章执行条例（阿拉伯文） [N]. 埃及事实报，2013-04-27.

三、教师的责任与义务

（一）课时分配

教学是教师最重要的本职工作。埃及规定教师的教学任务量随着职称的递增而递减。不论是在小学、初中还是高中阶段，助理教师与教师每周课时是最多的，其次是一级教师、一级教师（A）、专家教师、特级教师。各学科带头人每周课时可减少两节。（详见表 7-10）

表 7-10 各级教师每周课时分配[①]

教师职称	小学	初中	高中
助理教师	24	21	18
教师	24	21	18
一级教师	22	19	17
一级教师（A）	20	18	16
专家教师	18	17	16
特级教师	16	15	14

（二）工作职责

1. 教学。

教学是各级教师的职责，其中助教需在其指导教师的指导下履行教学职责，其他教师可独立开展教学工作。具体教学内容包括：制订每学期、每月、每周以及每节课的计划；承担一个科目或多个科目的教学任务；运用多样化、现代化教学策略，关注学生的兴趣爱好和能力差异，培养学生的思考能力和创造能力；利用教学活动培养学生的高阶思维、批判性思维和创造力；在教学中运用现代教育技术；创造开放、尊重的班级氛围；从各方面对学生的表现进行全面和持续的评估，了解学生的学习成果和需求；撰写学生的评估报告；培养学生的学习技能，鼓励他们通过学校图书馆以及其他渠道获取知识，实现学习目标；参加规定的教学活动和师德建设活

---

① 埃及 2007 年第 2840 号内阁决议：1981 年第 139 号教育法第七章执行条例（阿拉伯文）[N]. 埃及事实报，2013-04-27.

动；推动学生德、智、体、社会性和宗教性各方面的全面发展；帮助孩子为基础教育阶段的学校生活做好准备（幼儿园教师）；遵守学校安全规定；指导学生选择适合自己的专业（技术教育教师）；参与当地社区发展项目（技术教育教师）；与生产和服务单位合作开发学习环境（技术教育教师）；做好教学记录。

2. 行政监管。

除助教外，其他各级教师都需要承担部分行政监管工作。其中专家教师和特级教师负责行政监管工作的安排，教师、一级教师、一级教师（A）负责具体的执行工作，如校园巡查、早操巡查等。

3. 技术监管。

一级教师、一级教师（A）、专家教师和特级教师要承担教学技术监管工作，具体包括指导较低级别教师的工作，参与较低级别教师的绩效评估，参与学校教学工作的管理和规划，参与具体学科的教学规划，积极推动现代教学策略的应用，指导新教师的工作。

4. 专业发展。

各级教师都要持续推动自身专业发展。助理教师要参加相关的教师技能培训，与指导教师进行良好的互动，协助其规划和实施教学活动。其他各级教师要积极参加各类有助于自身专业发展的活动。此外，一级教师、一级教师（A）、专家教师和特级教师还需要参与学校教师培训项目的规划、管理和实施。

5. 质量保障。

根据学校的安排，各级教师都要积极推动学校质量保障计划的落实，一级教师及以上级别可参与学校质量保障计划的制订和监管。

6. 社区参与。

促进社区参与是埃及各级教师的职责之一。具体包括教师要鼓励家长参与教育进程，推动民间机构在教育领域发挥作用，积极参与社区发展项目。

四、教师的地位与待遇

（一）教师地位

埃及宪法指出，教师是教育的支柱，国家要保障教师的学术能力和专业技能发展，关注教师的经济和道义权利，以确保教育质量和实现教育目标。埃及教育部前部长巴哈丁博士充分肯定了教师的重要作用，他强调："没有教师就没有教育改革，教师是教育过程的基石。一切可以用来改善教师物质、精神文明和职业境况的事，都是对改革和发展教育有意义的。同样，研究一切可以提高教师物质、精神文明和职业水平的途径不应该只是满足教师的需求或教师工会的欲望——它本身也是一件合法之事——而且也应该是在国家最高利益的方针政策指引下决定的。"① 但现实情况是，埃及教师工资待遇较低，教师职业对于毕业生来说没有太大吸引力。鉴于此，巴哈丁博士呼吁改变这一局面："要全面改革教育体系，致力于增加教师薪金，提高他们的职业地位；统一他们的资格标准，即不低于高等教育水平；派他们到发达国家培训学习，哪里有新的教育领域、新的方法就到哪里去训练；帮助他们学会使用先进技术作为教育工具。要让教师参与发展课程，其出发点是因为教师乃是在学校、在班级碰到实际问题的最大知情者。不能设想我们的教育改革没有教师参加是可以完成的，因为教师是教育过程的神经中枢。"②

埃及将师资队伍建设作为国家教育发展的优先事项之一。埃及总统塞西认为教育发展的三个要素分别是教育设施、学术课程和人力资源。人力资源即教师，埃及未来的希望掌握在教师的手中。塞西政府提升教师地位的主要举措有：（1）加强师资培训，更新教师的教学观念和策略，提升教师的专业能力。2015 年，埃及启动"教师至上"（Teacher First）项目，通过在线课程、研讨会、工作坊、课堂指导等形式进行教师培训。（2）提升教师薪资，改善教师的物质条件。2020 年，埃及第 212 号法案提出对大学前教育教师工资结构进行改革，以及设立教师社会和财政福利基金来改善教师的经济状况。（3）加强社会对教师的尊重，维护教师的尊严。

（二）教师薪资

2020 年之前，埃及教师的平均薪资分别是助教 1 800 埃镑 / 月、教师 2 000 埃镑 / 月、一级教师 2 200 埃镑 / 月、一级教师（A）2 500 埃镑 / 月、

---

① 巴哈丁. 教育与未来 [M]. 王道余，等译. 北京：人民教育出版社，1999：79-80.
② 巴哈丁. 教育与未来 [M]. 王道余，等译. 北京：人民教育出版社，1999：81.

专家教师 3 189 埃镑 / 月、特级教师 4 200 埃镑 / 月。2020 年第 212 号法案对大学前教育和爱资哈尔教育教师工资进行改革，旨在改善教师财务状况。不考虑学校对教师的奖励部分，调整后薪资涨幅 325 ～ 475 埃镑。具体增加的部分包括教师津贴 75 ～ 180 埃镑 / 月，绩效奖励 140 ～ 185 埃镑 / 月，升学考试奖励 65 ～ 155 埃镑 / 月。（详见表 7-11）

表 7-11　2020 年埃及大学前教育和爱资哈尔教育教师工资涨幅标准[①]

单位：埃镑 / 月

教师职称	教师津贴	绩效奖励	升学考试奖励	合计增长
助教	75	185	65	325
教师	75	185	65	325
一级教师	100	165	85	350
一级教师（A）	125	150	120	395
专家教师	165	145	140	450
特级教师	180	140	155	475

① 埃及 2020 年第 212 号调整部分教育法和爱资哈尔大学重组法条例法令（阿拉伯文）[N]. 官方公报，2020-12-03（49）.

第八章

埃及爱资哈尔教育体系

埃及是一个以伊斯兰教为主要宗教信仰的国家。在19世纪初穆罕默德·阿里对埃及教育进行现代化改革之前，埃及只有宗教教育一种单一的教育模式，其中初级教育是在"昆它布"中进行，本质上是一种宗教性质的私塾教育。高等教育则由爱资哈尔清真寺承担，想要进入爱资哈尔清真寺深造的学生必须首先通过"昆它布"教育，才能取得入学资格。

伴随国家教育现代化的步伐，埃及宗教教育也不断改革和发展，不仅将高等教育职能从爱资哈尔清真寺中分离出去，单独成立了爱资哈尔大学作为高等教育机构，还发展了爱资哈尔学院开展大学前教育，并将《古兰经》诵读学校"昆它布"归入爱资哈尔教育体系。

今天的爱资哈尔教育体系就是埃及的宗教教育体系，它包含了学前教育、小学教育、中学教育和大学教育及科研，是与世俗教育平行的独立教育体系。本章将从培养实施机构、课程和教学、保障体系等方面系统论述埃及爱资哈尔教育体系的产生与发展。

第一节 爱资哈尔教育的实施机构及其课程与教学

在埃及,爱资哈尔系统是指在爱资哈尔清真寺基础上形成的宗教体系,其职责和使命主要包括阿拉伯语学习、伊斯兰教知识传授、《古兰经》与圣训研究、教法解释与教法令发布、教职人员培养、宗教书籍出版与发行等。爱资哈尔系统的组织机构主要包括爱资哈尔清真寺、伊斯兰研究中心、爱资哈尔大学、爱资哈尔学院、爱资哈尔大乌莱玛协会、爱资哈尔图书馆、爱资哈尔语言与翻译中心等。其中爱资哈尔学院和爱资哈尔大学是埃及宗教教育的重要机构,前者承担着大学前教育的职能,后者承担着高等教育的职能。

一、爱资哈尔学院及其课程与教学

爱资哈尔学院是在埃及传统清真寺和私塾教育的基础上发展起来的,与通常意义上的高等学院有着较大区别。爱资哈尔学院承担的是大学前教育的职能,实行男女分班授课,且只招收穆斯林学生。

(一)爱资哈尔学院的类型

爱资哈尔学院分为普通学院、示范学院和私立学院三种类型。普通学院和示范学院都是公立的宗教教育机构,由爱资哈尔最高委员会直接管理。与普通学院相比,示范学院的班级规模更小,学生在英语和计算机科目中将学习额外的高阶课程。私立学院只受爱资哈尔最高委员会的监督,不由其直接管理。根据教学语言的不同,私立学院可分为阿拉伯语学校和语言学校,阿拉伯语学校用阿拉伯语教授除外语科目外的所有文化课程,语言学校用英语教授数学和科学课程,以及高阶英语和计算机课程。在所有爱资哈尔学院中,普通学院的收费最低,示范学院居中,私立学院费用最高。

鉴于爱资哈尔学院学费低、易录取的特点,很多经济不宽裕的家庭通常倾向于把孩子送入爱资哈尔学院就读。根据埃及中央公共动员与统计局的统计，2019 年埃及共有爱资哈尔学院 10 652 所，其中普通学院 9 914 所，示范学院 446 所，私立学院 292 所。[①] 但与公立世俗学校相比，爱资哈尔学院有其局限性。首先，爱资哈尔学院的数量较少，区域分布也远没有公立世俗学校广泛。其次，爱资哈尔学院的学生高中毕业后的选择较少，绝大多数学生进入爱资哈尔大学以及私立学院就读，而公立大学尚未完全对爱资哈尔学院学生开放，他们在公立大学就读的机会和专业都非常有限。例如，苏伊士运河大学只向爱资哈尔高中毕业生（文科）开放南西奈省图尔校区的教育学院和文学院，且只限于南西奈省图尔地区的学生；亚历山大大学只向爱资哈尔高中毕业生（理科）开放马特鲁港校区的荒漠农业与环境学院，且只限于马特鲁港的学生；开罗大学的达尔·欧鲁姆学院（阿拉伯语和伊斯兰研究）不再面向爱资哈尔高中毕业生招生。

（二）爱资哈尔学院的课程与教学

爱资哈尔学院课程与世俗学校课程的区别在于，爱资哈尔学院非常强调宗教教育，宗教课程的种类和课时都远多于世俗学校。但爱资哈尔学院在进行宗教教育的同时，也教授国家规定的其他文化课程，并使用与世俗学校相同的教材。幼儿园阶段，学生就开始学习《古兰经》，此外，还开设阿拉伯语、英语、数学、品德和多学科综合课程。

爱资哈尔学院小学阶段的课程分三个阶段，1～2 年级为第一阶段，3～4 年级为第二阶段，5～6 年级为第三阶段，每个阶段的两个年级共用一份课表，但具体的教学内容并不相同。在此详细介绍小学 1～2 年级的课程，如表 8-1 所示。2021—2022 学年爱资哈尔小学 1～2 年级学生每周25 课时，每节课 60 分钟，开设的科目有《古兰经》、伊斯兰教育、阿拉伯语、多学科综合课程、英语、数学、特别活动和体育。其中，《古兰经》、伊斯兰教育和阿拉伯语三个科目是宗教教育的传统科目，也是教学的重点，这三个科目的课时量占总课时量的近一半。

---

① 爱资哈尔学院的建设（阿拉伯文）[EB/OL].（2019-10-13）[2022-03-16].https://www.dostor.org/2868430.

表 8-1　爱资哈尔学院小学 1 ～ 2 年级课表 [①]

时间	第一节 8：00—9：00	第二节 9：00—10：00	第三节 10：00—11：00	第四节 11：15—12：15	第五节 12：15—13：15
星期天	《古兰经》	伊斯兰教育	多学科综合课程	阿拉伯语	多学科综合课程 / 特别活动
星期一	《古兰经》	阿拉伯语	英语	英语	数学
星期二	《古兰经》	多学科综合课程	数学	阿拉伯语	体育
星期三	《古兰经》	阿拉伯语	多学科综合课程	数学	多学科综合课程
星期四	《古兰经》	多学科综合课程	数学	阿拉伯语	伊斯兰教育

　　爱资哈尔学院初中阶段的课程分为宗教教育、阿拉伯语和文化三大类。与小学阶段相比，初中阶段的课程内容更加丰富，宗教教育课程包括《古兰经》诵读、宗教原理、教法学、伊斯兰文化，阿拉伯语课程包括语法、词法、阅读、写作和书法，文化课程有社会学、科学、数学、英语、计算机、艺术教育、家政（女生）和体育。此外，爱资哈尔学院从中学阶段开始开设盲人课程，以宗教教育和阿拉伯语为主，辅之以文化课（详见表 8-2）。

---

① 爱资哈尔谢里夫.爱资哈尔学院小学 1 ～ 2 年级课表（阿拉伯文）[R/OL]. [2022-02-24]. https://drive.google.com/drive/folders/1LT5QzrS3EmHYq-ZPk_SO-Vm3Hv-GFebR?fbclid=IwAR1qGD-gTLJPzDvW4qHH1CtpUOGzH7zY1Zu6Jr0UGNE03ff-kjcyNwjmu54.

表 8-2　2021—2022 学年爱资哈尔盲人初中课程设置 ①

课程	课时量			总课时
	初一	初二	初三	
教法学	2	2	2	6
宗教原理	4	4	4	12
《古兰经》诵读	4	4	4	12
伊斯兰文化	—	—	1	1
阅读	6	6	6	18
语法	3	3	3	9
词法	—	2	2	4
写作	1	1	1	3
宗教文献	1	1	1	3
英语	4	4	4	12
科学	3	3	3	9
社会学	2	2	2	6
总课时	30	32	33	95

　　爱资哈尔学院高中阶段分为文科班和理科班，理科班与文科班在宗教教育课程和阿拉伯语课程的设置上没有太大区别，但文科班学生在教法学、经注学等一些宗教科目上的课时量要比理科班学生多。不论是文科学生还是理科学生，宗教课程和阿拉伯语课程始终是学习的重点，占总课时量的一半以上。除了宗教课程和阿拉伯语课程外，文科班还开设英语、法语、历史、地理、心理学、哲学、逻辑学、公民与人权、艺术教育、体育和家政（女生）课程，理科班开设英语、数学、化学、物理、自然史、公民与人权、艺术教育、体育和家政（女生）课程。（详见表 8-3、表 8-4）

---

① 爱资哈尔谢里夫. 2021—2022 学年 爱资哈尔盲人初中学习计划(阿拉伯文)[R/OL]. [2022-02-24]. https://drive.google.com/drive/folders/1LT5QzrS3EmHYq-ZPk_SO-Vm3Hv-GFebR?fbclid=IwAR1qGD-gTLJPzDvW4qHH1CtpUOGzH7zY1Zu6Jr0UGNE03ff-kjcyNwjmu54.

表 8-3　爱资哈尔高中文科班 2021—2022 学年课程设置 [①]

课程		周课时		
		高一	高二	高三
《古兰经》		2	2	2
教法学		5	5	5
经注学		2	2	2
古兰经学		1		
圣训		1	2	2
圣训学		1		
认主学		2	2	2
传统逻辑学		1	1	—
伊斯兰文化		1		
语法		4	4	4
词法		2	2	2
修辞		2	2	2
文学		2	2	2
阅读		1	1	1
写作		1	1	1
韵律学		—	1	—
英语	普通	4	4	4
	示范	5	5	5
法语		2	2	2
历史		3	3	2
地理		3	3	2
心理学		1	—	—
哲学		—	1	—
逻辑学		—	—	1
公民与人权		—	1	—
艺术教育		1	1	—
体育		1	1	1
家政（女生）		1	1	—
总课时	普通	44	44	37
	示范	45	45	38

---

① 爱资哈尔谢里夫. 2021—2022 学年 爱资哈尔高中文科学习计划（阿拉伯文）[R/OL][2022-02-21].
https://drive.google.com/drive/folders/1LT5QzrS3EmHYq-ZPk _SO-Vm3Hv-GFebR?fbclid =IwAR1qGD-
gTLJPzDvW4qHH1CtpUOGzH7zY1Zu6Jr0UGNE03ff-kjcyNwjmu54.

表 8-4　爱资哈尔高中理科班 2021—2022 学年课程设置 [①]

课程	周课时		
	高一	高二	高三
《古兰经》	2	2	2
教法学	3	3	3
经注学	1	1	1
古兰经学	1	—	—
圣训	1	1	1
圣训学	1	—	—
认主学	1	1	1
伊斯兰文化	1	—	—
语法	2	2	2
词法	1	1	1
修辞	2	2	2
文学	2	2	2
阅读	1	1	—
写作	1	1	—
英语	5	5	5
数学	4	5	5
化学	2	2	3
物理	2	2	3
自然史	2	2	3
公民与人权	—	1	—
艺术教育	1	1	—
体育	1	1	—
家政（女生）	1	1	—
总课时	38	37	34

---

① 爱资哈尔谢里夫. 2021—2022学年 爱资哈尔高中理科学习计划(阿拉伯文)[R/OL]. [2022-02-21]. https://drive.google.com/drive/folders/1LT5QzrS3EmHYq-ZPk _SO-Vm3Hv-GFebR?fbclid =IwAR1qGD-gTLJPzDvW4qHH1CtpUOGzH7zY1Zu6Jr0UGNE03ff-kjcyNwjmu54.

埃及政府一直以来注重弥合宗教教育体系与世俗教育体系的差距，在保留宗教教育体系自身特色的同时，不断为其注入新鲜的改革理念，使爱资哈尔学院的学生也能享受到优质的教育。2018 年，由世界银行资助的"埃及全新教育体系 2.0"改革同步在爱资哈尔学院进行，世俗教育体系发生的改变也同样在宗教教育体系中上演，例如，爱资哈尔小学也开始实施"全童教育模式"，开设特别活动课程，进行全面课程改革，取消小学四年级之前的考试，尝试用在线考试替代传统考试。同时，允许爱资哈尔教育系统在教师短缺的情况下向政府借调教师。

二、爱资哈尔大学及其课程与教学

爱资哈尔大学是一个规模庞大的高等教育机构，其办学理念早已突破了传统宗教大学的藩篱，在致力于传播宗教知识的同时，还肩负着科学研究、社会服务和培养现代化人才的使命。

（一）爱资哈尔大学的院系设置

爱资哈尔大学院系设置冗杂，这主要是因为爱资哈尔大学实行男女分开授课，同一个学科会设立男子学院和女子学院，其中一些学科只设立男子学院。同时，爱资哈尔大学教学地点广泛，在开罗地区、上埃及地区和下埃及地区都有分校区。具体来看，爱资哈尔大学的校区位于亚历山大、索哈杰、艾斯尤特、坦塔、希宾库姆、杜姆亚特等城市。例如医学院就有 6 个，分别是开罗市医学院（男子）、杜姆亚特市医学院（男子）、艾斯尤特市医学院（男子）、开罗市医学院（女子）、杜姆亚特市医学院（女子）、艾斯尤特市医学院（女子）。

从学科分布来看，爱资哈尔大学设有伊斯兰基础学院、伊斯兰宣教学院、伊斯兰与阿拉伯研究学院、法学院、商学院、农学院、工程学院、阿拉伯文学院、医学院、牙医学院、语言与翻译学院、教育学院、理学院、制药学院、护理学院。

（二）爱资哈尔大学的课程与教学

伴随着现代化改革的步伐，爱资哈尔大学的课程与教学体系也不断革新，形成了如今多元融合、与时俱进的特色。

1. 课程与教学的特色。

（1）多元融合。

多元融合的课程与教学特色，来源于爱资哈尔大学兼容并蓄的教育理念。爱资哈尔大学最初仅讲授沙斐仪教法学派的教法思想，之后又相继加入了其他学派的思想学说，从而成为包容各教法学派的宗教学校。特别是在 1961 年之后，爱资哈尔真正成为一所综合性大学，不仅专业院系增多，而且开设了女子学院。之前，爱资哈尔大学的教学内容和范围只局限在法学、语言方面，比如当时只有法学院、宗教原理学院、阿拉伯语学院，尚未涉及其他学科，而在 1961 年后，爱资哈尔大学逐步增设了医学院、工程学院、商学院等，并且教学延伸到了开罗以外的各个地区。[①]

如今，爱资哈尔大学的课程体系有三个维度：一是教授学生传统学科，即以《古兰经》和圣训为基础的知识和学科，包括古兰经学、经注学、圣训学、教法学等，以及与之相关的语言和语法学科；二是基础学科，包括数学、物理、化学、逻辑学、哲学、社会学等，在授予学通识性知识的同时鼓励他们将这些基础学科作为理解其他学科的工具；三是应用学科，诸如工程学、管理学、金融学、医学、农学等，培养特定岗位的技能型人才，拓宽学生的就业渠道。这种融合了传统学科、基础学科和应用学科的课程体系，造就了爱资哈尔大学兼容并蓄、百家争鸣的学术氛围，培养了学生包容、和谐的学术态度。

（2）与时俱进。

发展与时俱进的课程体系是爱资哈尔大学在时代背景下解决自身困境的选择，也是其履行社会服务职能的路径之一。宗教经典是有限的，而现实生活中所遇到的问题是无限的，使有限的宗教经典在当今社会中发挥无限的价值是爱资哈尔大学课程建设所追求的目标之一。对此，爱资哈尔大学不断追求课程和教学方法的创新，例如在伊斯兰教法学院开设了一门新的课程——当代问题研究，鼓励学生从宗教经典中为当代社会的一些现象找到合理的解释，并为国家和社会所面临的问题提供有效的解决方案。这种与时俱进的课程理念和创新意识，使爱资哈尔大学的学生能够牢牢把握

---

① 从恩霖. 出席爱资哈尔大学毕业生首届国际研讨会有感 [J]. 中国穆斯林, 2006（4）：55-57.

住时代的脉搏，适应社会的发展和需求。

2. 课程与教学案例。

在此，以爱资哈尔大学语言与翻译学院中文系的课程为例。作为一所现代化的宗教大学，爱资哈尔大学中文系的课程设置兼具传统底蕴与国际视野。中文系下设伊斯兰研究和文学研究两个方向，伊斯兰研究方向的课程将中文学习与宗教学习相结合，在一、二年级集中教授中文，开设拼音、汉字、语法和中国文化等课程，从大三开始使用中文材料教授宗教科目，开设教法、古兰经学、伊斯兰文化等宗教课程。文学研究方向课程与其他大学大体相同，以中国文学作为基础课程，并开设中阿文学比较、中国文化等课程。

第二节　爱资哈尔教育的保障体系

教育的有序运行和发展离不开健全的保障体系。本节从管理和运行体系、资金来源、师资队伍建设和教育资源保障四个方面详细论述埃及宗教教育的保障体系。

一、管理和运行体系

在学校层面，大学委员会是爱资哈尔大学的最高行政管理机构，对学校的教学、科研和管理等重大问题进行决策。大学委员会由校长担任主席，成员包括副校长、院系主任、高等教育与科学研究部代表以及具有丰富经验的教授和学者。大学校长是学校的总负责人，由爱资哈尔长老推荐，总统任命，每学年应向爱资哈尔长老汇报工作。大学校长直接领导中央统计部，档案信息中心与决策支持部，法律事务部，组织、管理与规划部，还有校长办公室总部。此外，还设立1名秘书长和4名副校长，这4名副校长分管研究生教育与科研工作、教学与学生事务、艾斯尤特分部事务、女生部事务。（详见图8-1）

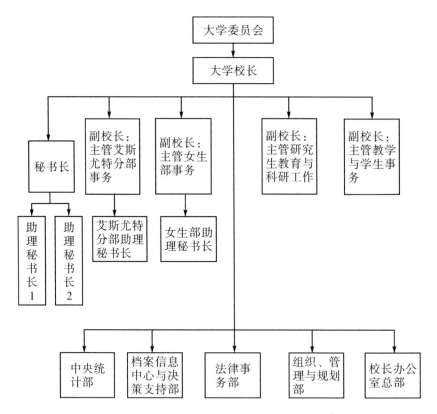

图 8-1 爱资哈尔大学校长工作的组织结构 [①]

秘书长领导的机构有工程部、行政部、采购部和财务部。工程部下设行政财政管理处、绿化处、运营维护与运输处。行政部下设总部事务管理处、职工福利管理处、内部服务管理处、档案管理处和人事处。采购部下设库存监管处、仓库管理处、进口采购处和本土采购处。财务部下设存款管理处、财务资助处、基金管理处、账户管理处和预算管理处。

主管教学与学生事务的副校长负责爱资哈尔大学本科的课程与教学活动，领导的机构有教学管理部、青年关怀部、医疗管理部、学生城管理部、印刷与出版部。其中教学管理部和青年关怀部是最重要的两个部门，教学管理部下设注册、考试与学业管理处，留学生管理处，毕业生与毕业证管

① 爱资哈尔大学.组织架构（阿拉伯文）[EB/OL].（2017-06-13）[2022-02-20]. http://www.azhar. edu.eg/OrgChart.

理处，招生协调处。青年关怀部下设体育活动处、出访处、社会实践处、教师管理处等。

主管研究生教育与科研工作的副校长领导着三个部门，分别是图书与文献管理部、研究生与科研管理部（1）、研究生与科研管理部（2）。其中，图书与文献管理部下设文献与论文管理处、索引管理处、校图书馆管理处、院系图书馆管理处。研究生与科研管理部（1）是对内管理的部门，下设研究生管理处和科研管理处。研究生与科研管理部（2）是对外管理的部门，下设科研关系管理处和文化交流管理处。

除了上述两个在全校层面负责本科生事务和研究生事务的副校长，爱资哈尔大学还任命了两位副校长专管艾斯尤特校区和女生学院的各项事务。

二、资金来源

爱资哈尔教育的资金保障与伊斯兰卧格夫制度有着密切关系。卧格夫在阿拉伯语里意为"保留""扣留""停顿"，作为伊斯兰教法术语，"卧格夫"具有双重性：专门用于宗教慈善事业的国有土地，或为资助宗教慈善事业而捐献的基金、房屋或其他实物。这就是说，财产所有者永久性地冻结了自己对财产实体的所有权和使用权，并把使用权和收益权转交给捐赠者指定的宗教慈善机构。这种将财产所有权、使用权与收益权永久性分离并专门用于宗教慈善目的的"义地"和"义产"被统称为"卧格夫"。①

从法蒂玛王朝到穆罕默德·阿里的几个世纪的时间里，爱资哈尔及其附属院校都依靠自己的卧格夫收益运行。穆罕默德·阿里将爱资哈尔卧格夫收归国有后，每年由国家给爱资哈尔及其附属院校划拨经费。在穆罕默德·阿里之后，民众又开始给爱资哈尔及其附属院校捐赠卧格夫。19世纪上半叶，埃及涌现出很多支持爱资哈尔教育的民间卧格夫捐赠者。根据1940—1941年爱资哈尔年度预算，爱资哈尔的卧格夫总数达190份，年总收入为342 600埃镑。20世纪初至20世纪中叶，爱资哈尔附属院校也得到了卧格夫的高度关注。1940—1941年，爱资哈尔附属学院共有7所，拥有

---

① 哈宝玉.伊斯兰"卧格夫"制度及其当代演变 [J].西亚非洲，2008（4）：12-16.

卧格夫总数 66 个，年度收益共计 3 933 埃镑。[①]1952 年 9 月，纳赛尔政府颁布法令宣布废除私人卧格夫，只保留用于宗教目的的卧格夫。1953 年 5 月，政府进一步要求所有公共卧格夫的管理者将管理权移交至宗教基金部。1962 年，政府又颁布法令继续深化卧格夫的国有化进程，至此，近千年来维系爱资哈尔经费开支的卧格夫制度走向终结。

1961 年第 103 号法令规定，爱资哈尔公共预算是国家中央预算的组成部分，爱资哈尔各机构根据自身情况编制预算草案，提交至爱资哈尔最高委员会审核，其中爱资哈尔大学的预算构成包括大学、爱资哈尔附属学院和爱资哈尔大学附属医院的运营和发展费用。除了财政拨款，爱资哈尔大学的经费来源还有自筹，自筹经费来源包括大学控股的公司、非营利性组织和国内外捐赠。2017—2018 财年，爱资哈尔大学的预算为 20 亿埃镑，其中约 1.94 亿埃镑来自自筹经费。[②]在国外捐助方面，沙特、阿联酋等阿拉伯海湾国家是埃及爱资哈尔教育的重要支持者。2016 年，阿联酋向埃及爱资哈尔教育提供了 1.55 亿迪拉姆，用于爱资哈尔图书馆、学生宿舍楼以及附属医院的革新。[③]

三、师资队伍建设

爱资哈尔教师职称体系与世俗教育中的教师职称体系一致，中小学分为助教、教师、一级教师、一级教师（A）、专家教师、特级教师六个等级。根据最新的法令规定，成为爱资哈尔教师需满足以下条件：教育学院毕业生，或持有教师资格证书的非教育学院毕业生。通篇背诵《古兰经》者与阿拉伯书法教师不受上述条件限制。高等院校教师等级分为教学助理、助理讲师、讲师、助理教授、教授、荣誉退休教授。一般来讲，本科专业课总成绩排名第一的学生有机会直接留校担任教学助理工作，但讲师及以上职称的评

---

① 马玉秀. 论埃及近现代卧格夫与教育 [J]. 中东研究，2019（2）：217-238，253.

② 爱资哈尔大学预算超过 20 亿埃镑（阿拉伯文）[EB/OL].（2017-05-16）[2022-03-20]. https://www.elbalad.news/2764112.

③ 阿联酋向爱资哈尔提供 1.55 亿迪拉姆项目援助（阿拉伯文）[EB/OL].（2016-04-17）[2022-02-24]. https://www.youm7.com/story/2016/4/17/2678688/الإ- إنشاء بالصور-درهم- مليون -155- بقيمة-للأزهر-يع / مارات-تقدم-مشار .

定必须具备研究生学历。

爱资哈尔教育体系的教师晋升评选采用电子系统，该系统将按照积分机制对晋升材料进行审核，实现教师晋升评估的数字化管理。其中教师至一级教师晋升评估的主要内容包括：（1）在课程规划与教学的过程中体现最新的教学趋势；（2）有效的教学策略；（3）担任大课（学生密度高的班级）教师；（4）评估与教学指导能力；（5）在教学与指导中使用先进技术；（6）第四次工业革命背景下的教师教学特点与职业技能；（7）课程的多样性与重要性；（8）管理班级的有效策略；（9）教学团队的专业性；（10）教育活动及其在培养学生个性中的作用。

一级教师至专家教师晋升评估的主要内容包括：（1）战略性规划能力；（2）第四次工业革命背景下的教师领导与教学监督能力；（3）高效的教育领导模式；（4）进行教育指导与监督的基本能力；（5）教师职业道德；（6）课程的多样性与重要性；（7）高效的教育培训技能；（8）在教育监管中使用先进技术；（9）教育领导与指导工作在达成高质量教学标准中的作用；（10）教师绩效评估成绩。

晋升考核满分为100分：（1）电子测试（50分），申请教师必须达到总分数的50%方可视为通过考试；（2）教师履职表（30分），具体考察教师工作的完成情况；（3）教师绩效考核表1（10分），由学校的宗教长老出具；（4）教师绩效考核表2（10分），由学校的技术指导出具。教师必须在考核中得到60分以上的成绩并同时满足第一项的要求，方可授予晋升证书；一级教师和专家则必须达到65分以上，并满足其他附加条件才可以得到晋升。

爱资哈尔大学下设教师培训部，旨在对教职员工开展业务培训，提升他们的专业水平。教师培训部的业务范围主要包括以下10个方面：（1）全面监督指导爱资哈尔大学各种形式的培训；（2）通过培训部的制度做好爱资哈尔大学的人才选拔工作；（3）在爱资哈尔大学体制内外邀请各专业领域的讲师进行培训；（4）与校内外的相关机构全面协调爱资哈尔大学的教师培训事宜；（5）为爱资哈尔大学范围内的培训提供场所、计算机与语言中心；（6）采用现代技术服务培训体系；（7）增加培训预算，确保其全年的连续性；（8）培养与发展爱资哈尔大学各领域职工的业务能力；（9）

为所有目标群体提供电子图书馆以下载培训材料；（10）利用各种可用媒介宣传爱资哈尔大学培训系统的作用。

四、教育资源保障

爱资哈尔图书馆是除亚历山大城图书馆外，埃及最负盛名的图书馆。一千多年以来，它作为爱资哈尔教育的硬件保障，使许多伊斯兰古籍免遭战火的损害，保护了埃及乃至整个阿拉伯世界的文明。爱资哈尔图书馆的历史可以追溯到法蒂玛王朝时期。当时的法蒂玛王朝统治者继承了巴格达和安达卢西亚人的学术传统，分别在埃及建立了藏书馆、智慧宫图书馆和爱资哈尔图书馆。其中，藏书馆是法蒂玛王朝的皇家图书馆，智慧宫图书馆由当地长官所建，据阿拉伯史学家考证，智慧宫图书馆将5万册图书赠予爱资哈尔清真寺，保存在各"里瓦阁"之中。这些保存在"里瓦阁"中的藏书是现代爱资哈尔图书馆藏书的重要组成部分。[①]

现代爱资哈尔图书馆始建于1897年，由时任爱资哈尔行政委员会成员、爱资哈尔教育改革的倡导者穆罕默德·阿卜杜胡牵头建立。阿卜杜胡从19世纪70年代便开始着手进行书籍的整理工作，将分散在各个"里瓦阁"中的书籍整理合并，并号召学者和知识分子为图书馆的建设积极贡献力量，许多有识之士捐出了自己的藏书，最终促成了爱资哈尔图书馆的落成。

爱资哈尔图书馆是爱资哈尔历代学者们传世之作的珍藏地。这里珍藏的典籍与手稿的时间跨度从11世纪初的法蒂玛王朝起，至19世纪末止，内容极为广泛，涉及伊斯兰各门宗教学科及其他题材，如《古兰经》、《古兰经》诵读学、圣训及圣训学，还包括四大教法学派的伊斯兰教义学、《古兰经》注释、伊斯兰民法，以及语法、词法、修辞、苏菲主义、历史、天文、医学、工程学、逻辑学和古希腊哲学等。据估计，目前世界上尚存的反映伊斯兰文明的珍稀手稿约有300万份，仅埃及就有13万份，其中三分之一收藏在爱资哈尔图书馆内。[②]

20世纪以来，爱资哈尔图书馆开始采用现代化的管理手段，力图最

---

① 马云福，杨志波.爱资哈尔大学 [M].长沙：湖南教育出版社，1988：109.

② 陈建民.爱资哈尔图书馆与伊斯兰珍稀手稿 [J].中国穆斯林，2005（2）：10-12.

大程度地保护书籍，传承伊斯兰宗教知识和文明遗产。爱资哈尔图书馆于
1936 年购得一部相机，以胶片的形式复制了一批手抄珍本。此后，在联合
国教科文组织的资助下，爱资哈尔图书馆一方面对馆藏手稿进行复制，并
建立电子档案进行妥善管理，另一方面对年久失修的破损书籍开展修复工
作。1994 年，爱资哈尔图书馆转移至开罗迪拉塞区哈立丁公园中一栋 14
层的图书大厦内，不仅有了更大的空间存放书籍，同时还能够为读者提供
更好的阅读体验。2001 年，爱资哈尔图书馆开始着手建立印刷品与手稿书
籍数据库，2008 年，爱资哈尔图书馆专门为手抄版孤本和早期出版物设立
了展览馆。目前，爱资哈尔图书馆拥有涉及 11 万个主题的 30 万部书籍和
大约 5 万册手稿。此外，图书馆还积极开展国际合作，发展伙伴关系，受
到了联合国教科文组织和阿联酋谢赫扎耶德清真寺的资助。

第九章

埃及教育的

改革走向

一个国家的教育既是历史的产物，又是一项面向未来的事业。埃及教育体系并非无源之水，它根植于埃及的历史长河之中，伴随着国家的发展不断调整变化，形成了自身独特的经验，但也遗留下了一些问题。如今埃及教育面临着新的机遇和挑战，研判教育的发展趋势，不断进行教育改革与发展，对于埃及教育体系乃至国家的发展有着极为重要的意义。

第一节　埃及教育的特色与经验

埃及教育在历史变迁中既传承了过去的优良传统，又跟随时代的发展不断自我革新，探索出了一条适合自身发展的道路。坚持将教育置于国家发展战略中的重要地位，实行宗教教育与世俗教育并行的教育体制，秉持教育对外开放的发展理念，既是埃及教育发展长期遵循的原则，也是埃及教育的特色与经验。

一、坚持教育在国家发展战略中的重要地位

一直以来，埃及坚持优先发展教育战略。纳赛尔之后的各时期政府都秉持"国家办教育"的理念，着力推行义务教育和免费教育，对教育在巩固政治独立、振兴民族方面寄予了厚望。纳赛尔时期，作为阿拉伯社会主义改革的一项主要成就，免费教育成为埃及一项无可争辩的原则。这一时期，埃及将免费教育扩展至高等教育阶段。萨达特时期，埃及继续推行大众教育，并实行"教育惠及边缘人群"政策，即教育要面向大众。20世纪90年代，穆巴拉克提出教育是埃及最大的国家工程，是跟上世界技术革命，进入先进技术时代的唯一途径。[1]埃及教育部前部长巴哈丁提出"教育是一项国家安全事业"的理念，认为国家在政治、经济、军事等各个层面的安全都取决于教育，因而教育应当被看成事关国家安全的问题，而不只是与服务相关的活动。"从广义上讲，教育在经济上、政治上、内部稳定和外部团结上、发展和繁荣上都是我们国家安全的关键之关键。在知识和信息时代对教育的理解已经变化了。其重要性已大为突出，已成为国际竞争的工具，因为与其说现在超级大国和大国之间的竞争是军事竞争，倒不如

---

① 巴哈丁.十字路口 [M].朱威烈，丁俊，译.上海：上海外语教育出版社，2005：104.

说是教育领域内的竞争。"①

　　2011 年，面对经济衰退、失业率居高不下、贫困率上升等埃及社会的多重挑战，塞西政府提出建设知识型经济，以帮助埃及完成重大的政治过渡任务，教育因此又一次被视为推动社会转型的关键力量。2014 年，埃及新宪法规定"政府教育支出不少于国内生产总值的 4%；高等教育支出不少于国内生产总值的 2%；科研支出不少于国内生产总值的 1%，并逐步向国际水平靠拢"②。2016 年，埃及政府出台国家中长期发展规划《埃及 2030 愿景》，从经济、社会和环境三个方面绘制了埃及未来发展的蓝图，其中教育和培训是社会领域的关键指标之一，充分肯定了教育在经济发展、社会进步和环境治理方面的基础性作用。随后，埃及高等教育与科学研究部出台的《国家科学、技术与创新战略 2015—2030》和《高等教育与科学研究部 4.0 战略》也紧密围绕《埃及 2030 愿景》中提出的埃及社会改革目标来规划高等教育和科学研究路径。此外，埃及政府尤其重视全球技术革命背景下，教育在维护国家安全和提升综合国力方面发挥的作用。埃及政府把产业革命、国家战略与教育改革紧密联系在一起，在埃及公立大学中新增计算机与信息学院、人工智能学院，并辅之以生物技术和物理研究院，以迎合第四次工业革命的发展趋势，维护国家安全和利益。

二、实行宗教教育与世俗教育并行的教育体制

　　实行宗教教育和世俗教育并行的教育体制，是埃及教育的一大特色。宗教教育在埃及具有悠久的历史和重要的地位。很长一段时间，宗教教育是埃及教育的单一模式，清真寺既是宗教活动的场所，又是文化教育的中心；宗教既是教育的目的，也是教育的内容。埃及自穆罕默德·阿里开始发展世俗教育，但是并未废除宗教教育体系，而是在宗教教育体系之下发展了一套与之平行的世俗教育体系，形成了宗教教育和世俗教育并存的格局。今天，埃及的世俗教育体系与宗教教育体系并非泾渭分明，而是相互

---

① 巴哈丁. 教育与未来 [M]. 王道余，等译. 北京：人民教育出版社，1999：54-62.

② 2014 年宪法（阿拉伯文）[R/OL].（2014-07-14）[2021-11-16]. https://www.sis.gov.eg/Newvr/consttt%202014.pdf.

渗透。一方面，宗教知识是埃及公立中小学的必修内容，强化学生的宗教信仰和价值观念是埃及世俗教育的培养目标之一。即便是在不开设宗教课程的大学里，宗教的影响力也不可小觑。另一方面，宗教教育也不断经历着世俗化的变革，发展了涵盖幼儿园、小学、初中、高中和大学的各个教育阶段。就大学前教育而言，与世俗教育体系的学生相比，爱资哈尔中小学学生对传统宗教科目的学习更加深入，但也需要学习英语、数学、计算机、艺术和体育等科目。同时，发生在世俗教育体系中的改革也同样深刻影响着爱资哈尔教育系统，例如，在埃及学习日本先进教育理念的背景下，爱资哈尔小学引入了日本的"全童教育模式"，并在课程设置中加入特别活动学时。就高等教育而言，爱资哈尔大学在保留传统专业的同时，引进现代科学，在专业设置和学位制度上已与世俗大学没有太大差异。

三、秉持教育对外开放的发展理念

与其他阿拉伯国家和非洲国家相比，埃及教育国际交流与合作起步较早且程度较深。埃及教育对外开放在不同的历史时期受到不同因素的推动，如早期作为知识和宗教中心的使命，外敌侵略时的救国图强，殖民地时期的被迫开放，独立后的政治经济建设需要等。但不论受到何种因素影响，不可否认的是，埃及教育已深深地打上国际化的烙印，并且在国际教育交流与合作中不断地发展壮大，形成了今天多元开放、兼容并蓄的教育体系。

独立后，埃及教育国际交流与合作开始走向输入与输出并重的阶段。1959—1960 年，有 57 个阿拉伯国家的共计 14 349 名外国学生前往埃及高等院校和其他学校学习，其中有 2 259 名学生的费用由埃及政府负担。[①] 同时，埃及也大力向外推行自身教育模式，先后在苏丹喀土穆建立开罗大学分校，在黎巴嫩建立亚历山大大学分校，向阿尔及利亚、利比亚、苏丹、黎巴嫩、伊拉克、沙特阿拉伯等国家输送教师。爱资哈尔大学的教学人员也会定期访问世界各地的大学，传播伊斯兰文化和精神，提升埃及教育对外影响力。其中，中国同爱资哈尔大学的交流是中埃两国政府文化合作协定中的重要

---

① 李建忠.战后非洲教育研究 [M].南昌：江西教育出版社，1996：419.

内容，爱资哈尔大学邀请中方相关穆斯林专家学者参加爱资哈尔大学举办的各种宗教研讨会。面对全球化和知识经济带来的机遇与挑战，国际化日益成为埃及教育发展工作的重中之重。

第二节　埃及教育的问题与挑战

埃及教育所面临的问题和挑战主要来自人口增长带给教育系统的巨大压力，以及历史遗留下来的一些沉重负担，具体表现为教育资源紧张、教育的质量有待提高、教育不均衡以及人才流失问题。

一、教育资源紧张

埃及拥有中东和北非地区较为庞大的教育体系。庞大的在校生规模给教学基础设施和师资产生了巨大的压力。本书第五章已经对埃及大学前教育的师资问题有所介绍，在此不再赘述。

从基础设施来看，由于经费投入跟不上办学需要，埃及学校存在软硬件设施不足的问题。教室拥挤，学生密度大，且这一问题随着时间的推移愈发严重。表 9-1 显示，在 2015—2016 学年至 2019—2020 学年，埃及大学前教育各个阶段平均每间教室的学生密度基本都呈现逐年递增状态。到 2019—2020 学年，埃及学前教育阶段平均每间教室有 36.4 名学生，小学阶段平均每间教室有 50.6 名学生，初中阶段平均每间教室有 46.6 名学生，普通高中阶段平均每间教室要容纳 40.9 名学生，工业、农业和商业高中平均每间教室的学生分别为 36.8 人、48.4 人和 41.6 人。2018 年，OECD（经济合作与发展组织）国家的平均数据是，小学阶段平均每间教室 21 人，初中阶段平均每间教室 23 人。[1] 联合国儿童基金会对埃及辍学儿童的调查显示，班级学生密度过大是导致学生辍学的因素之一，在对各省辍学人数进行排

---

[1]　OECD iLibrary. Education at a glance 2020[R/OL].（2021-08-07）[2020-10-17]. https://www.oecd-ilibrary.org/docserver/69096873-en.pdf?expires=1634476275&id=id&accname=guest&checksum=6C348949FAAE78409BEC143B07FBD158.

名后发现，辍学人数较多的 10 个省份平均班级学生密度为 45 人，而辍学人数较少的 10 个省份平均班级学生密度为 32 人。[①]

表 9-1　2015—2016 学年至 2019—2020 学年埃及大学前教育
各阶段教室平均学生密度[②]

单位：人

学段	2015—2016 学年	2016—2017 学年	2017—2018 学年	2018—2019 学年	2019—2020 学年
学前教育	35.9	35.4	35.7	36.1	36.4
小学	45.4	46.3	47.5	49.0	50.6
初中	42.4	43.0	43.7	45.1	46.6
普通高中	39.6	39.7	40.6	40.5	40.9
工业高中	34.3	35.1	35.8	35.9	36.8
农业高中	40.1	41.7	42.4	44.8	48.4
商业高中	39.4	39.8	43.5	42.0	41.6

为缓解这一情况，埃及部分学校实施轮班制教学，采取不同年级学生在不同时间轮流上课的方式。据统计，在公立小学中，仅有 34% 的学生就读于全日制学校，剩下 64% 的学生就读于不同的轮班制学校。[③] 与全日制学校学生每天约 7 小时的在校时间相比，轮班制学校学生每天在校时间只有 4.5 小时甚至更少。以索哈杰省为例，2020—2021 学年，全日制学校的在学时间为 7：45—14：15，共计 6.5 小时，每节课 45 分钟；轮班制学校中实行两个时段教学，上午班为 7：00—11：30，每节课 40 分钟；下午班为 11：45—16：15，每节课 40 分钟，学生的在校时间为 4.5 小时。[④] 此外，在一些教育建筑资源尤其匮乏的地区，一些轮班制学校实行 3 ～ 4 个时段教学。轮班制学校的学生在学时间短，教师教学节奏快，学生课外活动被大

① UNICEF. Egypt：country report on out-of-school children[R/OL].（2014-10）[2021-11-11]. https://reliefweb.int/sites/reliefweb.int/files/resources/150130_Egypt_report_Eng_0.pdf .

② 根据埃及中央公共动员与统计局历年数据整理。

③ Expensive classrooms，poor learning，the imperatives of reforming school conslruction in Egypt [R]. Cairo：Alternative Policy solutions，2019：18.

④ 埃及教育部 . 2020—2021 学年索哈杰省学校运行时间表（阿拉伯文）[EB/OL]（2020-10-08）[2021-10-17].https://www.egymoe.com/272810/ الـحصص-الـدراسـة-خطـة- نـشر ٢٠٢٠-٢٠٢١ سـوهاج-بمدارس-يـوميـة.

量压缩，使得教育质量更加难以保障。

此外，埃及还存在教学设备更新缓慢的问题。埃及很多大学和高等院校的科研设备和实验材料配备不足，信息网络建设缓慢，远程教育条件不足。一些偏远地区和规模较小的院校基础设施长久没有更新。

二、教育质量有待提高

教育质量有待提高是埃及教育系统面临的一项重大挑战。2015 年国际数学与科学学习趋势项目（TIMSS）和 2016 年国际阅读素养进展研究项目（PIRLS）评估结果显示，一半以上的埃及学生没有达到国际学生评估最低标准。在四年级阅读测试中，69% 的埃及学生没有达到最低基准；在八年级数学测试中，53% 的埃及学生没有达到最低基准；在八年级科学测试中，58% 的埃及学生没有达到最低基准。小学四年级学生阅读能力在参与测评的全球 50 个国家和地区中排名第 49，八年级学生数学能力在 39 个国家中排名第 34，八年级学生科学能力在 39 个国家中排名第 38。[①] 世界经济论坛（World Economic Forum）《2015—2016 年全球竞争力报告》显示，在 140 个国家中，埃及小学教育质量和高等教育质量都排在第 139 位，数学和科学教育质量排在第 131 位，创新能力排在第 133 位，科研机构排在第 128 位，产学研合作情况排在第 132 位。[②] 根据 2021 年世界大学学术排名，开罗大学是埃及唯一跻身世界 500 强的高校，此外还有五所大学位列前 1 000 名，分别是：亚历山大大学（601～700 名）、艾因夏姆斯大学（701～800 名）、曼苏尔大学（701～800 名）、扎加齐克大学（801～900 名）和爱资哈尔大学（901～1 000 名）。[③]

埃及教育质量有待提高的另一个表现是教育与劳动力市场脱轨。2015—2019 年，埃及 15～24 岁青年失业率分别为 34.7%、34.2%、33.3%、26.6% 和

---

① UNICEF.Egypt-Education[EB/OL].（2019-09-14）[2021-10-19]. https://www.unicef.org/egypt/education.

② World economic forum. The global competitiveness report 2015–2016[R/OL].（2015-10-01）[2021-10-19].http：//www3.weforum.org/docs/gcr/2015-2016/Global_Competitiveness_Report_2015-2016.pdf.

③ 2021 academic ranking of world universities[EB/OL].（2021-08-15）[2021-10-19].https://www.shanghairanking.com/rankings/arwu/2021.

21.0%。①2019 年全球人才竞争力指数报告显示，在参与测评的 125 个国家中，埃及在"就业能力"这项指标中的综合排名为第 123。"就业能力"之下的二级指标中，埃及在"教育体系与经济相关性"方面排名第 120，在"寻找熟练员工便利性"方面排名第 101。② 这说明埃及教育未能很好地服务经济转型发展及培养劳动力市场所需的技能型人才。同时，埃及还存在高知人群失业率高的现象。2014 年，国际劳工组织（International Labour Organization）在一项针对埃及青年就业情况的调查中指出，埃及青年失业率随着教育程度的提高而增长，其中高等教育毕业生失业率最高（34.0%），其次是中等以上文凭持有者（27.2%），然后依次是普通高中文凭持有者（20.1%），职业技术教育文凭持有者（15.8%），小学毕业生（4.5%），小学以下人群（2.4%）。③ 埃及中央公共动员与统计局的数据也基本印证了这一现象。如图 9-3 所示，2017 年埃及持有本科及以上文凭的失业人员占34%，位居第二。但矛盾的是，在毕业生找不到工作的同时，埃及却有很多技术岗位空缺。

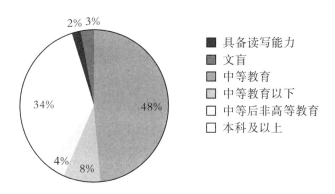

图 9-3　2017 年埃及不同教育水平失业人口分布

① The World Bank. Unemployment，youth total（% of total labor force ages 15-24）（modeled ILO estimate）-Egypt，Arab Rep[EB/OL]. [2021-10-19]. https://data.worldbank.org/indicator/SL.UEM.1524.ZS?locations=EG.

② LANVIN B，MONTEIRO F. The global talent competitiveness index 2019[R/OL]. （2019-04-24）[2021-11-03]. https://www.insead.edu/sites/default/files/assets/dept/globalindices/docs/GTCI-2019-Report.pdf.

③ International labour organization. Labour market transitions of young women and men in Egypt[EB/OL]. [2021-10-20]. https://www.ilo.org/wcmsp5/groups/public/@dgreports/@dcomm/documents/publication/wcms_247596.pdf.

三、教育不均衡问题

不可否认，当代埃及的教育发展成绩斐然，尤其是在推行免费教育和提升入学率方面取得了巨大的成就，但是教育发展不均衡问题依然存在，教育机会和教育质量在不同地理区域和家庭背景之间依然存在着一定的差异。

（一）地域因素

在讨论地域因素对教育机会的影响时，需要先说明研究中对埃及区域的划分。埃及共有 27 个省，其中 4 个省（开罗省、亚历山大省、塞得港省和苏伊士省）没有农村人口，因此又被称为"城市省"；5 个边境省（北西奈省、南西奈省、新河谷省、马特鲁省、红海省），位于西奈半岛和尼罗河东西两侧的沙漠地区；其他 18 个省分别位于上埃及和下埃及地区，既有农村人口又有城市人口。总体来看，位于尼罗河三角洲下埃及地区的省份经济发展水平要高于上埃及地区的。研究中将埃及划分为城市省份、下埃及城市地区、下埃及农村地区、上埃及城市地区、上埃及农村地区、边境省份。

从入学机会来看，人口理事会（Population Council）2014 年对埃及 13～35 岁人群的调查结果显示，城市省份从未接受教育的人口比例最低，分别为男性占 2.9%，女性占 4.0%，其次是下埃及城市地区和上埃及城市地区。而相较于城市地区，农村地区和边境省份未接受教育的人口比例较高，且性别差异明显。在边境省份，未接受教育的男性占比 10.5%，女性为 26.0%。（图 9-4）

从按时完成学业情况来看，如图 9-5 所示，整体上城市省份的人口按时完成学业率在任何教育阶段都要高于农村地区和边境省份。下埃及城市地区人口按时完成学业率最高，尤其是在初中和高中阶段，其次是城市省份和上埃及城市地区。同时，下埃及农村地区人口在各个阶段的按时完成学业率又要高于上埃及农村地区和边境省份。在高等教育阶段，按时完成学业率显示出了较大的区域差异，下埃及城市地区 37.1% 的人口和城市省份 34.0% 的人口按时完成了大学学业，高于其他地区。这一比例在上埃及城市地区为 19.2%，在下埃及农村地区为 16.1%，在边境省份为 14.6%，在上埃及农村地区为 12.1%。

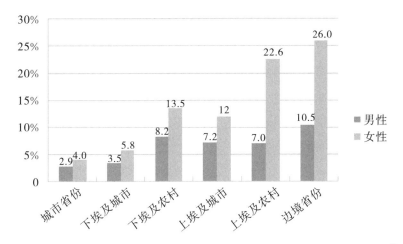

图 9-4 2014 年埃及 13～35 岁从未接受教育人口比例的区域及性别比较[1]

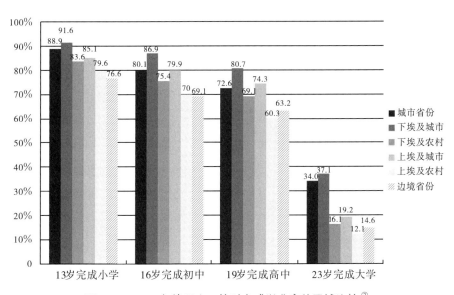

图 9-5 2014 年埃及人口按时完成学业率的区域比较[2]

[1] ROUSHDY R，SIEVERDING M. Panel survey of young people in Egypt（SYPE）2014[R/OL]. [2021-10-20].https://www.popcouncil.org/uploads/pdfs/2015PGY_SYPE-PanelSurvey.pdf.

[2] ROUSHDY R，SIEVERDING M. Panel survey of young people in Egypt（SYPE） 2014[R/OL]. [2021-10-20].https://www.popcouncil.org/uploads/pdfs/2015PGY_SYPE-PanelSurvey.pdf.

（二）家庭背景因素

家庭背景与子女受教育之间的关系是体现教育公平的重要指标之一。

在入学机会方面，如图 9-6 所示，埃及 18 岁以下从未上过学的人数随着家庭财富的递增而递减。在最贫困家庭中，未入学的男性占比 8.5%，女性占比 5.6%，而这一比例在最富裕家庭中仅占 0.4% 和 0.9%。阻碍入学的因素是多种多样的，但其中最主要的原因是家庭无力负担教育费用。

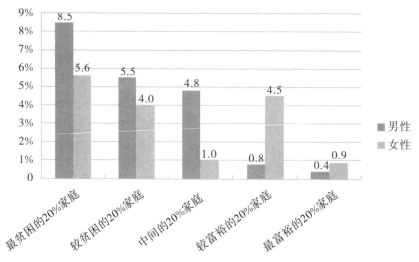

图 9-6　2014 年埃及 18 岁以下从未上过学青年的家庭财富和性别比较 ①

2014 年人口理事会对埃及 25 岁及以上年轻人的调查显示，父母受教育水平与子女受教育水平呈现正相关关系。父亲是文盲，子女获得大学及以上文凭的概率为 8.1%；父亲拥有基本读写能力，其子女获得大学及以上文凭的比例为 19.9%；父亲拥有小学文凭，其子女获得大学及以上文凭的比例为 22.7%；父亲拥有初中文凭，其子女获得大学及以上学历的比例为 25.5%；父亲拥有高中学历，其子女获得大学及以上文凭的比例为 44.6%；父亲接受过中等或高等职业教育，其子女获得大学及以上文凭的比例为 46.5%；父亲接受过高等教育，其子女获得大学及以上文凭的比例为

---

① ROUSHDY R，SIEVERDING M. Panel survey of young people in Egypt（SYPE）2014[R/OL]. [2021-10-20].https://www.popcouncil.org/uploads/pdfs/2015PGY_SYPE-PanelSurvey.pdf.

81.1%。母亲受教育程度对子女教育水平的影响更为明显。在母亲受过高等教育的年轻人中，大约 93% 的人获得大学及以上文凭。相比之下，母亲是文盲的年轻人中只有 12% 接受过大学及以上教育。即使母亲仅受过中等或高等职业教育，其子女接受高等教育的概率也会提升至 67.2%。[①]

四、人才流失问题

由于经济、政治、社会等因素，埃及海外侨民数量一直位于西亚与北非国家前列。据统计，2013 年埃及移民总规模达 338.61 万人，占总人口的 3.9%；2017 年，生活在海外的埃及人达 1 024.73 万。海外移民在一定程度上造成了高端人才的流失。世界经济论坛《2015—2016 年全球竞争力报告》显示，埃及国家人才竞争力不足，留住人才能力在 140 个国家中排第 101 位，吸引人才的能力在 140 个国家中排名 108。[②]

根据埃及政府的数据，生活在海外的埃及学者达 8.6 万人，他们分布在世界各地，从事各个应用科学领域的研究。其中有些学者担任大学校长职务，有些学者在基因工程、空间物理学、自然物理、纳米、遗传工程、经济学、数学等领域从事前沿研究。[③]埃及《国家科学、技术与创新战略 2015—2030》中指出，当前埃及发展科学研究的劣势之一是"在物理、数学领域缺少专家"，面临的挑战是"海湾国家和西方国家巨大的物质吸引力导致埃及人才持续外流"。[④]埃及政府已经意识到了这一问题，正在积极促进海外学者与本国的联系。

① ROUSHDY R，SIEVERDING. Panel survey of young people in Egypt（SYPE）2014[R/OL]. [2021-10-20].https://www.popcouncil.org/uploads/pdfs/2015PGY_SYPE-PanelSurvey.pdf.
② World economic forum. The global competitiveness report 2015–2016[R/OL].（2015-10-01）[2021-11-13].http：//www3.weforum.org/docs/gcr/2015-2016/Global_Competitiveness_Report_2015-2016.pdf.
③ 埃及国家信息中心 . 海外学者：埃及的软实力（阿拉伯文）[EB/OL].（2016-12-13）[2021-11-13]. https://sis.gov.eg/Story/132316?lang=ar.
④ 埃及高等教育与科学研究部 . 国家科学、技术与创新战略 2015—2030（阿拉伯文）[R/OL].（2016-06-02）[2021-11-13]. https://www.bu.edu.eg/portal/uploads/NewsPDF/Scientific_Research_Innovation_5_01112015.pdf.

第三节　埃及教育的发展趋势

2014 年，为配合国家战略发展愿景，埃及教育迎来了全面改革时期。不论是在大学前教育领域还是在高等教育领域，埃及致力于破除教育体系中长期存在的 "唯分数、唯升学、唯文凭" 的痼疾，真正发挥教育在促进人的全面发展和社会经济发展中的重要作用。

一、大学前教育发展趋势

2018 年，埃及大学前教育领域启动"全新教育体系 2.0"改革，由低年级向高年级过渡，计划在 2030 年实现埃及大学前教育体系的全面革新。此次改革建立在"为生活而学习"而非"为考试而学习"的理念之上，提出教育的核心内容是对学习者知识、技能、态度和价值观等核心素养的培养，教育的目标是帮助埃及青年成为思考者、创造者、终身学习者和强有力的领导者，使他们有能力应对现实中的问题和挑战，并为未来的工作和生活做好充分的准备。改革的主要领域包括课程、教学方法、数字化转型和评估体系。

（一）注重课程之间的相互联系

2018 年开始的埃及大学前教育改革最大的特色是在学前的 KG1 和 KG2，以及小学 G1 ～ G3 教育阶段开展多学科综合课程。与以往课程体系中将性质相似的学科进行整合不同，多学科综合课程融合了语言、自然科学、社会科学、艺术以及个人与社会发展类课程，整合范围更广，跨度更大，更强调学科之间的广泛联系。

埃及多学科综合课程教材采取了主题单元的组织模式，以四个大的主题轴为基础，分别是：①我是谁；②我周围的世界；③世界是如何运转的；④交流。埃及把这四个主题轴分成两个学期进行教学。例如，在一年级第一学期，多学科综合课程将围绕"我是谁"和"我周围的世界"两个主题轴展开，在第二学期将围绕"世界是如何运转的"和"交流"这两个主题轴展开。这四个主题轴各有侧重，同时又相互联系，层层递进。"我是谁"主题轴旨在帮助学生向内探索，发现自我和表达自我，让他们意识到自己是小家庭中的重要一员。"我们周围的世界"主题轴旨在引导孩子向外探索，了解他们周围的小世界和大世界，让他们认识到自己是社会的一员。"世界是如何运转的"主题轴旨在帮助孩子探索规律，寻找秩序，从而更有效地管理自己的生活。"交流"主题轴侧重于培养学生通过各种渠道进行自我表达，与他人沟通，从而同周围的世界产生良好的互动和有机的联系。每一个主题轴下面又包含了 3～4 个学习项目，这些学习项目主要来源于与学生自身相关的话题，或学生在日常生活中经常会接触到的现象。如一年级第一学期"我是谁"主题轴下设"认识我""我们的家族树""我们是谁""我们的社区"四个具体的次主题。①

　　这种基于主题单元设计的特点是将社会问题、生活技能和学科知识三个向度的内容融合在同一个主题之下，以整体和连贯的方式呈现知识。以一年级第一学期"我周围的世界"主题轴下的学习项目"我们周围的农作物"为例，其中包含的社会问题是环境问题，旨在通过让学生了解农作物的生长及其对人类的重要作用，强化学生的环保意识。该项目同时又融合了批判性思维、创新、合作、决策、协商、尊重多样性等。在学科知识方面，该项目包括 8 个学科领域的知识：①阿拉伯语：听、说、读、写技能。②数学：0～100 的读写。③科学：观测一天中太阳的运动（日出、日落），用"上面""下面""后面""前面"描述方位关系，用"在……之前""在……之后"描述时间关系；阐释植物和动物对于人类的重要性，并说明如何照料它们；用五官进行感受。④社会学：区分四季，比较冬天和夏天的着装差异等，用绘画、歌曲等方式描述四季的特点。⑤音乐：学唱包含新词汇的歌曲，并进行集体合唱，在合唱中相互配合与协作。⑥应用科学：说明早餐的重要性，分辨不同季节的水果蔬菜，说明水果和蔬菜的重要性，区分合理的饮食和不合理的饮食。⑦传媒：设计班级简报的外观和框架，并收集与这一项目主题相关的信息作为简报内容。⑧职业教育：指出图画中与农业相关的职业和工具，指出不同农业职业需要用到的工具，描述一个最喜欢的农业职业，说明一些农业职业对社会的重要性，打理班

① 埃及教育与技术教育部 .《探索》教材小学一年级第一学期教师指南（阿拉伯文）[R]. [出版地不详：出版者不详]，2019-2020：7.

级的花园，与同学一起种下植物。[①]

（二）变革教学方式

传统的埃及课堂遵循的是存储式的教学模式，即教师一味单向地向学生灌输信息，学生死记硬背的结果是，只注重存储起来的知识，不注重作为变革者的批判意识。[②]埃及教育的基本目标已不再是简单的知识再生产，而是使学习者能够运用所学知识解决问题，达到对知识内容的创新应用。在这一背景下，课堂教学方式将由存储式教学模式向建构式教学模式转变。在建构式教学模式下，教师与学生的身份发生了转变。教师不再是知识的灌输者和课堂的主导者，而是学生学习的促进者和帮助者。教师将使用以学生为中心的多种教学策略，如头脑风暴、呼叫棒、猜字谜、合唱朗诵、四个角落、画廊漫步、拼图策略等方式来激活学生知识背景，激发学生的求知欲，调动学生广泛参与，促进主动学习和合作学习。与此同时，学生也不再是知识的被动接受者，他们将通过观察、讨论、合作、沟通、辩论、实践、分享等直接参与的方式减少对教师的依赖，进行自主发现、学习和探究。

例如，多学科综合课程的学习过程由三个环节组成，分别是发现、学习和分享。"发现"是项目学习的起点，在教师的引导下，学生将会去挖掘他们已经知道的与项目有关的知识，并提出他们感兴趣的、想要继续探索的问题进行观察和讨论。在第二个环节"学习"中，学生将会学习项目中的整合内容，并进行练习和应用。在最后的"分享"环节，学生将会完成具体的项目任务，并对学习过程进行反思和评价。以小学一年级第一学期"我周围的世界"主题轴下"我们周围的仪式"项目为例：（1）在"发现"环节，学生将被引导回想他们所知道的埃及的重要节日和传统，以及自己的庆祝方式，并与同伴们讨论和比较庆祝方式的异同。（2）在"学习"环节，学生将会通过阅读文本信息来了解埃及的名胜古迹，通过学习地图和交通工具来了解名胜古迹的位置和到达方式，并通过参观图书馆等活动模拟练

---

① 埃及教育与技术教育部.《探索》教材小学一年级第一学期教师指南（阿拉伯文）[R]. [出版地不详：出版者不详]，2019-2020：246-247.

② 弗莱雷.被压迫者教育学 [M]. 顾建新，赵友华，何曙荣，译.上海：华东师范大学出版社，2001：25-26.

习参观名胜古迹时的文明举止。（3）在"分享"环节，学生将会制作名胜古迹的模型，并通过创建教室博物馆，使用画廊漫步（Gallery Walk）的方式，进行分享和相互评价。①

（三）改革评价体系

埃及教育与技术教育部部长塔里克·邵基指出："当前埃及教育体系最大的症结在于只注重分数和文凭。家长们从来不会问孩子'你学到了什么'，而是'你考了多少分？有没有考满分？'全新的教育体系就是要将埃及学生从考试的梦魇中拯救出来。生活不是考试，生命也并不只是失败或者成功这样简单的定义。生命是一场旅程，我们在学习的过程中是一定会犯错，只有犯错的时候才会知道弱点在哪里。当我们责备孩子，或者把他们关在房子里进行惩罚的时候，我们就在他们心中种下了'讨厌教育'的种子。我们将不会再用以往的考试去衡量孩子，我们将会为他们准备一个档案袋，让他们在学习的过程中接受评价。在这个过程中，教师也会更为具体地知道哪个学生需要帮助，以及需要什么样的帮助。"② 因此，改革评价体系是埃及教育体系全面转型的重要一步，旨在改变旧体系中"唯分数、唯文凭"的评价标准以及"一锤定音"的考核方式，建立考核内容多元、方式多样的评价体系。

在小学四年级之前，学校将不再对学生进行纸笔测试，而是通过学生在每门课程中的表现对学生进行评价。在每学期结束时，监护人将收到一份反映学生表现情况的报告，其中包括对每门课程的评价以及总体评价，评价的结果不会影响学生进入下一阶段的学习。评价结果用四种颜色表示：①红色，代表学生表现低于预期水平，需要教师和监护人的大力支持；②黄色，代表学生表现有时符合预期，意味着学生在某些方面有积极表现，但是还需要更多的支持来完善；③绿色，代表学生表现达到预期，说明学习者完成了所有学习目标；④蓝色，代表学习者表现超出预期，说明学习者能够

---

① 埃及教育与技术教育部 .《探索》教材小学一年级第一学期教师指南（阿拉伯文）[R]. [出版地不详：出版者不详]，2019-2020：289.
② 新教育体系之下四年级学会生的评价体系（阿拉伯文）[EB/OL].（2021-09-22）[2021-11-21]. https://www.masrawy.com/news/education-schooleducation/details/2021/9/22/2093834/.التعليم الأحمر -يعني -الرسوب -شروط -النجاح -للطلاب -رابعة -ابتدائي -وفق -نظام -.

运用所学技能进行创造性活动。教师给出颜色评价的同时，也会简单地对学生的表现进行文字描述，以便监护人更加具体地了解学生的情况。^①

小学四年级的评价方式由原来单一的纸笔考试改为基于测试、任务表现和出勤率的综合评价方式。阿拉伯语、宗教、数学、科学、英语、社会学、信息技术、职业技能每门科目总分为 100 分，由三部分构成：①测试（60分）。每学期进行三次，第一次在第一个月的学习结束后进行（15分），第二次在第二个月的学习结束后进行（15分），第三次在学期末进行（30分）。②任务表现（35分）。学生通过教师布置的相关活动来展示他们对知识和技能的掌握情况。③出勤率（5分）。缺勤少于三天，有合理理由（5分）；无故缺勤 3 天以内（3分）；经常无故缺勤（1分）。每学年两个学期的平均成绩即是学生的最终成绩。最终成绩将转化为四种颜色进行呈现：①蓝色，超出预期（85～100分）；②绿色，完成学习目标（65～85分）；③黄色，需要一定的帮助和支持（50～65分）；④红色，学习者未能掌握所需的知识和技能（1～50分）。对于取得"红色"的科目，学生将进行补考，如果补考后依旧获得"红色"，学生将面临留级。品德与尊重他人课程由教师进行形成性评价；体育、艺术、音乐和特别活动课程的出勤率应不低于80%，否则被视为不及格。^②

（四）推动数字化转型

推动教育的数字化转型是埃及应对教育挑战的重要解决方案。一方面，埃及正在加强教育信息基础设施建设。2014 年 7 月至 2020 年 5 月，埃及学校新配备 9 000 间计算机实验室和 27 000 间现代化教室，并在中学引入内部网络连接。^③2013—2014 年，时任教育部部长马哈茂德·艾布·纳赛尔曾短暂地开展过平板电脑学习计划，向北西奈省、南西奈省、红海省、马特鲁省、阿斯旺省和新河谷省的试点学校学生分发平板电脑，以代替纸

---

① 1～3 年级的考评方法（阿拉伯文）[EB/OL].（2021-04-29）[2021-11-21]. https://www.youm7. com/story/2021/4/29 الأولى-اعرف/بدون-امتحانات-وحضور-كيف-يتم-تقييم-تلاميذ-الصفوف.

② مصراوي. "الأحمر" يعني الرسوب.. شروط النجاح لطلاب رابعة ابتدائي وفق نظام التعليم الجديد [EB/OL].（2021-09-22） [2021-11-21].https://www. masrawy.com/news/education-schooleducation/details/2021/9/22/ 2093834/- الشروط-الرسوب-يعني-الأحمر-نظام-وفق-ابتدائي-رابعة-للطلاب-جاح.

③ Education Human Development Report2021[R]. [S. l.：s. n.]，2021：68.

质教材学习，但最终因为网络技术、设备质量以及学生和教师对数字化学习陌生等问题而被迫终止。2018 年，在大学前教育全面改革背景下，教育部部长塔里克·邵基表示，平板电脑依旧是现代化学习的重要工具，埃及将回顾过去的经验，继续致力于在大学前教育阶段引入平板电脑辅助学习，丰富学生的学习资源。①另一方面，埃及积极开发数字学习资源。2016 年 1 月成立的埃及知识库（Egyptian Knowledge Bank）是埃及迄今为止最大的专业化数字图书馆和电子学习中心，面向所有埃及公民免费提供包括书籍、期刊、课程视频在内的各类电子学习材料，学前儿童、中小学生、大学生、研究人员以及普通读者都可在其中找到适合自己的教育资源。近年来，埃及加快数字化学习平台建设，开发了针对不同年级、不同需求学生的多样化在线学习平台（见表9-2）。

表 9-2　埃及数字教育平台

在线学习平台	服务对象	服务内容
Study by EKB	K ～ 12 阶段学生	提供电子教材、字典和数字课程
Edmodo	3 ～ 12 年级学生	虚拟教室供 3 ～ 9 年级学生提交作业，10 ～ 12 年级学生学习使用，为教师、学生和家长提供线上平台
Streaming	9 ～ 12 年级学生	课程直播
Thanaweya. net	12 年级学生	考前复习、课程讲解、快速在线测试
Ask Teacher	9 ～ 12 年级学生	线上问答

二、高等教育发展趋势

埃及高等教育的发展趋势可以总结为三个面向：面向劳动力市场、面向社会服务、面向世界。其中促进高等教育与劳动力市场接轨，发挥高等教育的社会服务职能既是埃及高等教育发展的趋势，也是埃及高等教育改革的目的；坚持教育国际交流与合作，提升高等教育国际化水平，既是未来埃及高等教育发展不可回避的趋势，也是提升高等教育软实力，实现高

---

① 2018 年 "平板" 教育是否会吸取 2013 年的失败经验（阿拉伯文）［EB/OL］.（2018-04-21）［2021-11-25］. https://gate.ahram.org.eg/News/1898216.aspx.

等教育改革目标的具体路径之一。

（一）促进高等教育与劳动力市场接轨

高等教育人才培养与劳动力市场需求不匹配是埃及高等教育存在的重要问题。促进高等教育发展与劳动力市场相匹配，解决大学生失业问题，是埃及政府高等教育改革的重中之重。《埃及 2030 愿景》中提出要将"高等教育失业率从 35.1% 下降至 20%"[①]，埃及政府主要通过优化高等教育专业设置和支持创新创业来推动这一目标的实现。

1. 优化专业设置。

埃及政府对大学院系进行改革，增设国家和地方经济、社会和科技发展需要的专业院系。一方面，在以物联网、大数据、机器人、人工智能、生物工程等技术为核心的第四次工业革命背景下，增加大学中计算机与信息学院、人工智能学院、生物研究所和纳米研究所的数量；另一方面，充分考虑地区经济发展特色，因地制宜地设立符合市场需求的专业院系。如扎加齐克大学所在的东部省水产养殖规模位列全国第三，省内有三家国有大型鱼孵化厂，因此在扎加齐克大学设立渔业科学学院，为当地水产养殖业提供科学指导。药用和芳香植物是埃及重要的出口农产品，贝尼·苏夫省的气候条件适宜种植药用和芳香植物，该省 60 多家药用和芳香植物加工厂包揽了埃及芳香精油约 40% 的出口订单，政府在贝尼·苏夫大学设立药用植物和芳香植物研究所，有利于促进当地经济乃至全国经济的发展。艾斯尤特省是埃及的甘蔗集散地，艾斯尤特大学将制糖技术研究所发展为制糖技术综合工业学院，不再仅面向研究生招生，而是将招生对象扩展至本科阶段，以培养更多符合当地劳动力市场需求的毕业生。（表 9-6）

---

① 可持续发展战略：2030 愿景（阿拉伯文）［R/OL］．（2021-01-28）［2021-11-16］．https://enow.gov.eg/Report/Vision-Ar.pdf.

表 9-6　2014—2019 年埃及大学新增院系部分统计 ①

大学	新增院系
卡夫拉·谢赫大学	计算机与信息学院、纳米科学研究所、人工智能学院
苏伊士运河大学	生物技术研究生院、计算机与信息学院、中埃应用技术学院
南河谷大学	计算机与信息学院
贝尼·苏夫大学	药用植物和芳香植物研究所
扎加齐克大学	渔业科学学院
坦塔大学	计算机与信息学院
米努夫大学	人工智能学院
艾斯尤特大学	分子生物研究所，制糖技术研究所改为制糖技术综合工业学院
本哈大学	人工智能学院
马特鲁大学	人工智能学院

2. 支持创新创业。

支持在校大学生提升创新创业能力，鼓励高校毕业生创业就业，既可以缓解埃及高校毕业生就业难的问题，又可以增加国家经济发展的内生动力。埃及政府同国内外大学、企业合作，为埃及青年人提供一系列创新创业政策支持，以在埃及建立一个综合、包容的创业生态系统。具体举措如下：

一是加强高校创新创业教育。开罗美国大学商学院开设商业与创业学士项目；开罗大学政治经济学院与剑桥大学合作开设了创业硕士项目；尼罗河大学工商管理学院开设商业与创业学士项目；开罗德国大学管理技术学院同埃及计划与经济发展部合作开设"创业专业证书"课程，课程针对以前从未接受过创业教育的各专业毕业生，为其提供创业知识、态度和技能培训，内容包括谁可以成为企业家、创业团队、从创意到机会、市场和行业、商业模式开发、概念验证和市场测试、财务可行性和融资等八个模块。

二是加强大学创业孵化器建设。与大多数非大学孵化模式不同，大学创业孵化器不持有初创公司股权。2013 年开罗美国大学成立的 V-Lab

---

① 根据埃及官方公报发布的埃及内阁决议整理而得。

（Venture Lab）是埃及第一家大学创业孵化器。V-Lab 目前主要运营三个服务项目：（1）创业加速器，采用循证创业和精益创业的方法为早期初创企业提供为期 16 周的支持计划，支持领域包括电子商务、能源与可持续发展、医疗创新、创意产业、人工智能和物流；（2）金融科技加速器，为初创企业提供为期 16 周的专业商业金融和技术支持，V-Lab 与国际商业银行和国际金融公司合作，通过金融创新来推动企业发展；（3）创业启动器，该项目是 V-Lab 同埃及信息技术产业发展局合作进行的为期 8 周的创业沉浸课程培训，旨在帮助创业者了解创业的基本步骤、基本要素和基本原理。自成立以来，V-Lab 为创业者提供了超过 2 300 小时的指导和培训，成功孵化了 233 家初创公司，筹集了 30 亿埃镑的投资，创造了 8.35 亿埃镑的利润以及 8 500 个工作机会。[①] 在开罗美国大学建立埃及首个大学创业孵化器后，其他大学纷纷效仿，根据学校自身的战略和优势，建立了具有自身特色和侧重领域的大学孵化器。例如，尼罗河大学同埃及中央银行合作运营的 NP 孵化器（Nile Preneurs Incubate）专注信息技术、制造业和供应链公司；艾斯尤特大学的 Hemma 孵化器侧重于健康、食品、水资源领域；爱资哈尔大学的 Rwaq 商业孵化器侧重于水资源、农业废弃物处理和可再生能源；亚历山大大学的 AIM（Artificial Intelligence Minds）是埃及第一个专注于人工智能领域的专业孵化器；阿拉伯科学技术与海运学院的创业中心侧重于旅游、工业、制造业和数字化转型。[②]

　　三是丰富创新创业活动，营造良好的创新创业氛围。2017 年，埃及计划与经济发展部启动国家大型创业项目"Rowad 2030"，在该项目下，埃及政府与高校、企业合作开展了一系列创新创业活动。2020 年 4 月，埃及计划与经济发展部启动"百万企业家"（One Million Entrepreneurs）活动，目标是到 2030 年赋能 100 万名企业家，建立 50 000 家初创公司。"百万企业家"活动面向埃及不同年龄段、不同教育背景的所有青年人，为其提供阿拉伯语和英语双语在线培训，同时提供手语服务，培训内容包括商业模

---

① About Auc Venture Lab[EB/OL].（2020-04-28）[2021-11-28]. https://business.aucegypt.edu/centers/vlab.

② What Egypt's universities are doing to foster entrepreneurship[EB/OL].（2021-04-12）[2021-11-27]. https://enterprise.press/blackboards/egypts-universities-foster-entrepreneurship/.

式构建、创业财务管理、企业业务发展、品牌建设、企业家领导力等。埃及计划与经济发展部与卢克索大学、南河谷大学、亚历山大大学、法尤姆大学、本哈大学、苏伊士运河大学达成协议，向这些大学的学生提供在"百万企业家"平台上学习的专属名额，以支持和鼓励大学生创业。^① "Rowad 2030" 项目还充分利用互联网技术推动青年人创新创业，推出讲述埃及青年人创业之旅的系列动画片"亚当的梦想"，以及创业指导短视频和创业服务应用程序，让埃及青年人能够便捷地获取创业信息。此外，埃及各大学还积极举办创业专题座谈会、训练营、创业大赛、创业培训班来推动大学生积极投身创新创业实践。

（二）发挥高等教育的社会服务职能

高等教育和科研参与社会服务是埃及政府高等教育改革秉持的重要理念。埃及政府尤其强调大学要依托教学、科研、人才和知识优势向社会提供直接和间接服务，促进国民经济和社会发展。埃及《国家科学、技术与创新战略 2015—2030》提出："科学研究与社会发展相辅相成。如果科学研究与社会发展没有产生联系，那么科学研究就没有实现真正的价值，同时科学研究的资金筹措也将面临挑战。只有将科学研究成果用于改善国民经济，从而增加个人和国家的收入，科学研究才会获得充足的经费，这是一个良性循环。"埃及政府强调，埃及高等教育机构除了是强化共同民族价值观和增加归属感以及维系公民身份的纽带外，还应成为一个提供经济和社会服务的雄心勃勃的先驱机构，成为埃及社会感到自豪和受到鼓舞的源泉^②。

1. 改善民生。

塞西上台后提出了一系列改善民生的倡议，并鼓励高等教育机构积极参与其中，尤其要在社区医疗和教育领域发挥作用。在医疗方面，2018 年

①　Egypt's Rowad 2030 broadens the scale of co-operation with universities in entrepreneurship fields more than 30000 trainees join the "One Million Entrepreneur" campaign[EB/OL].（2021-10-31）[2021-11-29].https://mped.gov.eg/singlenews?id=783&lang=en.

②　埃及高等教育与科学研究部.埃及国家科学、技术与创新战略 2015—2030（阿拉伯文）［R/OL］.（2016-06-02）［2021-11-13］.https://www.bu.edu.eg/portal/uploads/NewsPDF/Scientific_Research_Innovation_5_01112015.pdf.

5月7日，埃及政府提出"消除等待患者名单倡议"，旨在尽快让在医院等待的患者接受治疗。高等教育与科学研究部成立专项工作小组同卫生与人口部合作，调动埃及43所大学附属医院参与其中，在2018年6月至9月间完成9 632台手术。^①埃及各大学每年组织200多个医疗队去到社区，为低收入患者提供免费治疗，并面向妇女开展计划生育和生殖健康讲座。在教育领域，埃及高等教育与科学研究部呼吁大学在扫盲运动、继续教育和职业培训领域承担社会责任。埃及政府还发起"埃及手工业"倡议，旨在通过培养新一代技能娴熟的工匠来传承埃及手工艺非物质文化遗产，同时促进个人就业，发展旅游业，增加国民收入。埃及开罗大学、本哈大学、赫勒万大学、苏伊士运河大学等诸多公立大学参与其中，组织相关学院的教授和专家团队，向埃及青年人提供技术培训，并在考核合格后颁发相应的资格证书，还协调工厂、公司举办见面会，为受训者就业做好铺垫。

2. 深化产学研合作。

产学研合作是增强国家科技创新能力的重要途径之一，也是高校利用自身优势履行社会服务职能的重要举措。世界经济论坛发布的《2015—2016年全球竞争力报告》显示，埃及创新能力在140个国家中排在第133位，科研机构质量排在第128位，产学研合作情况排在第132位，都处于较为落后的位置。^②埃及国家创新体系存在的重要问题是研究人员在研究组织（大学和其他科研机构）、商业部门和企业的流动性不足，不同利益相关者的协作网络薄弱，导致创新能力不足以及知识向产业转化率低。因此，促进学术界与产业界的合作是未来埃及高等教育发展的重要趋势。2018年4月21日，埃及政府出台《鼓励科学、技术和创新法》，鼓励大学与产业界建立联系，促进科研成果的转化落地，允许高等教育机构联合外部力量建立技术孵化器、科技园区和公司，并对科研所需设备和仪器实行免税政

---

① 埃及高等教育与科学研究部. 埃及国家科学、技术与创新战略2015—2030（阿拉伯文）［R/OL］.（2016-06-02）［2021-11-13］. https://www.bu.edu.eg/portal/uploads/NewsPDF/Scientific_Research_Innovation_5_01112015.pdf.

② World Economic Forum. The global competitiveness report 2015-2016[R/OL].（2015-10-01）[2021-10-19].http：//www3.weforum.org/docs/gcr/2015-2016/Global_Competitiveness_Report_2015-2016.pdf.

策。[①] 埃及科学研究技术院推出"埃及知识和技术联盟"倡议，旨在增强大学、研究机构、非政府组织和行业公司之间的协作网络，推动创新和技术落地，解决国家的紧迫问题。该计划给予每个项目最高 1 000 万埃镑的资助，要求至少以 10 个合作伙伴为单位申请，其中至少 1 个合作伙伴来自学术机构（大学或研究中心）、非政府组织或地方当局，以及至少 3 个合作伙伴来自工业部门。[②]

（三）提升高等教育国际化水平

高等教育国际化是当今世界教育改革与发展的趋势之一，也是埃及高等教育发展的重要战略。在目标层面，《埃及 2030 愿景》对高等教育国际化的阶段性发展目标做出了规定（见表 9-7）。在操作层面，主要的实施路径包括促进学生的国际流动、引入海外优质教育资源、加强国际科研合作等。

表 9-7　《埃及 2030 愿景》中高等教育国际化的目标 [③]

国际化指标	现阶段 *	至 2020 年	至 2030 年
高等教育国际竞争力排名	118/148	75	45
进入世界大学 500 强高校数量（上海排名）	1	3	7
在国际学术期刊上发表论文的增长率 /%	13.6	15	20
获得世界大学科研奖金资助的教师比例 /%	0.2	1	3
国际学生占高等教育在校生的比例 /%	2	3	6

*：根据《埃及 2030 愿景》中的注释可知，现阶段多使用 2014 年的数据，个别采用 2013 年数据。

1. 促进学生的国际流动。

（1）入境流动。

埃及是中东、北非地区蓬勃发展的教育中心。埃及国际学生占高等教

---

① 埃及 2018 年第 23 号鼓励科学、技术和创新法令（阿拉伯文）［N］. 官方公报，2018-04-21（16）.

② EG-KTAs：Egypt knowledge and technology alliances[EB/OL]. （2017-11-22）[2020-06-24]. http://www.asrt.sci.eg/ar/index.php/grants/kta.

③ 可持续发展战略：2030 愿景（阿拉伯文）［R/OL］. （2021-01-28）［2021-11-16］. https://enow.gov.eg/Report/Vision-Ar.pdf.

育在校生总数的比例虽然不断变动，但总体上呈上升趋势。根据埃及高等教育与科学研究部的数据，2007—2008学年至2013—2014学年间，埃及国际学生人数占高等教育在校生的比例分别是1.65%、1.95%、2.01%、2.03%、1.92%、1.96%、2.08%。2013—2014学年埃及国际学生人数为47 851人，从性别分布看，男生占比68%，女生占比32%；有36%的国际学生就读于埃及公立大学，33%的国际学生就读于爱资哈尔大学，19%的国际学生就读于私立大学，还有一小部分国际学生分布在埃及私立高等学院和开放大学。从国际学生就读专业来看，在工科领域就读的学生最多，占比38%，其次是医学专业和人文专业，分别占比25%和23%。[①]为吸引国际学生来埃及留学，埃及高等教育与科学研究部发起"请来埃及学习"倡议，开通留学生在线申请平台，简化留学生申请程序，完善电子支付系统，并研发"来埃及学习"英阿双语应用程序，方便学生在手机上随时查询有关埃及高等教育机构的信息。

（2）出境流动。

埃及出境求学人数增长迅速，自2008年以来，埃及海外求学人数增加迅速，从12 331人增加至2017年的31 822人。[②]埃及是继沙特阿拉伯、摩洛哥和叙利亚之后阿拉伯世界第四大国际学生输出国。其中三分之一的埃及学生在阿联酋和沙特阿拉伯学习，这主要是由于埃及同阿联酋和沙特阿拉伯之间天然的政治与文化联系，以及双方在学术和劳工移民方面的密切合作。

美国历来都是埃及学生热门的留学目的国，但是埃及赴美留学人数在经历了迅猛的增长后，目前却稍显动力不足。根据国际教育协会（Association of International Education）的门户开放报告，2017—2018年埃及赴美留学生人数自2010—2011学年首次出现下滑（图9-6）。2017—2018学年，埃及赴美留学生中41%的学生攻读本科，43%的学生攻读研究生，短期实习学

---

① 埃及高等教育与科学研究部.2013-2014埃及高等教育的数据与事实（阿拉伯文）[R].[S.l.: s.n.]，2015.

② Education in Egypt[EB/OL].（2019-02-21）[2021-11-17].https://wenr.wes.org/2019/02/education-in-egypt-2.

生占比 12%，还有 4% 的非学历教育学生。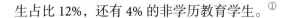①

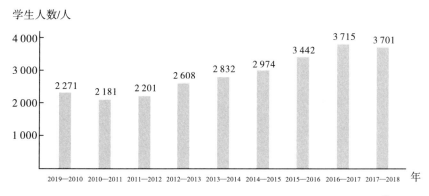

图 9-6　2009—2010 学年至 2017—2018 学年埃及留美学生人数②

　　近年来，中国成为埃及学生心仪的留学目的国之一。2006—2017 年，埃及来华留学生人数稳步攀升，从 2006 年的 84 人上升至 2017 年的 1 717 人。埃及来华留学生中学历生占比较高，自 2013 年之后，有一半多的埃及留学生来中国进行学历教育。每年获得中国政府奖学金的埃及留学生人数也在不断上升，除了 2006 年，获得中国政府奖学金的埃及留学生占埃及来华留学生的比例基本维持在约 30%（表 9-8）。分析我国教育部国际合作与交流司的数据得知，2006 年，埃及来华留学生人数在阿拉伯国家中排名第 9 位，2017 年埃及已成为继也门、苏丹之后来华留学生人数最多的阿拉伯国家。2011—2017 年，埃及每年都是继也门、苏丹之后获得中国政府奖学金人数最多的阿拉伯国家。

---

① Education in Egypt[EB/OL]. （2019-02-21）[2021-11-17].https://wenr.wes.org/2019/02/education-in-egypt-2.

② Education in Egypt[EB/OL]. （2019-02-21）[2021-11-17].https://wenr.wes.org/2019/02/education-in-egypt-2.

表9-8 2006—2017 年埃及来华留学生情况 [①]

年份	埃及来华留学生总人数 / 人	学历生人数 / 人	学历生占比	获中国政府奖学金学生人数 / 人	获中国政府奖学金学生占比
2006 年	84	31	37%	11	13%
2007 年	117	53	45%	30	26%
2008 年	190	84	44%	57	30%
2009 年	337	126	37%	92	27%
2010 年	464	215	46%	147	32%
2011 年	576	270	47%	169	29%
2012 年	715	331	46%	175	24%
2013 年	745	400	54%	198	27%
2014 年	838	500	60%	229	27%
2015 年	1 067	643	60%	264	25%
2016 年	1 352	826	61%	401	30%
2017 年	1 717	1 023	60%	575	33%

2. 引入海外优质教育资源。

日益增长的高等教育需求同国内高等教育资源紧张之间的矛盾是埃及高等教育发展面临的一大困境。引入海外优质教育资源一方面能够增加埃及国内高等教育机构数量，缓解埃及公立高等教育系统的压力，另一方面能够使本国学生不出国门便可享受到国外的教育资源。21 世纪以来，埃及涌现出一批同国外合作建立的私立大学，分别是 2002 年成立的开罗德国大学和埃及法国大学，2005 年成立的埃及英国大学和加拿大金字塔大学，2006 年成立的埃及俄罗斯大学，2013 年成立的埃及中国大学。这些大学由外方在技术、课程制订、质量保障和师资方面提供支持，并提供海外交流和实习机会。例如，开罗德国大学是一所按照德国工业大学模式建立的私立基金会大学，由德国斯图加特大学、乌尔姆大学、图宾根大学提供支持，是德国最大的海外办学项目。该校所有课程都是按照德国模式设置，并有

① 根据教育部国际合作与交流司编写的《来华留学生简明统计》（2006—2017）中的数据整理。

德国教师参与教学活动，其中德语是必修课之一。除了4门必修的德语课程，学校还为日后打算赴德交流学习的学生提供高级德语课程。[①] 埃及英国大学采取全英式培养模式，遵循英国教育质量标准，颁发英国学位证书。该校同英国拉夫堡大学、苏格兰玛格丽特皇后大学、伦敦南岸大学都建立了合作伙伴关系。

埃及中国大学和埃及–中国应用技术学院是中埃合作办学的重要成果。21世纪初，中国辽宁大学和埃及国际教育集团在开罗签订了有关创建埃及中国大学的合作协议。根据协议规定，埃及中国大学将分别在两国高等教育部门注册，总部设在开罗，并逐步在埃及各省以及中东地区其他国家发展分校；埃方将负责大学的基础建设等硬件投入，而中方则以"知识入股"的方式参与合作，将负责教学大纲、专业课程的设计以及教材的编写，每年拟派8至10名中国教师到埃及讲授主要课程。该校下设国际经济与贸易、药物科学与技术、物理医疗、工程技术四个学院，同北京交通大学、辽宁大学、华北电力大学建立了合作伙伴关系。埃及–中国应用技术学院是两国在职业教育领域的首个合作办学项目，由埃及的苏伊士运河大学、埃及慈善基金会和中国的北京信息职业技术学院三方联合创办，设备获中方政府支持。埃及–中国应用技术学院隶属于苏伊士运河大学，相对独立运作，面向埃及高中毕业生招生，毕业者将取得苏伊士运河大学学位和北京信息职业技术学院高职毕业证书。[②]

3. 加强国际科研合作。

埃及《国家科学、技术与创新战略2015—2030》提出了埃及未来科研发展的一条重要路径——国际合作。加强国际科研合作主要是基于两个方面的考量。一是埃及当前的科学研究能力有限。埃及科学研究界虽然拥有生产知识的能力，但缺乏发挥知识附加值——将知识转化为技术的能力，这就限制了科学研究对经济发展的贡献。因此，埃及需要同国际伙伴建立关系，借鉴发达国家的经验，促进技术的落地。二是当前埃及所面临的很

---

① 肖军，王婷钰. 德国在阿拉伯国家海外办学模式研究 [J]. 比较教育研究，2020（1）：97-104.

② 刘宝存，等. "一带一路"沿线八国国际教育合作与交流政策研究 [M]. 北京：人民出版社，2020：149-151.

多挑战，也是困扰世界各国的全球性问题。例如气候变化所造成的粮食产量下降，疾病流行，环境污染等问题，这些无法依靠一国有限的科技力量去解决，需要世界各国的共同参与。①2018 年 4 月 21 日，埃及政府出台了《鼓励科学、技术和创新法》，给予开展跨境合作的埃及高校和科研机构一定的优惠政策，其中第五条规定："高等教育和科学研究机构可以开展一切符合其成立宗旨的活动。它们可以直接与个人、公司、银行、国内外机构以及所有利益相关方签署协议，以满足研究项目的需要，而不受适用的法律、条例或政府决定的约束。"第七条规定："免征高等教育和科研机构研究项目所需要的进口工具、仪器和材料的进口关税和增值税。"第九条规定："经有关科学当局批准的科研项目，其研究小组的奖金如果由外部赠款按照现行法规资助，则免征所有税费。"②

埃及同美国、欧盟、日本以及其他阿拉伯国家都建立了广泛的合作伙伴关系。21 世纪以来，中国同埃及在中埃科技合作联合委员会和"中非科技伙伴计划"框架下，积极推进双边科研合作，共同建立科学实验室、先进技术示范基地，启动学术和技术交流活动，积极促进两国高校学者和专家的互访。1987—2018 年，双方共召开八次中埃科技合作联合委员会会议，确立了一系列短期交流和长期合作项目。例如，中国科学院海洋研究所同苏伊士运河大学开展海参养殖项目，西北农林科技大学同埃及科学技术研究院开展养殖场废弃物资源化利用项目，华中农业大学同本哈大学开展水稻种植项目等。一些埃及科研工作者通过"中非科技伙伴计划"下的"杰出青年科学家来华工作计划"到访中国科研院所、大学和企业，开展交流合作。根据 2016 年的数据，共有 29 个领域的 1 600 多名埃及科学家同中国科学家建立了不同方式的合作关系。③

---

① 埃及高等教育与科学研究部.埃及国家科学、技术与创新战略 2015—2030（阿拉伯文）［R/OL］.（2016-06-02）［2021-11-13］. https://www.bu.edu.eg/portal/uploads/NewsPDF/Scientific_Research_Innovation_5_01112015.pdf.

② 埃及 2018 年第 23 号鼓励科学、技术和创新法令（阿拉伯文）［N］.官方公报，2018-04-21（16）.

③ 埃及希望加强埃中科技合作 [EB/OL].（2016-03-29）[2021-11-17]. http://world. people.com.cn/n1/2016/0329/c1002-28233197.html.

参考文献

一、中文文献

[1] 哈全安.中东国家的现代化历程 [M].北京：人民出版社，2006.

[2] 贺国庆，王保星，朱文富，等.外国高等教育史 [M].2 版.北京：人民教育出版社，2006.

[3] 巴哈丁.教育与未来 [M].王道余，等译.北京：人民教育出版社，1999.

[4] 巴哈丁.十字路口 [M].朱威烈，丁俊，译.上海：上海外语教育出版社，2005.

[5] 季诚钧，徐少君，李旭.埃及高等教育研究 [M].北京：中国社会科学出版社，2010.

[6] 孔令涛，沈骑.埃及"2030 愿景"教育发展战略探析 [J].现代教育管理，2018（10）：110-114.

[7] 李建忠.战后非洲教育研究 [M].南昌：江西教育出版社，1996.

[8] 李乾正，陈克勤.当今埃及教育概览 [M].郑州：河南教育出版社，1994.

[9] 李阳.埃及近代以来教育发展与埃及现代化 [D].西安：西北大学，2002.

[10] 李振中，白菊民.开罗大学 [M].长沙：湖南教育出版社，1993.

[11] 刘宝存，等."一带一路"沿线八国国际教育合作与交流政策研究 [M].北京：人民出版社，2020.

[12] 马云福，杨志波.爱资哈尔大学 [M].长沙：湖南教育出版社，1988.

[13] 王素，袁桂林.埃及教育 [M].长春：吉林教育出版社，2000.

二、英文文献

[1]BADRAN A. At the crossroad: education in the Middle East[M]. New York: Paragon House, 1989.

[2]SHERIF A M. The dual education program in Egypt: a qualitative study on challenges and opportunities [D]. Cairo: American University in Cairo, 2013.

[3]The expensive classrooms, poor learning: the imperatives of reforming school construction in Egypt[R]. Cairo: Alternative policy solutions, 2019.

[4]Arab Republic of Egypt National Center for Educational Research and Development. National report of Arab Republic of Egypt from 1990 to 2000[R]. Cairo: NCERD, 2001.

[5]ELBADAWY A. Education in Egypt: improvements in attainment, problems with quality and inequality[R]. Giza: The Economic Research Forum, 2014.

[6]MASSIALAS B G, JARRAR S A. Arab education in transition: a source book[M]. New York: Routledge, 2016.

[7]REID D M. Cairo University and the making of modern Egypt [M]. Cambridge: Cambridge University Press, 1990.

[8]SAYED F H. Transforming education in Egypt: western influence and domestic policy reform[M]. Cairo: American University in Cairo Press, 2006.

[9]STARRETT G. Putting Islam to work: education, politics, and religious transformation in Egypt[M]. Berkeley: University of California Press, 1998.

[10]COCHRAN J. Education in Egypt[M]. Abingdon: Routledge, 1986.

[11]OECD. Schools for skills: a new learning agenda for Egypt[R]. Paris: OECD, 2015.

[12]OECD, The World Bank. Reviews of national policies for education: higher education in Egypt[R]. Paris: OECD, 2010.

[13]USAID. Technical vocational education and training in Egypt[R]. Washington D. C.: USAID, 2010.

三、阿文文献

[1]تغريد مصطفى علي جمعة.النشر الإلكتروني في الجامعات مصرية[M]. دار العلوم للنشر والتوزيع،2018.

[2]حسين فوزي النجار. احمد لطفى السيد : استاذ الجيل[M]. الدار المصرية للتأليف والترجمة،1975.

[3]جمهورية مصر العربية.الجهاز المركزي للتعبئة العامة والإحصاء. مصر في أرقام2018.

[4]جمهورية مصر العربية.الجهاز المركزي للتعبئة العامة والإحصاء. مصر في أرقام2021.

[5]رؤوف عباس. جامعة القاهرة ـ ماضيها وحاضرها. مطبعة جامعة القاهرة والكتاب الجامعى،1989.

[6]سعيد اسماعيل علي. التعليم في مصر. دار الهلال ، 1995.

[7]سعيد اسماعيل علي. هموم التعليم في مصر. مؤسسة الاهرام،1989.

[8]عبد الرحمن الرافعي مصر والسودان في أوائل عهد الاحتلال. مكتبة النهضة المصرية،2019.

[9]محمد ابوالاسعاد. سياسة التعليم في مصر تحت الإحتلال البريطاني 1882-1922. دار طيبة للطبع والنشر والتوزيع، 1993.

[10]وزارة التعليم والتربية. الخطة الاستراتيجية للتعليم قبل الجامعي2014-2030.

[11]وزارة التعليم العالي والبحث العلمي. الاستراتيجية القومية للعلوم والتكنولوجيا ولابتكار 2015-2030.

[12]يعقوب أرتين. القول التام في التعليم العام. مؤسسة هنداوي لنشر المعرفة والثقافة والغير هادفة للربح،2018.

附　录

埃及主要大学介绍

1. 开罗大学。

开罗大学位于埃及首都开罗，是埃及著名的高等学府，也是埃及和阿拉伯世界最古老的高等教育机构之一。开罗大学成立于 1908 年，前身是民办埃及大学。1925 年，埃及国王正式颁布诏书，将民办埃及大学正式并入新成立的国立埃及大学。1940 年，国立埃及大学改名为福阿德一世大学。埃及共和国成立后，福阿德一世大学正式更名为开罗大学并沿用至今。开罗大学既是埃及第一所现代化大学，也是阿拉伯世界的第一所现代化综合大学。

开罗大学共有教职员工约 1.5 万名，学生约 20.8 万名，其中约 0.7 万名为国际学生。现有教学单位分别是工程学院、医学院、计算机与人工智能学院、药学院、农学院、理学院、政治经济学院、新闻学院、考古学院、文学院、商学院、素质教育学院、护理学院、法学院、理疗学院、牙医学院、兽医学院、达尔·欧鲁姆学院（阿拉伯语与伊斯兰研究）、学前教育学院、区域与城市规划学院、非洲研究研究生院、统计学研究生院、教育学研究生院、纳米技术研究生院、国家癌症研究所、全国激光科学研究所、开放教育中心、阿拉伯语语言文化中心等。①

开罗大学为阿拉伯世界培养了一大批优秀的人才，著名校友有埃及著名作家、1988 年诺贝尔文学奖获得者纳吉布·迈哈福兹，以及巴勒斯坦前总统、1994 年诺贝尔和平奖获得者亚西尔·阿拉法特等。

2. 爱资哈尔大学。

爱资哈尔大学是埃及的一所公立大学，也是埃及最古老的授予学位的大学，其前身为法蒂玛王朝建立的爱资哈尔清真寺，之后逐步发展为规模

---

① Cairo University[EB/OL]. [2022-03-01]. https://cu.edu.eg/ar/Home.